本书是河北省社会科学发展研究课题"普通高校网络化教学质量监控系统的科学构建与实施研究"（编号：20200502045）的研究成果

U0755342

# 高等院校教育教学质量评价与监控研究

刘欣　王媛媛　李聪文 ◎著

燕山大学出版社

2020·秦皇岛

**图书在版编目（CIP）数据**

高等院校教育教学质量评价与监控研究 / 刘欣，王媛媛，李聪文著. —秦皇岛：燕山大学出版社，2020.11

ISBN 978-7-5761-0086-0

Ⅰ. ①高… Ⅱ. ①刘… ②王… ③李… Ⅲ. ①高等学校－教育质量－研究－中国 Ⅳ.①G642.0

中国版本图书馆 CIP 数据核字（2020）第 220487 号

## 高等院校教育教学质量评价与监控研究

刘 欣 王媛媛 李聪文 著

出 版 人：陈 玉
责任编辑：孙志强
封面设计：刘韦希
出版发行：燕山大学出版社 YANSHAN UNIVERSITY PRESS
地 址：河北省秦皇岛市河北大街西段 438 号
邮政编码：066004
电 话：0335-8387555
印 刷：英格拉姆印刷(固安)有限公司
经 销：全国新华书店

开 本：700mm×1000mm 1/16　　印 张：16.75　　字 数：280 千字
版 次：2020 年 11 月第 1 版　　印 次：2020 年 11 月第 1 次印刷
书 号：ISBN 978-7-5761-0086-0
定 价：66.00 元

# 序

　　教学质量是教学发展的永恒主题，教学质量评价与内部监控体系建设是教学管理运行中的关键环节，是学校教学质量保障和教学质量提高的核心内容。

　　本书著作者刘欣等同志根据自身多年从事教育教学管理的经验，从高等教育教学与教育质量的内涵、主体和客体、理论和方法以及教学质量评价、评教、课堂教学等不同维度进行了全面的分析和评价，从多方面对高等教育评价与监控的关键环节和运行模式进行了分析比较研究，观点创新。本书是一部较为全面论述教学质量评价与监控体系建设方面的专著，受到业内同行们的充分肯定和认可，本书的出版对提升高校教育教学管理人员的理论实践和业务水平将起到积极的推动作用。

　　该书可作为高等教育教学工作的教师、教学管理人员以及教学管理业务培训的教材，对高校教育教学管理工作具有一定的指导和借鉴价值。

李佩国

2020 年 8 月 22 日

# 前　言

　　随着社会经济和文化的飞速发展，我国高等教育事业也有了迅猛的发展，高校入学率连年攀升，在校大学生人数连续数年超常规发展，这表明我国高等教育已经从精英教育阶段跃入了大众教育的发展阶段。

　　百年大计，教育为本。习近平同志所作的党的十九大报告围绕"优先发展教育事业"作出新的全面部署，明确提出："建设教育强国是中华民族伟大复兴的基础工程，必须把教育事业放在优先位置，深化教育改革，加快教育现代化，办好人民满意的教育。"这为我们在中国特色社会主义新时代不断推进教育改革发展、大力提高国民素质指明了方向。因此，全面保障与提升教育质量已经成为高等院校教育教学中的核心任务。这之中，开展高等教育评价的工作，是实现高等教育质量改革与发展目标的重要手段与途径，而构建出科学合理的教学质量监控体系又是提高教学质量的核心环节与支撑点。因而科学管理高等教育质量标准体系，对于实现提高教育质量水平有着十分重要的作用。

　　教学质量是学校赖以生存和发展的决定性因素，而教学质量评价则是教学质量管理中不可缺少的重要部分。本书主要以高等教育教学为主，分析了高等教育教学与教育质量的内涵，根据教学质量评价主体的不同进行了评教分析，同时针对高等教育课堂的教学情况进行分析，进一步探讨了课程教学目标达成情况的评价分析。另外，本书还具体阐述了以院校教育教学为主的高校教学质量内部监控的现状与问题，由此提出了高校教学质量内部监控体系的建构范式，研究了高校教学质量内部监控体系的运行模式，最后进一步围绕高等教育质量标准体系思路的创新展开了探讨。

　　本书适合从事高等教育教学的教师、教学管理人员阅读与应用，也可用作相关教学技能的培训教材，为读者提供借鉴与指导。旨在为读者与相关部门开展高等院校教育教学质量评价与监控体系构建提供必要的理论基础支撑，提供科学合理的方法指导。

# 目　　录

# 第一章　高等教育与高等教育质量

20世纪90年代以后，我国高等教育进入了迅速发展的阶段。其突出表现为各地高等院校的数量不断增多，从原来并不普及的教育，开始向越来越多的民众张开了双臂。本章将从近代高等教育的诞生与发展切入，展开叙述高等教育与内部关系的规律，论述国外的高等教育流派与思想。通过阐释使读者明晰何为高等教育、高等教育质量和高校质量监控体系又有哪些方面。

## 第一节　近现代高等教育的发展概述

在我国，近代高等教育诞生于风雨飘摇的历史之中。

### 一、清王朝的高等教育

19世纪中叶，欧风美雨的东渐，帝国主义的"坚船利炮"，使得清政府带着无可奈何的心情，被迫打开了国门，为了"不受人欺蒙"，恭亲王等奏设同文馆①，同文馆的课程绝大部分是崭新的，能反映中国正在萌芽中的资本主义要求，如"微分积分""航海测算"等。在中国近代史上，它最早采用班级授课制，它的创设可视为中国近代高等教育的发端。同时，它是我国近代第一所过渡性高等学校。所谓"过渡性"，有两个含义：一是相对于后来的天津中西学堂、京师大学堂等较为正规的大学而言；二是它自身逐渐从文科向实科发展，变成多科性学校，最后演变为正规大学。清政府于1862年在北京设立了京师同文馆。仿同文馆之例，又陆续于上海、广州等地设立了近代意义上的大学。

---

① 舒新成. 近代中国教育史料上册[M]. 上海：中华书局，1928：115.

同文馆的产生，在客观上昭示了以科举取士的旧教育制度走向衰亡，标志着一种具有划时代意义的新型高等教育在中国悄然兴起。促使同文馆问世的直接原因是，1860年第二次鸦片战争失败后，清政府在外交、军事和商业上与洋人交往日益频繁。同文馆是一所培养译员的专科学校，即外国语学堂，学制8年。1895年，中日甲午战争中国战败，"四万万人齐下泪，天涯何处是神州"有识之士开始认识到只学西方技术，不研究学术、不改革政治难以图强，这实质上是对洋务派"中体西用"思想的一种清算。维新派有人指出："夫二十年来……诸学皆徒习西学、西语、西文，而于治国之道、富强之原，一切要书，多未肄及。"新思想指导新行动，近代中国从开始学西文、西艺到中日甲午战争后学西政、西学，从办理专科学堂到举办多科性大学。天津中西学堂、南洋公学和京师大学堂等学校的创立，与这种认识的发展有密切关系。

近代中国需有自己的翻译人才。起初同文馆不过是总理各国事务衙门的附属机关，充其量只是为当时外交事务服务。

1895年，津海关道①盛宣怀②在天津设立中西学堂，其教学内容完全不同于以"儒学"为主课的旧式学校。他除了"中学"之外，特别注意机械和法律等科目，并以外语和先进的科技科目为主课。该学堂的开办是由盛宣怀奏议、光绪帝亲自批准，由国家举办。学校经费由国家拨款，学生一切费用也是由国家负担，因此，天津中西学堂可看作是我国近代第一所公立大学。

1898年5月，京师大学堂正式成立。其后，由于时代背景原因导致一度停办，旋即复办。1912年5月改名为北京大学京师大学堂，第一个办学章程中规定的办学方针，主要有两条："一曰中西并用，观其会通，不得偏废；二曰以西文为学堂之一门，不以西文为学堂之全体。""本学堂以实事求是为主固不得如各省书院之虚应故事，亦非如前者学堂之仅袭皮毛。所定必当严密切实，乃能收效。"军机大臣、总理衙门，送筹开办京师大学堂折据此方针，它设置了普通学科和专门学科。1910年，该校发展成为设有经、文、法政、工、农、商、

---

① 海关道，既是官名也是机构名。（1）官名。简称"关道"。至清末，此类海关道有15个，其中津海关道为专职，余皆为兼任。（2）机构名。清廷于天津设海关道衙门，其主官为津海关道员，隶属于北洋通商大臣。

② 盛宣怀（1844年11月4日—1916年4月27日），汉族，江苏省常州府武进县（今常州市）人，洋务派代表人物，著名的政治家、企业家和慈善家，被誉为"中国实业之父""中国商父""中国高等教育之父"。

格致共七科的多科性大学。各科除经学科由各省保送荐贡考入外，其余一律由预科及译学馆毕业升入。至此，京师大学堂才算具有世界通行的大学雏形，它虽非中国近代第一所公立大学，却是近代中国最著名、最正式完备的公立大学。

除中西学堂与京师大学堂之外，19世纪末中国还建立了诸如求是书院、山西大学堂、上海南洋公学、万木草堂、通艺学堂和时务学堂等一批具有高等教育性质的学堂或书院。它们的建立，在客观上对我国近代高等教育的兴起具有推动作用。

中国近代高等学校地位的重要性，并不为当时大多数人尤其是当局者所认识。清政府是以不得已而为之的态度设立新式高等学校的。近代中国高等学校的产生和发展的数十年的历程是坎坷的。虽然近代每次对外战争的失败都会激起清统治者的危机感，迫使他们"屈尊"地想要"师夷之长技以制夷"，然而他们的内心深处，却交织着精神上的民族自大和物质上的民族自卑，"中体西用"的教育思想便是一个明证。这一倾向比较具体地反映到教育上，如，大学士倭仁抵制创办同文馆的奏议，其理由是："立国之道，尚礼义不尚权谋根本之图，在人心不在技艺今求一技之末，而又奉夷人为师。无论夷人诡谲，未必传其精巧，即使教者诚教，不过术数之士。"

我们也就不难理解，即使当时有个别杰出人士意欲把近代高等学校摆到重要的地位也是枉然，更何况以西太后为首的顽固派始终把持着权力。1862年士大夫中极少有人愿意报考同文馆，而且报考者会遭到众叛亲离"旧者已亡，新者未立，怅然无归"，反映了一种普遍的社会心态。夜郎自大、麻木不仁的社会心理定式直至辛亥革命前仍然存在。近代中国高等教育在这种情况下要顺利发展，几近天真幻想，而究其根本原因，则是当时小农经济的生产方式和封建中央集权统治，在起决定性作用。此外，在外部环境方面，近代中国因历史原因，高等学校的发展举步维艰。

尽管如此，天津中西学堂、京师大学堂等校的设立，则表明中国近代高等教育转入形成时期，它们对当时社会产生过一定影响，培养了我国近代早期的科技人才，同时对外交、政治等方面的发展也具有或多或少的推动作用。如果说同文馆的产生使中国近代高等教育进入初创阶段，那么就高等教育自身而论，最深刻的影响与作用，当然莫过于这些学校在教学内容和方法上的改革及对旧观念产生的有形或无形的冲击。①

## 二、国民政府时期的高等教育

社会的变迁剧烈，高等教育也随社会历史潮流进行了许多弃旧迎新且承上启下的重大变革。中华民国经历了短暂的变革和出自中国社会的需要，而且还受到国外教育学说的冲击与影响。1911年10月武昌起义后，1912年1月1日，孙中山在南京建立临时政府，中华民国诞生了，中国两千多年的封建帝制随着清朝被推翻而从此寿终正寝。至1949年，中国高等教育在摒弃以往封建主义旧教育的同时发展资本主义的新教育。在中西教育思想的碰撞中赋予高等教育新生命，这就决定了民国时期高等教育发展盘根错节、跌宕起伏的复杂性。按照这段历史的发展轨迹，通常划分为三个时期：（1）1912年1—4月民国之初的南京临时政府时期；（2）1912年4月—1928年前后的北洋军阀政府时期；（3）1927—1949年的国民政府时期。相应地，民国时期高等教育也经历了以下三个阶段：（1）民国初期资产阶级革命民主派的教育变革；（2）北洋政府时期的复古教育；（3）国民政府时期的教育。民国时期中国还存在着另一种性质不同的高等教育，即中国共产党领导下的解放区高等教育。

民国初期资产阶级革命民主派的教育变革，是在极其特殊的社会背景下进行的。当时，虽然推翻了年代久远的封建专制制度，但是旧思想根深蒂固，资产阶级新政权虽然建立，然而新思想的形成，又必须有个过程。高等教育的新旧更替，正是这种深刻变革的演绎。

在教育思想方面，这一阶段最有影响的当推革命先行者孙中山和著名教育家、当时的教育总长蔡元培。孙、蔡二人的教育思想在本质上都是资产阶级的新思想，蔡元培对清末学部制定的忠君、尊孔、尚公、尚武、尚实的教育宗旨进行了批判、修正，提出著名的五项教育宗旨，即军国民教育、实利主义教育、公民道德教育、世界观教育和美感教育。这五项教育宗旨与孙中山的教育主张，有许多是一致的。例如，关于军国民教育，蔡元培认为："我国强邻逼处，亟图自卫，而历年丧失之国权，非凭借武力势难恢复。"②孙中

---

① 潘懋元，王伟廉. 高等教育学 [M]. 福建：福建教育出版社，2013：13.
② 中国第二历史档案馆. 中华民国史档案资料汇编：第二辑[M]. 南京：江苏人民出版社，1985：468.

山在《军人精神教育》一文中所述"诸君欲任非常之事业，则必受非常之教育乃可。此非常之教育为何？即军人之革命精神也"主张学有所用，既要有利于个人掌握谋生之知识与技能，又要有利于个人对社会作出贡献。关于实利主义教育，其实质是说封建教育令人皓首穷经是无益的。这与孙中山关于一个人求学是应为国家、社会服务而不能以个人利权为目的之主张基本吻合。至于公民道德教育，两人更有很多相同的言论。不过，一为务实的政治家，一为做学问的思想家。蔡元培所主张的世界观教育与美感教育，在孙中山的教育言论中则涉及较少。

在教育措施方面，当时改革首先从教育制度与教育内容入手，而且行动迅速。1912年1月19日，才成立的南京临时政府教育部颁布了《普通教育暂行办法》。此后不久，关于高等教育的运行，教育部电告各省："本部高等以上各学校规程，尚未颁布，各地方高等以上学校，应令暂照旧章办理唯《大清会典大清律例》《黄朝掌故》《国朝事实》及其他有碍民国精神及非各种学校应授之科目，宜一律废止。此外关于前清御批等书，一律禁止采用。"

由此可知，此时高等教育的发展并未被忽视，正如同年3月孙中山以大总统名义通知各省所言："学者，国之本也，若不从速设法修旧起废，鼓舞而振兴之，何以育才而培国脉？"这时袁世凯正在谋划登基称帝，其用心在于全面推翻辛亥革命后已有的教育变革，为其封建复辟铺石开路。然而，他的倒行逆施仅在客观上暂时阻碍了历史的进步，也加速了他自身的败亡。继起的以黎元洪为大总统的北京政府，慑于民意，宣布撤销《教育要旨》《教育纲要》等。中国高等教育继续蹒跚而行，振兴的措施还体现在孙中山对上海中国公学解决经费问题的支持和对女子受教育的激励等方面。

总之，清朝作为一个旧时代终结之后，南京临时政府开创了一个新时代，民国高等教育开始了新的旅程，具体表现为，消了"忠君"等旧教育宗旨，这是辞旧建立新学制——1912—1913年在蔡元培主持下制定形成的《壬子丑学制》是中国第一个具有资产阶级性质的教育制度；公布了高等学校设置的若干新规定，如《大学令》《专门学校令》等；除高等师范学校之外，准许私人设立大学和专门学校。所有这些都是立新，并成为后来的模式。我们可以认为，南京临时政府有关教育的种种思想与举措，影响了整个民国时期的高等教育。

1912年4月1日，袁世凯取代孙中山任临时大总统，并组成北京临时政府。北洋军阀专制政权随之建立，并持续了16年之久。

袁世凯在教育上曾一度掀起历史逆流。1913年，他发布了《尊孔祀孔令》，将《壬子癸丑学制》已剔除的读经尊孔内容，又重新列入教学科目之中。1915年他又颁布了《教育要旨》和《教育纲要》，强调"法孔孟""戒躁进"等。

民国元年即1912年，中国大学及独立高校仅有4所，专科学校多达111所；1915年大学增至10所，专科学校减少至94所；1925年大学增至50所，专科学校减少至58所。这一方面说明辛亥革命前的数年间，由于洋务派创设专科学校和1906年清政府大力推行法政教育以准备实行宪政，使专科教育得到迅速发展，例如1909年高等法科专门学校就有47所；另一方面说明了辛亥革命后虽然高等学校在数量上无甚进展，但是不少专科学校升格为大学，这与1922年颁布的"壬戌学制"（又称"新学制"）大有关系。

"壬戌学制"即《学校系统改革案》的公布，它既受到"五四"新文化运动以后有关教育改革的深刻影响，也受到来自美国的杜威、孟禄等西方教育家教育思想的直接影响。它汇总了辛亥革命后教育改革的成果，基本上反映了中国资产阶级的要求，这一学制列出七项教育标准：（1）适应社会进化之需要；（2）发挥平民教育精神；（3）谋个性之发展；（4）注意国民经济力；（5）注意生活教育；（6）使教育易于普及；（7）多留各地方伸缩余地。总体观之，这些教育标准具有浓厚的现代气息，较之过去确有令人振奋之处。但诸如"多留各地方伸缩余地"等，在当时中国社会秩序尚不稳定、高等教育还处于幼稚时期的情况下，由各校自行决定开设形形色色大量的选修课。尽管如此，继1912—1913年制定的"子癸丑学制"之后，1922年颁布的"壬学制"富有总结性、建设性和实践性地揭开中国现代教育新的一幕，其注重面向现代社会、关注教育与经济的关系等合理内核，即使在今天仍然应当肯定。

从1927年算起的国民政府时期的高等教育，可粗略地划分为三个阶段，即1927—1937年为第一阶段，1937—1945年为第二阶段，1945—1949年为第三阶段。第一阶段的高等教育具有重建与为以后发展规定方向的性质，后两个阶段则更多地带有承前以及战时性质。

相对于北洋军阀时期而言，国民政府时期的高等教育有较大的发展，主要在教育宗旨和教育法规等方面得以重新制定，从而使教育制度、管理办法也越来越完备。但是，国民党的"党化教育"等旨在加强思想控制的做法，同时也成为有别于从前高等教育的"特色"，这无疑给当时的高等教育在学术性和民主性等方面蒙上一层阴影。

我们知道，1928年国民政府制定的《中华民国学校系统》与1922年公布的《学校系统改革案》一样，也有七条原则：（1）根据本国国情；（2）适应民生需要；（3）提高教育效率；（4）提高学科标准；（5）谋个性之发展；（6）使教育易于普及；（7）留地方伸缩之可能。

1929年，国民政府公布了《大学组织法》《专科学校组织法》《大学规程》，其后又公布了《专科学校规程》。这些高等教育法规后来都随时局的变化而作了相应的修订，它们对国民政府时期的高等教育起了规范作用甚至国民党到台湾后也仍然沿用之。

总的来看，国民政府时期的高等教育在组织、规模、法规等方面都有长足进步，但在教育方针、政策等方面亦存极大弊端，甚至有些是退步的。例如，从其统治利益出发，对一些陈旧的传统教条情有独钟，排斥甚至杀害教育界进步人士等，这类逆世界潮流、不得人心的做法，其实是自掘坟墓，并成为其在大陆全面失败的原因之一。另一方面，这一时期不少有识之士力图促进中国高等教育的改革与发展，进行教育实验，积累了不少办学经验，培养了不少人才，他们的努力与贡献不可否认。

概言之，民国时期的高等教育，在近40年风云变幻的历史大环境下，既有追求时代潮头的精华，也有落后于时代要求的糟粕，经受了昨天与今天战争与和平纷繁复杂的考验与洗礼，形成了一段色彩斑斓的高等教育演进史，留给后人颇多值得深思的东西。

## 三、新中国高等教育的改革与发展

从新中国宣告成立至今，已历70余年。在这几十年里，高等教育的起落基本上是与社会大环境的变化密切相关的。新中国高等教育可作如下分期：社会主义改造时期的高等教育；开始全面建设社会主义时期的高等教育。这两个时期也可合并为一，即通常所称的接管、改造、发展的17年。此后则是改革开放新时期的高等教育。1992年10月，中国共产党"十四大"召开以后，中国实行社会主义市场经济，高等教育的改革与发展随之进入一个崭新的阶段。可以说，除了某些非常时期，改革与发展一直是新中国高等教育的主题。

1949—1957年社会主义改造时期高等教育的基本特征，可概括为"除旧布新"四个字。这段时期的高等教育是在中外两种经验之下进行改革与发展的，一是继承和发扬革命战争时期的教育经验；二是学习和借助当时苏联的教育经验。革命战争时期高等教育以马克思主义为指导、紧密联系实际的经验，此时又得到充分体现：废除了国民党设立的"党义""公民"等旧课程和旧教材，开设了"新民主主义论"和"社会发展史"等新课程；结合抗美援朝、土地改革和镇压反革命等时事，进行爱国主义、无产阶级国际主义教育；实行向工农"开门"的方针等。高等教育在学习当时苏联经验方面，主要表现在两件情上，其一是推崇当时苏联的教育理论与经验，移植该国的教学计划、教学大纲和教材等；其二是1952年下半年开始进行的高等学校院系调整。

新中国成立初期百废待兴，况且中国缺乏建设社会主义高等教育的经验，有必要引用以往有效的经验，如时称"老大哥"的苏联的先进经验，历史也证明了这些经验对于当时中国的高等教育，起过相当重要且不可抹杀的积极作用。但是，毕竟时代不同了，国情也不同。所以，一些事物不可生搬硬套，否则效果不好。以院系调整为例，其目的原本是改变旧中国高等教育结构不合理的状况，以华北、华东、中南地区为重点，实现全国一盘棋，并以培养工业建设人才和师资为重点，发展专门高校，整顿和加强综合大学。但是在实施过程中，矫枉过正，砍掉了不少在经济建设中具有重要作用的文科专业，导致财经、管理和政法等专业严重萎缩。并且，出现了文科与理科、理科与工科相互割裂的现象，不少高校专业设置过细、专业面过窄，"口径"太小。这些偏差对后来的高等教育也有着不可忽视的不良影响。

1958—1966年全面建设社会主义时期的高等教育，其实是"除旧布新"的后一阶段。这一阶段高等教育的主旋律是调整，其中也有两件事情最为重要和著名：一是高教工作与经济工作一样，贯彻执行"调整、巩固、充实、提高"的八字方针；二是总结了新中国成立以来教育工作正反两方面经验教训而试行《教育部直属高等学校暂行工作条例》（简称"高教60条"）。

拨乱反正之后，有如下几个方面：确定了教育是社会主义提高民族团结与进步、生态环境的治理、物质资源的开发和利用的基础，社会主义建设必须依靠教育。

以上所论述的教育外部关系规律，是各级各类教育都应遵循的，对于高等教育，尤为重要。因为高等教育所培养的高级专门人才，将在经济、政治、文化各个领域起骨干作用。一个国家文化科学的水平，最终取决于高等教育所培养的人才的数量与质量；一个国家国民经济的发达、社会的进步，很大程度也取决于高等教育所培养的人才的数量与质量；一个国家的综合国力和高等教育所提供的人才资源是主要的构成因素。

## 第二节　高等教育内部关系规律及作用

### 一、高等教育内部关系规律及其作用

可以说，教育的规律有内部与外部之分。其中，前者展露的是教育的根本属性，而后者则代表着其社会因素。也就是说，教育活动不仅有自身特殊的规律，还具有社会性质上的规律，它们相辅相成，密不可分。因教育是社会的一个组成部分，是社会活动的一部分，所以尽管两种规律各自有着不同的范畴，但教育的运行要遵从整个社会活动的运行规律并与自身的运行规律相结合，这就是它特殊的内部关系规律所在。

教育内部具有多重因素，且关系相对杂乱。因而站在不同的角度来看，它所展露的矛盾也不尽相同，由此又能了解各个因素之间的关系，同时因所观察的角度不同，还能对各个因素之间产生新的认识。

站在"教育对人发展的作用"角度来看，是人的智力水平、知识储备、道德标准、审美需求等各个因素间的关系；站在"教育的历程"角度来看，教育作为教师与学生间的产物，是通过教学手段、教学设备、教学环境等媒介进行活动而形成的关系；从"教育具备的功能"来看，是以社会发展需求为指导的教师，与学生自身所具备的个性因素之间的关系；站在"学校的教育管理"角度来看，校园管理层（领导）与被管理层（教师、学生）之间的关系。

由此可见，教育内部的因素之间有关系、有矛盾，其属性是多角度的、多

维度的，这种复杂的构成关系，也是教育系统区别于社会其他系统的一个重要特征。

虽然从不同的角度来把握教育内部的基本关系，对内部关系规律的认识与表述有所不同。但从"教育是培养人的社会活动"这个教育的基本定义出发，人是教育的对象，教育直接的功能是促进人的发展，即人的整体素质的发展。人的整体素质包含哪些主要因素，教育应当和如何促进这些因素均衡地、和谐地发展，就成为历来教育家所关注的问题。传世的教育理论差不多对此都有所论述。尽管由于时代与阶级不同，他们所设想的理想人格（君子、完人、全人、全面发展的人）所具备的素质不同，用以表述素质教育的词语不一，但有两点基本上是一致的：

一方面，人的素质是包含多种类型的，其中不仅有依托于身体的体能与脑力，还有依托于精神世界的道德、智力、情感、审美等。因此我们说，素质教育是全方面发展的，需要注重对德、智、体、美等素质进行培育。

另一方面，人所具备的素质是种类丰富且紧密相连的，因此不能对某种素质进行孤立的教育，应当兼顾其他素质的发展，从而使人得以全面发展。

这就是说，在马克思主义个性全面发展学说提出以前，中外许多教育家以及哲学家，或从良好的愿望出发，或总结成功的教育经验，已经或深或浅地认识到人的素质包含德、智、体、美诸因素，教育应当促使这些因素均衡地、和谐地发展。但由于时代和阶段的局限性，只能提出人的发展的种种设想和教育的种种模式，不可能科学地揭示人的教育规律。马克思主义创始人，继承了前人关于人的发展的思想精华，去其糟粕，运用历史唯物主义的观点，科学地论证了社会生产方式制约着人的发展，揭示了人的发展与社会的生产生活条件的必然联系，从而预见到社会主义、共产主义社会需要而且能够实现人的全面发展，为全面发展教育提供了科学的理论依据。

## 二、马克思主义关于人的全面发展学说

马克思主义认为，"人是自然的直接对象"，但又是生活于一定社会中的成员。人的本质是"一切社会关系的总和"。考察人的发展应当以人生活于其中的社会生产力和生产关系为出发点。

一方面，从人作为生产力的主要因素——劳动力来考察人的发展，应当是

体力和智力得到充分的、自由的发展和运用。人的体力和智力是构成劳动能力的两个对立统一的要素，这是人的全面发展的核心。不仅要使体力、智力各自得到充分的发展，而且必须使两者统一、平衡、和谐地发展，并通过"社会生产实践"来保证人的"体力和智力获得充分的、自由的发展和运用"。

而只有在高度发展的大工业生产过程中，一个具备了丰富知识和劳动技能的人，才能够充分运用他的智力和体力，自觉地控制劳动过程。人的体力和智力的发展与生产过程的统一，既对人的全面发展提出要求，也为人的全面发展创造了条件。

人的存在和发展，与整个社会的运动和发展是密切相关的，这种关系包含知识、道德和情感的制约与规范。在资本主义社会，"人的自我丧失"，不仅指体力和智力受到摧残和压抑，也包括道德的堕落和美的情趣的丧失。在未来的社会，作为社会关系总和的人的发展，高尚的道德与美的情趣必然是重要的组成因素。在理想的社会里，人不仅是物质和精神财富的创造者，也是这些财富的享受者。"一切社会的成员"，都得到彻底的解放，人的个性得到充分自由的发展，他们的高尚的道德品质和美的情趣也必然得到高度的发展。

另一方面，从人作为一定社会中的成员来考察人的发展，应当对道德品质和美的情趣有所要求。马克思关于人的全面发展学说，虽然首先是从人作为劳动力的角度来进行论证，但他始终把人作为"社会关系的总和"来分析的。马克思说："一个人的发展取决于和他直接和间接交往的其他人的发展。"在发达国家应当是已有相当的条件。但是，在资本主义社会里，人的全面发展却不可能完全实现。只有在社会主义制度下，人的全面发展才有逐步实现的可能。因为社会主义现代化水平将不断地得到发展与提高，逐步为人的全面发展提供必要的物质基础；更重要的是社会主义生产的目的，是在高度技术的基础上，使生产不断增长和完善，以保证最大限度地满足人民不断增长的物质和精神的需要。

综上所述，社会生产力的发展是人的全面发展的物质前提，而生产关系则制约着人的全面发展的可能性。现代人类已进入新科技革命的时代，生产力达到了比马克思当年所面临的大工业生产更高的阶段。

我们认为，马克思不仅在历史唯物主义的理论基础上建立了科学的人的全面发展学说，而且论证了教育与生产劳动相结合是实现人全面发展的唯一方法。教育与生产劳动，在人类社会发展不同的历史阶段，存在不同的关系。在现代社会中，生产、科学、教育三者，越来越紧密地联系在一起，相互依存、相互作用，经济才能发展，社会才能进步。教育与生产劳动相结合，是社会现代化的必由之路，是社会发展与教育发展的客观规律所决定的。当然，由于资本主义社会剥削关系存在种种不可克服的矛盾，教育与生产劳动相结合这条客观规律的要求，难以完全实现。然而，它作为反映现代生产需要的规律仍然要起作用，只是作用的程度与效果有所不同。在资本主义学校中，一方面要求学生参加一定的生产劳动实践，另一方面仍然存在严重的教育与生产劳动相脱离、理论与实际相脱离、轻视劳动与劳动人民的意识与倾向，只是把参加生产劳动、掌握生产技术作为谋生的手段而不承认教育与生产劳动相结合是实现人的全面发展的唯一方法。

原始社会的教育，是在生产劳动过程中进行的。当时的生产劳动与教育，都极为简单、贫乏。年轻一代一般只是通过模仿的方式向成人学习生产经验与劳动技能，教育并非独立的活动，因而还不存在教育与生产劳动是否结合的问题。原始社会的后期，生产力逐渐发展，产品有了一定的剩余，社会出现了阶级分化，教育与生产劳动的关系也随着阶级的分化而发生变化。奴隶社会的出现，产生了脑力劳动与体力劳动的分工。到了封建社会，这种分工更为严格。为了培养下一代的统治者，设立了专门的教育机构——学校。统治阶级的学校教育，就从生产劳动过程中分离出来成为独立的活动。这样，一部分人可以从繁重的体力劳动中解脱出来，聚集在一起，专门从事文化、艺术以及法律、宗教的学习与研究，对文化的发展起到了促进作用。但因这些专门的教育机构，不承担劳动力再生产的任务，教育内容不需要联系生产实际。这样，奴隶社会、封建社会的统治阶级教育，就与生产劳动相脱离而劳动人民的子女，则仍然只能在生产劳动过程中学习生产经验和劳动技能。即使是比较专门的知识、经验、技能，也只是通过师父带徒弟的个别传授方式来进行。漫长的奴隶社会与封建社会，由于学校教育与生产劳动相脱离，严重地阻碍了生产力的发展。到了资本主义社会，这种弊病就明显地暴露出来。

资本主义社会，科学技术的发达促进了生产力水平的提高。以机器生产为标志的社会生产领域，要求从事生产劳动的工人，必须具有一定的文化和科学知识；更要求参与生产过程的技术人员，必须掌握专门的科学知识与生产技术。

而系统地学习文化科学知识，掌握专门的技术就必须通过学校教育，在生产劳动过程之外来进行，为其参加生产劳动做好准备。这就是说，资本主义社会的生产，既要求对劳动者的教育从生产劳动过程中分离出来，又要求教育与生产劳动有所结合，使之能承担社会劳动力的生产和再生产的任务。这种要求，随着生产的发展与科技的发达，越来越强烈。以至于教育与生产劳动相结合，成为当今世界教育改革的共识与趋势。

我国正在从事社会主义现代化建设，虽然现时处于社会主义初级阶段，生产的现代化水平还较低，但社会的性质与发展的趋势，要求最大限度地提高社会生产力，创造比资本主义更高的生产力水平。社会主义教育与生产劳动相结合是反映社会经济与教育发展的必然规律，它不仅是提高社会生产力的途径，也是培养全面发展的社会主义建设者与接班人的方法。

### 三、全面发展教育的组成部分及其相互关系

人的全面发展，是由德、智、体、美诸种素质的发展所构成，全面发展教育就应包含德育、智育、体育以及美育各个组成部分。这些组成部分各有其特殊的任务，而又相互依存、相互渗透，并以其整体促进人的发展。

在人的发展过程中，德、智、体、美缺一不可。在全面发展教育中，这几个方面的教育都各有其特殊的作用与任务，不能互相代替。不能"以红代专"，也不能"以专代红"，只重视知识教育而轻视思想教育和道德教育固然不对，以政治冲击业务也不行，放松体育、忽视美育，也会导致学生的片面发展，从而影响教育质量的全面提高。对此，我们已有深刻的教训。

德育是社会主义全面发展教育的方向。学校通过思想政治教育与道德品质教育，培养有理想、有道德、有文化、有纪律的社会主义事业接班人。德育的基本要求是对学生进行坚持四项基本原则的教育，爱国主义、集体主义和社会主义的教育，近代史、现代史和国情教育，遵纪守法的教育。要引导学生运用马克思主义的立场、观点、方法认识现实问题，认清只有社会主义才能救中国，只有坚持改革开放才能振兴中华，逐步树立科学世界观和为人民服务的人生观，立志献身社会主义事业。

智育是全面发展教育的核心。学校的中心任务就是通过教学对学生传授文化科学知识，发展智力，培养能力，并在这个基础上进行思想政治教育。高等

学校智育的任务，不仅要使学生掌握多门学科的基础，有比较广博的知识，成为"通才"，也要使学生在通的基础上有所专，掌握所学专业范围内科学发展的最新成就和发展趋势，有比较专精的现代化专门知识和技能。

同时，为适应当代科学技术迅猛发展的形势，必须十分重视发展学生的智力，培养学生的能力，特别是自学能力、分析问题和解决问题的能力、科学研究能力、口头与书面表达能力、组织管理能力，以及应变的机智和善于调节人际关系的能力。智育的基本任务旨在使受教育者具备从事社会主义现代化建设的真实本领。

体育是全面发展教育的生理素质基础的教育。学校通过体育课和各种体育活动、保健措施，教授学生卫生保健、身体锻炼的知识与技能，促进学生身体正常发展，增强身体素质，提高健康水平，养成讲卫生和经常锻炼身体的习惯。体育的任务不仅要增进学生身体健康水平，而且要提高脑力劳动的效率，消除脑力劳动的疲劳，使学生在学习上、工作上、生活上具有精力充沛、吃苦耐劳、朝气蓬勃的生理条件；还要培养学生顽强拼搏的革命意志和团结互助、遵守纪律的道德风尚。

美育是全面发展教育的情感教育的重要部分。学校要通过有关的艺术课程和课外各种艺术活动，利用自然环境与校园环境，培养学生具有感受美、鉴赏美、表现美和创造美的情感与能力，完善审美的心理结构。美育的任务，不仅是审美情趣和艺术能力的培养，还在于丰富学生的精神生活、陶冶学生的高尚情操、养成学生的文明行为，并使学生具有鉴别美丑、抵制社会上不良倾向和低级趣味的能力。

全面发展教育的几个组成部分，又是互相依存、互相渗透、相辅相成的关系，从而形成一个对人的全面发展起着整体作用的有机结构。在全面发展教育中，德育为智育、体育、美育指明正确的方向与提供发展的动力；智育是核心，思想教育、道德教育、体育卫生、审美感受和艺术能力都必须建立在一定的知识和智能的基础上；体育为其他诸育的实现提供健康的生理条件；美育则起着协调身心发展，把德、智、体诸方面引向和谐的精神境界，按照美的原则来发展人的素质，使人享受人生的乐趣。

实践证明，人的全面发展中任何一种素质的提高，都会对其他素质的发展起良好的促进作用；反之，任何一种素质的缺陷，也往往影响其他素质的发展。

因此，对全面发展教育的各个组成部分都应予以重视。只有全面促进各种素质充分地、协调地发展，才能保证全面发展教育的实现达到了高水平。

　　教育方针、教育目的，是根据教育基本规律，结合时代精神与国情特点而制订的。正确的方针、目的、目标，必须全面地体现教育外部关系规律与教育内部关系规律的统一性；学习、领会教育方针、教育目的与培养目标，也必须理解制约教育的基本规律，才能掌握它的深刻含义。

# 第三节　国外高等教育观念与思想流派

## 一、存在主义者雅斯贝尔斯的高等教育思想

　　存在主义教育思潮是当代西方人文主义教育思潮的一支。雅斯贝尔斯[①]是存在主义高等教育思想的最全面的阐述者。他以其存在主义哲学为基础，继承和发展了德国以洪堡[②]为代表的人文主义的高等教育思想，对德国"二战"前后的高等教育的改革产生了一定的影响，并在现代西方高等教育思想发展史上占有一定的地位。

### （一）提出完人的教育目的观

　　雅斯贝尔斯的教育目的观，建立在存在主义人的本质论的基础上。他认为，人是完整的具有自我生存与发展能力的"存在"，是精神、存在和理性的总和。他进一步将这种总和概括为"整体精神"。教育的目的不在于发展人的某一方面或培养某一种技能。人不是手段而是目的，其自身有自主和能动发展的潜力。

---

① 卡尔·西奥多·雅斯贝尔斯（Karl Theodor Jaspers，1883 年 2 月 23 日—1969 年 2 月 26 日），德国存在主义哲学家、神学家、精神病学家。雅斯贝尔斯主要探讨内在自我的现象学描述，及自我分析及自我考察等问题。他强调每个人存在的独特和自由性。在 1949 年出版的《历史的起源与目标》中提出一个很著名的命题——"轴心时代"。

② 亚历山大·冯·洪堡（Alexander von Humboldt，1769 年 9 月 14 日—1859 年 5 月 6 日），德国科学家，近代地理学的主要创建人，也是资产阶级的人道主义者。他认为各类人种无论黄种、白种和黑种人同属于一种，而且不分轩轾地、有力地驳斥了和他的《宇宙》同时出版的一部当时极其风行的书《人种的不平等》，该书倡导白种人为优等民族的邪说。

教育的目的就是要使人作为完整的存在，在各个方面都能得到发展。这种人就是"自我实现的人""自我超越的人""自我完善的人"，也就是"整体精神"得到发展的"完人"。

### （二）提出科研、教学和文化相互关联的大学职能观

雅斯贝尔斯明确提出，大学的首要职能是科研，其次是教学，而文化职能的实现依赖于前两者的实现。他认为，真理的获得依靠系统的研究，教学是传授真理的，而文化就是指学生在参与真理的探讨与接受过程中得到的精神上的陶冶。"教育的文化功能"与对"灵魂的铸造功能"是融合在一起的。大学教育目的的实现是以大学三种职能的发挥为基础的。三种职能集中到一点，就是培养以追求真理为己任且能独善自我的"完人"。也正是基于这种观点，雅斯贝尔斯弘扬了洪堡提出的教学与科研统一的思想。他明确提出，"研究与教学并重是大学的首要原则""大学的第一个原则就是研究和教学的统一"。

### （三）倡导大学自治，坚持学术自由

雅斯贝尔斯终身为捍卫大学自治和学术自由的传统不遗余力。他十分崇尚中世纪大学自治的传统，明确提出了"大学的任务是超国家的"口号。他为恢复"传统大学的观念"奋力抗争，极力反对政治势力对大学的干预。学术自由是大学的使命所决定的，本质上说，"大学是由教师与学生所组成的，以探求真理为使命的团体"。为贯彻学术自由的原则，雅斯贝尔斯还进一步提出了教、学自由统一的观点。他认为："大学生要具有自我负责的观念，并带着批判精神从事学习，因而拥有学习的自由；而大学教师则是以传播科学真理为己任，因此他们有教学的自由。""有教学的自由才有学习的自由"，教与学的自由是统一的。

### （四）主张"完整知识"的教育

雅斯贝尔斯的"完整知识的教育"具有通才教育的意味。他的思想与赫钦斯[①]的思想有异曲同工之处。从他们各自思想的继承性来看，是德国人文主义教育思想和英、美人文主义教育思想的发扬光大。

为实现培养"完人"的教育目的，雅斯贝尔斯提出，"大学的第二个原则是教育与培养过程的统一"的观点，认为，"从事研究和学习专业知识不但具

---

① 赫钦斯（Robert Maynard Hutchins，1899—1977），美国教育家，永恒主义教育流派的代表人物。

有增长智能的功用，而且可以激发学生对整体的意识，以及发展科学研究的态度"。为激发学生对整体的意识，培养"完人"，他要求"大学的科学课程则抱着知识一体化的想法，希望深入知识的根源，以使每个职业在整体的科学之中能找到它的根。把实用知识收纳在整体的知识范围之内"。总之，雅斯贝尔斯的高等教育思想既有反映现代要求的一面，如重视完人的培养、重视科学的意义、主张学术自由、坚持大学改革等，又有落后于时代的一面，如过分强调大学自治与学术自由、不重视大学与社会的联系等。与赫钦斯的高等教育思想一样，同样具有复古主义的色彩。

## 二、新托马斯主义者马利坦的高等教育思想

马利坦①是现代新托马斯主义哲学流派的著名代表人物。"二战"初期，他从法国移居美国，目睹了20世纪40年代美国教育思想领域里的混乱与无所适从的情况。他试图立足于其哲学观点，为处在十字路口的美国教育指出一条正确的道路。他的高等教育思想是其整个教育思想的一个组成部分。

### （一）主张高等教育的任务就是促进人的理智成就的发展

高等教育的主要任务就在于发展学生的理智成就。只有理智成就得到了发展，人才拥有真正的智慧和最高的德行，才能成为一个真正自由的人，而不至于在这个充满着混乱、威胁和压抑的世界里丧失人性。

基于对人性的认识和教育目的论，马利坦阐述了他对高等教育任务的看法。他认为，人由肉体和灵魂两部分组成，灵魂是由上帝创造并置于人的肉体之中的，灵魂高于肉体，体现着人性，灵魂使人具有理性，能思维，有自由意志，这些品质便构成了人的本质特点。培养人的理性或理智是教育的最高目的，但各级教育各有自己的任务。

### （二）强调自由教育与专门教育相结合

马利坦认为，人的理智成就的发展是靠自由教育与专门教育的结合来实现的专门的教育，若不与"普遍的精神"或"普遍文化"结合起来，就会使人的心智发展受到限制。专门教育必须建立在自由教育的基础上，马利坦的自由教

---

① 雅克·马利坦（Jacques Maritain），法国哲学家，新托马斯主义主要代表人物。他的主要著作有《知识程度》（1932）、《艺术与经院哲学》（1920）和《伦理哲学》（1960）。

育与赫钦斯的通才教育、雅斯贝尔斯的完整知识的教育和科南特①的普通教育意义相近，它包括了智力的培养、精神的培育，以及各种技术知识、技能的教育，反映了当代人文主义教育思想的时代特点，同时马利坦还十分重视知识和学习研究，忽视这一点而只强调自由教育，同样不利于理智成就的发展。因此，自由教育与专门教育在高等教育中都是必不可少的。

### （三）提出了一个包罗万象的课程体系

马利坦的大学课程体系反映了知识的普遍联系的规律，但是，对于各专业的学生来说，并不是毫无主次地学习各门学科，而是要求学生除了自己的专业学科外，还必须学习哲学、伦理学、文明史这些普遍性的学科，为避免过于专业化，他还要求学校要指导学生学习交叉学科，适应科学发展的专门化与综合化的趋势。

马利坦认为发展理智就要靠自由教育与高深的专门教育相结合，那么高等学校就要为学生提供广泛的内容。为此，他亲自拟定了一个他所理想的大学课程体系，这个课程体系由四大类学科构成，即各种实用技艺和应用技艺；实践性的学科；理论和艺术学科；与智慧有关的学科。这四大类学科几乎无所不包，融实用性、实践性、理论性和智慧性为一体，既相互独立、自成体系，又相互联系贯通，尤其是实用性和实践性学科都可以在与智慧有关的学科，如哲学、形而上学和神学中找到自己的意义。

### （四）要求大学应以教学为主

马利坦的高等教育思想有不少值得发扬的地方，如他强调学科之间的联系与交叉、主张自由教育与专门教育的结合、重视人的理智培养等。但作为一种宗教哲学的倡导者，他的高等教育思想也没有跳出神学的樊篱，他把神学置于科学之上，这既是其高等教育思想的最大局限，也是整个新托马斯主义教育思想的致命弱点。

马利坦不反对大学同时进行教学和科研，但他反对现实中重科研轻教学

---

① 科南特（J. B. Conant，1893—1978），美国著名的教育家、科学家、政治家和外交家，毕业于美国哈佛大学化学系，曾在美国政界、科技界、教育界担任要职，历任美国国防研究委员会主席、哈佛大学校长、美国教育理事会会长以及教育政策委员会主席。其教育思想是立足于美国教育历史和传统，重视公共教育和普通教育、主张天才教育、提倡综合中学、改革师范教育、重视黑人教育等。他从国家利益出发，为美国教育发展出谋划策，被认为是美国 20 世纪最伟大的教育家之一。

的倾向，并指出，大学应以教学为主，绝不能用科研来取代教学。他主张把大学的科研限制在"研究院"里，而使之与普通教育分开。这样既能使研究工作者专门致力于科学的进步和知识的增进，也不影响大学正常的教学工作，从而使学校培养人和发展科学的职能都可以很好地实现。他的观点与雅斯贝尔斯、罗素[①]的观点明显不同，但反映了美国教育的实际。

### 三、永恒主义者赫钦斯的高等教育思想

永恒主义是现代西方较有影响的教育思想流派，赫钦斯是其主要代表人物之一。他不仅有丰富的大学教育思想，而且还将其付诸实践，对美国20世纪30—50年代的高等教育发展，产生了深刻的影响。他的大学教育思想的基本观点有：

#### （一）提出培养"完人"的教育观

赫钦斯认为人性本质上是理性的；理性发展就是人的发展的最高阶段。知识的产生离不开理性，是人的理性能力的体现，因而发展知识离不开理性。赫钦斯认为，大学教育的目的有切近的和最终的之分。切近的目的是发展智性美德；最终目的是形成睿智、达于至善、成为完人，后者建立在前者基础上。这种认识是以他的认识论为依据的。他认为，知识是一个完整的系统。它是真理，是普遍的、绝对的、统一的。人是理性的、道德的及精神的存在。同时，理性的发展又必须借助于完整而系统的知识。反映千百年来人类理性演进的知识则是最主要的、永恒的，因而也是发展人的理性的最好材料。教育的目的就是通过知识，尤其是发展人类理性的永恒知识的传授，培养人的理智，最终使人的理性达到完善，成为完人。大学教育是人生教育的重要阶段，因此也是形成完人的重要阶段。大学教育必须服从这个目的，促进理性的发展和完人的形成。

#### （二）提倡通才教育

赫钦斯认为，大学教育本质上应是通才教育。他反对大学过早专业化，要求专业化的教育必须建立在通才教育的基础上，因为通才教育可以为各种专业教育提供学术基础。大学实施通才教育既是知识的特性所决定的，也是发展人

---

① 伯特兰·阿瑟·威廉·罗素（Bertrand Arthur William Russell，1872—1970），英国哲学家、数学家、逻辑学家、历史学家、文学家，分析哲学的主要创始人，世界和平运动的倡导者和组织者。

的理性所需要的。因此它符合培养完人的教育目的。通才教育并不是仅仅指多方面知识的传授，其核心和立足点是理智的训练和自主性的培养，也就是要"帮助学生学会自己思想，作出独立的判断，并作为一个负责的公民工作"。接受了通才教育的学生，不仅具有各方面的、完整的知识基础，而且也具备了良好的理智条件和自主学习的能力。所有这些，都是接受专业教育和从事专门性的研究所必需的。

**（三）主张学习"永恒学科"，编制"名著课程"**

为实施这种课程，赫钦斯改革了大学四年课程的安排，制订了具体的学习方案，确立了以研讨为主的教学方法。

如何实施通才教育，达成完人的教育目的？赫钦斯基于永恒主义的观点认为，培养理性的教育只能用体现理性的教育内容来实施，只有那些反映人类"理性遗产"的"永恒学科"才是最理想的学习材料。而这些学习材料就存在于历经考验，证明其价值永恒而不朽的经典著作中。所以，名著便是大学的课程，研读名著就是大学教学的主要内容。为建立这种课程，他主持、挑选并编定了71位古今名人或学派的名著，计54册，涵盖了哲学、文学历史、政治学、经济学和自然科学等诸多领域。他自信这些名著包括了主要的人类永恒观念。这些观念既是人类理性的"共同要素"，培养人的理性的必要材料，也是使人类达到统一认识，相互沟通的要件。

**（四）主张大学独立，多方面的实施职能**

赫钦斯对现代大学成为依附于社会并为其服务的机构，受社会各种势力左右的情况很不满意，他主张大学应保持自己的独立性。他认为，大学不应只是为社会服务，而应主要是批评社会；它不能依附于社会，而应独立于社会；它不是一面镜子，而是一座灯塔；它不能为适合眼前的实际需要而失去传播和发展高深文化的主旨。

关于大学的职能，赫钦斯归纳了四个方面：从个人方面来说，它在于培养学生的理智能力；从社会方面来看，它应致力于改造社会和实现民主政治；从国家角度来看，它应培养优秀的、有责任心的公民，建设美好的国家；从世界角度来看，它要为建立和平而文明的世界服务，实现人类大同的目的。

**（五）倡导终身教育观**

一个人不能只满足于在学校所学习的东西，只要活着，就应该不停地学习。

终身学习不仅有利于发展个人的理智，获得真理和政治上的自由，而且对实现和平、建设文明的社会都是十分必要的。赫钦斯认为，大学提供的通才教育只是为人的一生发展创造了良好的开端，充其量也只不过为青年人提供了他们所需要的习惯、观念和技能，大量的经验性的学科只能通过经验来学习，也就是要通过校外的其他途径来学习。对于现代西方社会矛盾复杂、人性异化的问题，它作为现代人文主义在高等教育上的反映，确有现实意义。进而，他提出了理想的社会即是学习化的社会的观点。赫钦斯的大学教育思想是传统人文主义高等教育思想的再现。它是针对美国19世纪末20世纪初高等教育中盛行的功利主义倾向的一种批判，继承了《耶鲁报告》、牛曼等的人文主义观点。但它又带有明显的复古倾向，并兼有浓厚的神学色彩。正如布鲁贝克所断言的："若不是美国有政教分离的信条，赫钦斯就会把他的高等教育哲学扎根于神学之中。他用一种形而上学来取代神学。"

## 四、要素主义者科南特的高等教育思想

要素主义是20世纪30年代末兴起的一个影响较大的教育思想流派，科南特是其主要代表人物之一。要素主义的主要观点是，认为教育就是传递人类文化遗产中的精华或要素，这些要素在大学中就表现为各门学术性学科，尤其是那些基础性学科。他的教育思想虽然主要集中在中等教育或师范教育方面，但他从事大学教育、管理工作几十年，具有丰富的高等教育改革经验，同时也提出了一些比较有见地的观点：

### （一）重视普通教育与高等教育的结合

科南特针对20世纪以来美国高等教育的大发展及其存在的过于专业化和实用化的现象，提出了要加强普通教育的观点。首先他对美国中学过早专业化提出了批评，要求中学要为准备升入大学的学生提供比较坚实的普通教育。接着，他要求大学的一、二年级也要重视普通教育，以便为学生接受专业教育建立坚固的"知识堡垒"。立足于上述观点，他主持编写并于1945年发表的以《自由社会中的普通教育》为名的哈佛大学报告，在现代美国高等教育史上产生了极其深远的影响。

科南特提到的普通通识教育，强调通过这些知识的学习，还要使学生掌握各门学科的知识，而且还要培养学生好学善思的心理品质。由于他的这种观点，

他主持了哈佛大学的课程改革。他制订的课程改革方案，包括了从大学一年级到博士研究生阶段相互衔接的普通通识教育课程，并使这些课程的学习与专业课程的学习相结合，成为专业教育的基础。科南特还主张文理高等教育的综合、渗透，体现了通才、通识教育的思想。

**（二）推行自由选修制，追求教育形式的多样化**

科南特反对大学教学像中小学那样按部就班的"课堂教学"，主张采取讲课、提交个人作业、写读书报告、进行小组讨论等多种形式相结合的教学方式。他还要求，大学的教学应当有更多的灵活性、机动性，通过实施广泛的考试制度，取代过多的上课制度，以便充分发挥学生学习的积极主动性和创造性，满足他们依靠自己的能力进行自由、自主学习的愿望。

与课程内容改革一致，科南特在教育制度和教学过程方面提出了相应的改革措施。他主张采用以集中分配相结合的原则为指导的自由选修制度，以此来保证学生对普通课程的学习。他把普通教育课程划分为人文、社会和自然三大块，由学生自由地从中选择自己所要学习的学科。有人认为，他这一措施可与19世纪末埃利奥特（Charles W. Eliot）①在哈佛大学的改革措施相提并论。

此外，科南特还主张协调、平衡大学的职能，大力发展两年制高校，建立专业奖学金制度，教学与科研结合，保证学术自由等；但他的高等教育思想主要体现在他对普通教育的重视和恢复大学教学学术标准的要求上。这些就反映了他的要素主义教育观点。但他还有不同于其他要素主义者之处，就在于他没有忽视专业教育，而是想在普通教育和专业教育之间达到一种平衡，反映了当代各种高等教育观念由对立到融合的趋势。

## 五、逻辑实证主义者罗素的高等教育思想

罗素是现代英国著名的逻辑实证主义哲学家，他的高等教育思想虽不及赫钦斯、雅斯贝尔斯等丰富，但他提出了一些具有启发意义的观点：

---

① 查尔斯·埃利奥特（Charles W. Eliot, 1834—1926），美国 19 世纪著名教育改革家、思想家、社会活动家。在担任哈佛大学校长的 40 年的时间里，他不仅成功地将哈佛由一所默默无名的小型学院改造成全国乃至世界知名的高等学府，而且其卓有成效的工作业绩和独特的个人魅力，对整个美国社会几乎所有重大问题都产生了深远的影响。

### （一）主张只有才能和智力素质较好的人才能入大学

罗素的高等教育思想产生于20世纪20年代。当时科学与技术的发展很快，民主政治运动高涨，教育普及迅速，而且高等教育民主化的呼声也越来越高，甚至有人提出高等教育的机构要向一切人开放的口号。针对这种形势，罗素提出了自己的观点。他说："是否人人都应受高等教育，我很怀疑，即使如此，在目前也是不可能的，因此粗暴地实行民主原则，其结果很可能是谁也得不到高等教育。这种意见倘若被采纳，必定使科学进步遭受致命打击，并且使百年后的一般教育水平变得极为低下。不应当以牺牲进步来求得现阶段的机械平等；我们必须审慎地接受教育上的民主，以便在此过程中尽可能少地破坏那些与社会不平等偶然相关的宝贵产物。"

因此，高等教育的均等化程度不仅从现实条件上看，而且从对科学的进步来看也是必要的。只有那些天才和智力因素优良的人才有资格接受高等教育。而这些人是不应受社会地位和经济收入限制的，高等学校应为他们开放，国家应提供资助以保证经济条件差的优秀人才接受高等教育。

### （二）主张大学教育应兼顾学术与功利

大学应是纯粹的学术机构与社会实际相脱离，抑或是社会服务机构完全受社会摆布？这是贯穿在19世纪以来高等教育发展过程中的一个重要问题。罗素反对走极端，一方面反对英国传统大学的"绅士教育"，指出："若要使纯学术仍然成为大学的目标之一，就必须使它与社会的整体生活发生关系，而不仅仅与少数悠闲绅士的高雅欢乐发生关系。"另一方面，他也反对只讲求功利的目的，而忽视人文的、被人们称为"无用的"而他称为"非利的学问"。他认为，有的学问虽然看不到直接的功利效果，但它仍然是有价值的，不仅是有用的，而且是必要的，如文学、哲学、历史、音乐、绘画、数学等。针对20世纪初功利主义左右高等教育的情况，他深感不安，认为使大学受制于财阀的需要，会使整个高等教育走上歧途；使大学成为职业训练高校。他明确提出，"我认为大学乃是为了两个目的而存在：一方面，为某些职业训练人才；另一方面，从事与眼前用途无关的学术研究，兼顾功利与非功利"。

### （三）强调教学与科研并重

19世纪50年代，有学者极力反对大学从事科研，并对英国高等教育产生了一定的影响。罗素不赞同这种观点，提出，"我们考察一下大学的功能后，就会同意，研究至少与教育同样重要"。因此，他要求"每个大学教师都应从事学术研究，并且应当有足够的余暇和精力去了解各国学者关于自己所做的研究"。

罗素认为，对于大学教师来说，教学技能并不重要，重要的是能够熟悉自己的学科，并对该学科有浓厚的兴趣。如果他们只囿于年轻时所学习的东西，那对教育是无任何益处的。关于研究的内容，罗素主张学术并重，也就是要兼顾纯学术的理论研究和功利性的技术研究。他尤为重视大学里的理论研究，提出，"一切伟大的进步起初都是纯理论的，只是后来才发现能够实际应用即使有些辉煌的理论无实用的可能，它们本身就是有价值的；因为认识世界是最大的用处之一"。他主张就是功利性的知识也需要通过无私的研究来充实。无论哪一种知识都会对人们认识世界有帮助。

总之，罗素的高等教育思想具有典型的调和性，他试图在通才教育与专才教育、教学与科研、学与术之间寻求一种平衡，但他对有关问题的论述不及前面提到的高等教育家的论述深刻。

## 六、其他高等教育思想家

除上述各高等教育思想流派的主要代表人物外，尚有一些国外当代的著名高等教育家值得关注。他们的思想对于认识当代高等教育发展的趋势及高等教育思想发展的动向颇有益处。

博克（Derek Curtis Bok）[1]是哈佛大学前校长，也是美国当代著名的高等教育家。他的高等教育思想的主要方面，就是关于大学的社会使命。他主张大学要走出"象牙塔"加强与社会的联系。他还强调大学的自治和学术的自由，要求大学在保持自己的独立和学术地位的基础上，服务于社会。他的观点显然不像赫钦斯、雅斯贝尔斯那样保守，但也不像克尔那样激进。他的思想为现代的古典大学指出了发展的方向。

---

[1] 德里克·博克（Derek Curtis Bok），美国当代著名高等教育家。1930 年出生，1951 年毕业于斯坦福大学，获文学学士学位。后进入哈佛大学法学院，获法学学士学位。在担任哈佛校长期间（1971—1991 年），他精心处理了高等教育中一些主要问题，包括行政管理、少数民族和妇女受教育的机会以及学术界与工业界之间的技术转换等问题。

　　美国高等教育家克拉克·克尔（Clark Kerr）[①]在其《大学的功用》一书中，立足于当代美国的研究型大学，提出了"多元巨型大学观"，为人们描绘了一幅未来大学的蓝图。他认为，未来的大学将成为社会的有机组成部分，教学的地位逐步下降，科研的地位不断上升，并占据主要地位。他理想的多元巨型大学将是社会发展所必不可少的，它们将全方位地服务于社会，并为社会的健康发展作出贡献。

　　阿什比（Eric Ashby）[②]是英国当代著名高等教育家。他的高等教育思想的独特之处，在于他用生态学的原理考察了近代以来西方高等教育的发展，并着重从市场（或求学者的要求）社会对人才的要求和大学的内在逻辑（即传统三种支配大学发展的力量）来揭示当代高等教育发展的趋势。他试图在当代科技高度发达的社会背景下，协调高等教育发展的各种矛盾，并为大学自身的发展与社会的需求寻找一种平衡。

　　伯顿·克拉克（Burton R. Clark）[③]的高等教育思想不仅在美国而且在国际上都有一定的影响。通过国际比较，他发现，市场、大学的学术权威和政府（尤其是国家）是影响高等教育发展的主要因素。三种因素的大小便形成了各国不同的高等教育发展的特点和模式。他是从组织的角度探讨高等教育发展的规律的，为人们把握现代各国高等教育的发展变化提供了一个新的视角。

　　纳依曼（Naiman）是南斯拉夫当代著名高等教育家，长年在教科文组织中任职，并从事高等教育问题的研究。他从比较高等教育的角度和更广阔的视野，探讨了当代世界高等教育发展的趋势。他不主张把发展科学作为高校的重要职能，其次才是工程师或文学家。可见，精神文明建设的需要乃是推动高校课程改革的一个极为重要的因素。

　　当前高等教育质量内部保障体系中的三个主要环节存在诸多问题。高等

---

① 克拉克·克尔（Clark Kerr, 1911—2003），美国教育改革家、劳动和工业关系经济学家。曾是颇有成就的劳工仲裁人。
② 埃里克·阿什比（Eric Ashby, 1904—1992），英国生物学家和教育家。
③ 伯顿·克拉克（Burton R. Clark），美国高等教育界的著名教授。1921 年生，历任耶鲁大学的高教所所长以及加州大学洛杉矶分校的教授和高教所所长，致力于高等教育的比较研究。作为中国高等教育研究界最为熟悉的外国学者之一，其所著的相关高等教育作品如《高等教育系统》《高等教育新论——八个学科和比较的观点》等在学术界产生了很大影响。

学校质量内部保障的最终目标是高等学校自身通过对教育质量进行管理、监控和评价，找准制约质量的关键点和制约因素，针对高等学校自身提出的问题，提出改进措施和改革质量管理的方法、手段，从而促进教育质量的提高。内部保障体系是由涉及高等学校内部质量保障的各个相互联系的方面和环节所组成的整体，如何构建高等教育质量内部保障体系？这主要涉及由谁保障、保障什么和怎样保障三个方面。首先，高等教育内部质量最关键的教师教育教学行为由"局外人"保障，自然严重影响教师提高教育质量的积极性和主动性；质量保障的具体人员角色错位，由于学术权力弱化的情况普遍存在，学术管理的质量保障本应由专业人员进行，但行政人员代为行使这方面职责。其次，多高校对于教育质量保障的内容不明确。如一些高校人才培养目标不明确，师资队伍建设不力，学科、专业课程设置没有得到科学论证，等等，然而他们却没有意识到这些方面才是教育质量建设的重要内容。高等教育内部质量保障主体不明确，表现在两个方面：一方面，保障机构职能不明确，质量管理行为不协调，各所高校纷纷成立了关于教育教学质量保障的专门机构，如教育教学督导委员会、学术委员会、教学评估办公室等部门，但这些机构的设置缺乏制度保障和固定的运行机制，组织成员多为兼职，这样的多主体下教育质量保障的效果难以保证，工作效率也十分低下；另一方面，高等教育内部质量信息反馈机制方面，教育质量保障信息交换渠道不畅通，在外部竞争加剧的环境下，高校不能积极主动与外界交换信息，以调整人才培养模式，改革人才培养方案，同时，由于信息交换不畅，使高校内部各部门对质量管理工作缺乏总体把握，形成片面看法，采取不当措施。许多高校大谈要保障质量，却不知如何保障，在实际工作中，顾此失彼、"眉毛胡子一把抓"的现象较为普遍。

很多学校没有建立较为完善的教育质量保障机制。如何进行教育质量保障已成为质量保障机制。如何进行教育质量保障已成为制约高等学校教育教学质量提高的瓶颈，这些问题在有些高校甚至已经成为综合征，严重制约高校教育质量保障和提高，有人就把这些情形概括为："微弱的教师保障，松散的部门联系，严重的传统约束，缺乏学生的参与。"

当代各国高等教育的发展以及高等教育结构观点诸多，本章以历史发展的脉络为主线索，以史料研究为主，并参考了潘懋元、王伟廉关于论证高等教育学发展的资料等。实质上，高等教育的发展归根结底是受各国经济、政治、文化的影响而逐渐形成的，高等教育是人类社会发展的索引。在这一过程中，除了这些外部因素的直接、间接的影响外，人们的高等教育观念和思想体系在其中起着极为重要的作用。这就是为什么在同一种政治、经济和文化背景下，却可产生出不同水平、不同方向、不同类型以及不同风格的高等教育系统或高等学校的主要原因之所在。因此，了解并深入探讨高等教育观念、思想体系及其不同流派，并深入探讨与此相关的高等教育基本理论问题，无论对于建设有中国特色的社会主义高等教育理论体系，还是对于办好社会主义高等学校，都是非常重要的。

　　在研究梳理高等教育的发展及高等教育相关问题的基础上，本书将结合独立高校实际情况，以西北工业大学明德学院省级教改项目研究为依据，针对教学质量管理项目及内容不够系统、大多流于形式、形式大于内容、仅能解决皮毛问题、没有很好地发挥质量监控的作用等问题，解决教学中的评教、评学等关键问题，重视建设过程和提高教学管理水平，从内部教学质量管理体系入手，使其很好地协调教学各个环节，最大限度地调控教学质量管理过程，使广大教职员工都能参与质量管理之中，而且操作简便可行、有章可循，达到真正提高教育教学质量这一根本问题。

　　围绕办学定位和人才培养目标，在大部分高校已有的教务管理系统之上构建"内部教学质量保障体系"，以实现高效运行的长效机制，通过制定完整规范的教学质量标准；建立以教学质量持续提升为目标，以全面、客观为原则，由"教学质量决策实施系统、教学质量保障支持系统、教学质量标准运行系统、教学质量检查评估系统和教学信息检测反馈系统"五大系统组成的保障体系。在运行过程中注重强调"以人为本"的管理理念，突出基层教学单位与教师在教学质量监控体系中的主体地位，充分调动基层教学单位和广大师生的教学积极性和自律性，实现由外部评价向内部评价、由被动监控向自我主动监控的转变。

　　本书意在构建高等院校"内部教学质量保障体系"五个子系统：教学质量决策实施系统、教学质量保障支持系统、教学质量标准运行系统、教学质量检查评估系统和教学信息检测反馈系统，并找准影响教学质量的因素，通过调研构建符合独立高校实际的教学质量保障体系，应用和开发软件信息化手段，并有效地应用到教学管理之中。建立较为完善的教学质量准则与标准，通过教学过程的监督、控制与评价，落实人才培养目标，提高人才培养质量。

## 第四节　高等教育质量的概念

### 一、高等教育质量是什么

质量是高等教育发展的核心，是高等教育的生命线。提高教育质量是高校永恒的主题，这已成为全社会的共识，但高等教育的质量究竟有哪些内涵，其标准是什么却一直是一个纷争不休的话题。有人认为学生的成绩好、专业水平高就是质量高；有人认为学生的实际解决问题能力和创新能力强才是质量高；还有人认为学生的个人思想品质和人文素养好才是质量高，不一而足。因此，重新审视高等教育质量的内涵以提高高校的教育质量，无疑是必要的。

关于高等教育质量内涵的争辩由来已久。从教育研究的理论层面来看，颇具代表性的观点有十余种，如学术质量观、需求导向观、达成度观、替代观、目标适切观、绩效观、价值增值观、整体性质量观、机体质量观、准备观、不可知观等。这些认识都源于不同时代背景，从某一角度、某一层面理解和剖析高等教育质量的本质和规律，是一定历史时期高等教育发展要求的反映，因而都有其存在的合理性和必然性。

一般而言，高等教育质量应至少包含以下几方面的含义：一是社会用人单位对毕业生的满意程度，即"社会质量"；二是学生对高等院校教育的满意程度，即"内部质量"；三是教育的管理者和实施者（包括教育行政管理部门、高校领导与教师等）对教育工作的满意程度，即"工作质量"。高等教育质量的这三方面是互相联系、互相影响的，其中，"工作质量"是提高"社会质量"和"内部质量"的保证。

美国学者马丁·特罗（Martin Trow）[①]把高等教育分为三个阶段，即精英教育、大众教育、普及教育阶段。每个阶段的培养目标不尽相同，因而质量

---

① 马丁·特罗（Martin Trow），美国著名的教育社会学家、加利福尼亚大学伯克利分校公共政策研究生院教授。

标准也不同，不能用精英教育阶段的质量标准来取代大众教育阶段的质量标准。当今时代，高等教育自身的功能已大大拓展，办学主体的多元化、教育对象的大众化、社会需求的多样化，特别是随着高等教育大众化趋势的加速，人们对高等教育质量的要求和认识也应该与时俱进。转变传统的教育质量观念、树立全新的、多元化的高等教育质量观是持续全面提高教育质量的一个重要基本条件。

1998年，在法国巴黎召开的世界高等教育会议明确指出，"高等教育是一个多层面的概念，对学校、国家和地区的具体情况应予以应有的重视"，要"考虑多样性和避免用一个统一的尺度来衡量"高等教育质量。可见，高等教育质量是一个多维和变化的概念，可以说，这是对以往关于高等教育质量的界定的一个重要突破与发展。如果对质量概念外延的理解过于狭隘，就会不利于整体提升学校的质量水平，因此，全新的高等教育质量观应该是发展的、多元化的质量观。目前，在我国已经出现了各类不同层次、不同形式、不同培养目标的高等院校，所以应该用不同的质量标准衡量多样化的高等院校教育质量。

## 二、现代的教育质量管理理念

### （一）以人为本

"以人为本"是一种全新的教育质量管理理念。这种理念主张教育质量管理的根本目的是促进人的发展，认为在学校的教育质量管理中，应该充分依靠广大师生员工，尊重广大师生员工，凝聚广大师生员工的合力，充分开发广大师生员工的潜能，最终促进广大师生员工的全面发展，继而实现学校的目标。

学生是高校的生存之本，而教师则是高校的立足之本。因此，在高校教学管理中"以人为本"就是要以学生为本，以教师为本。

以学生为本，就是在教育管理中要关心学生、尊重学生、理解学生、服务学生。在培养目标上，要关注、尊重学生自我生存、自我发展的需要，根据社会发展需要、学生的认知水平和智能潜质设计人才培养目标，着眼于学生全面和谐的发展；培养模式上，要把学生当作是具有个性的个体，而不是单纯的被灌输知识的对象，培养模式要立足于多样化，注重学生的不同发展要求，有一定的灵活性，满足不同学生的个性发展需要。以学生为本，就是要尊重学生在学校中的主体地位，在教育质量管理中要尊重学生的价值、尊重学生的权利，要让学生积极参与学校的教育质量管理。

以教师为本，就是要确立教师在学校办学中的主体地位，在学校的教育质量管理中要尊重教师的价值，关注他们对教育和管理工作的意见和建议，客观公正地评价教师和管理人员的工作业绩和工作质量，营造和谐的工作环境。以教师为本，就是学校的一切管理活动都要以充分调动广大教师的积极性、主动性和创造性为目的，要尽可能地满足教师的需求，要在关注教师的生活需求和工作环境的同时，更多地关注教师和管理人员个人发展这一高层次的需求，为教师创造良好的教育科研环境，不断提高教师的教学水平与学术水平。

**（二）全面质量管理理念**

在质量管理活动中，全面质量管理被广泛应用，其主要建立在人的发展与系统论的基础上，是对这两者的应用。全面质量管理中主要有三种类型的管理：过程上的全面管理、方向上的全面管理、人员上的全面管理。

首先，过程上的全面管理，要求对教育的管理要明确到每一个细节都同教学目标相契合，防患于未然，将教学监控覆盖到教学全过程中，过程的全面管理强调的是教学过程，并非教学结果与教学评价。

其次，方向上的全面管理，指的是要对教育质量的全部影响因素进行监管控制。这些影响因素有教学（教学条件、学生资质、师资力量）、教育（培养目标、校园文化、招生与毕业生质量、培养方案）、管理（教育管理质量、管理层次、高校定位）三种层次。

最后，人员上的全面管理，展现出了教育质量的重心在于人，要求教师与学生都要具备质量意识。强调全员参与，高校质量管理不能仅交给领导与专门负责管理的管理人员，也是全体师生应当承担的责任，呼吁师生热心参与质量管理活动，从而从根本上提升教育质量。

## 三、高等教育质量管理的内容

教师在上课之前的周密设计和充分准备是取得教学成功的根本保证。课前准备包括制定（修订）教学大纲，根据大纲要求选择合适的教材和学生参考书目，根据教学日历制定教学进度表，收集和研究教学案例，确定课堂讨论题目，设计课后作业、备课笔记等。学校管理部门在学期一开始应仔细检查教师是否认真完成了课前准备工作，如美国伯克莱大学的做法是要求教师将反映其教学准备情况的材料集中起来交给学校的教师评价委员会作为反映教育质量的基础档案或佐证材料。教学部（或教研室）或课程教学小组应组织教师认真学习讨论教学计划、课程教学基本要求和教学大纲，确保每个教师深刻领会、全面掌握了大纲的要求，进行集体备课，以集思广益、相互学习。

**（一）课堂教学质量管理**

课堂教学是教育活动最基本的形式，是保证教育质量的重要环节之一。现阶段课堂讲授是高等学校教育的基本组织形式，在教学计划中安排的课时数最多，在教学过程中具有十分重要的地位。因此，做好课堂教学的质量管理工作，对于教育质量的保证起到至关重要的作用。

为了保证课堂教学的质量，学校的教学管理部门应通过听课、定期的教学检查和学生信息员制度，及时收集各种教学信息，一旦发现偏差，及时采取措施予以纠正。教学督导要深入课堂进行听课，及时给教师予以指导。同时，教学部（或教研室）或课程教学小组也可以定期组织教师开展教学研究和相互听课，切磋教学经验。

**（二）课后辅导质量管理**

课后辅导是教学过程的一个重要环节，它是课堂教学的重要补充。在大学教育中，师生之间的学术交流、共同探究是促进学生各方面发展和专业学习提高的重要途径。课后辅导的目的在于通过与学生讨论，启发学生掌握所学内容，帮助学生解答疑难问题，指导学生自主学习、创造性地学习。确保课后辅导质量是教育质量管理的一个重要环节。美国许多大学都对教师的课余辅导通过学期末对学生的问卷调查进行跟踪检查。问卷中的问题涉及教师是否为学生安排了方便、充足的见面答疑时间，教师是否及时通过电话、电子邮件等回复学生各种有关课业方面的询问，教师是否认真指导学生学习小组等。

## 四、教学质量管理的常用手段

教学质量管理常用的手段有教学督导、日常教学质量检查、教学工作评价制度、学生教学信息员制度、导师制度等。

## （一）教学督导

教学督导是高校提高教学管理水平和教学质量的有效手段。教学督导一般由教学经验丰富、学术水平高、责任心强的具有高级职称的教师担任。教学督导的主要任务就是根据高校的人才培养目标和教学的基本规律，对教学活动及教学管理的全过程进行检查、监督、评价和指导，为高校决策部门提供改进教学及其管理的依据和建议，不断提高教学质量。教学督导既要对学校教学工作中带有全局性的问题进行调研，及时向有关部门提供信息、进行评价、提出建议，又要对教学全过程进行监督。其督导的范围是督教、督学、督管。

督教，就是对教师教学全过程的各个主要教学环节进行检查和指导，包括教师在课堂理论教学和实践教学环节中的教学思想、教学态度、专业知识、教学能力、教学方法和教学效果等方面的内容，还包括对教师的学术科研、教学改革、业务进修，对学生的课外辅导等方面的内容。

督学，就是对学生学习活动的全过程进行多方位的督导。督学的主要内容是学生的学习质量，学生学习质量主要表现在学生的能力和取得的成绩，它是学生在教师的指导下，通过学习活动取得的成果。督导就是教会学生学习，促进学生自我学习能力的提高，激发学生学习的积极性和主动性，满足每一个学生个性化发展的需要。

督管，就是根据高校的人才培养目标对教学计划、教学大纲、教学管理规章制度以及教学管理全过程的有关活动进行督导，不断提高教学管理水平。

## （二）日常教学质量检查

日常教学质量检查是提高教学质量的最基本的手段。根据其内容和方式的不同，日常教学质量检查分全面检查和专项检查，定期检查和不定期抽查。检查内容包括：教学课程的质量、作业批改质量辅导答疑质量、教学部（或教研室）活动情况、导师工作质量等。各教学环节的经常性检查，可以通过抽查学生作业、分析平时测验及期中考试成绩和试卷、召开座谈会、检查性听课等进行。定期的教学检查，一般每学期有三次：开学前教学准备工作检查、期中教学检查和期末教学检查。日常教学质量检查可以通过检查了解教学情况，及时发现问题然后进行教学信息的反馈，对发现的问题加以解决。这一手段对规范教学工作和管理起到积极的作用。

### （三）教学工作评价制度

教学工作评价是实施教学质量管理的主要环节，是判断和衡量各主要教学环节教学质量的有效手段。做好教学工作评价，首先要明确目标，要有一个科学的评价指标体系。其次，学校、学院（系）可设立一定的组织机构，如教学工作评价领导小组，也可以赋予教学工作委员会以相应的职责来完成教学工作评价。教学工作评价要和学校的激励机制和约束机制相结合，通过评价调动教师和管理人员的积极性，激发学生学习的自觉性，增强广大师生员工的凝聚力。

教学工作评价一般包括：院（系）教学工作评价、课程评价、各项教学基本建设评价、教师教学质量评价和学生学习质量评价。

院（系）的教学工作是学校教学工作的基础，其教学工作质量直接体现了学校的教学工作的质量。因此，开展院（系）教学管理水平评价，能更好地落实校、院两级的管理职能，更好地发挥教学单位工作积极性，引导各院（系）积极落实学校人才培养目标，有效开展教学改革和教学建设。

课程是决定人才培养目标、实现人才培养规格的关键。因此，课程评价是教学质量评价的一项重要内容。课程质量包括课程设置质量和课程实施质量，评价的内容应包括课程的功能、课程的目标、课程的保障条件、教学内容、教学方法和教学手段等。

教师的教学质量很大程度上影响学生的学习质量，因此，对教师教学质量的评价是教学质量评价的重点。在对教师教学工作进行评价时，应该注意内容的全方位和评估主体的多元化。评估内容不仅应包括对教师课堂教学质量、专业知识和科研能力的评估，还应包括对教师的师德、课后指导、与学生的关系等育人方面的评估。可以通过领导、专家、同行听课和对学生进行问卷调查等形式，进行领导评议、专家评议、同行评议和学生评价。

学生学习质量是教学质量的重要标志，因此，做好学生学习质量评价，有利于学校改进教学质量，有利于学生全面和谐地发展。对学生学习质量的评价应该着眼于学生整体的发展质量，评价内容包括道德、智力、身体和审美等个体素质发展的质量以及专业课、公共课和通识课程的学习质量。

### （四）学生教学信息员制度

学生是教师教学的对象。他们参与课堂教学的全过程，对教师的教学态度、教学内容、教学方法、教学水平感受深刻，因此，建立学生教学信息员制度，可以通过收集学生信息员提供的各种教学信息，及时了解学生的学习状况，听取学生对教师教学情况的反映，反馈学生对课堂教学、教学管理、教学改革等方面的意见和建议。

**（五）导师制度**

导师制度是指在实行学分制的条件下，聘请有经验的专业教师担当导师，负责指导学生的学业与品行，指导学生合理安排学习进程和遵守学校制度，导师制度是实施和完善学分制的重要保证，也是保证教学质量的重要手段。

导师制可以充分发挥教师在教学过程中的主导作用，密切师生的关系，使教师在了解学生的兴趣、爱好、特长的基础上有效地指导学生合理制订选课计划，把因材施教落实到每个学生的身上，为学生的个性健康发展提供良好的环境。在导师的指导下，学生可以按照个人的特点和兴趣，选择适合自己的发展方向，积极开展社会实践和科研活动。在导师的指导下，学生可以获得良好的科研技能训练，为今后的深入学习打下坚实的知识、能力和素质基础。因此本科生导师制对保证人才培养的质量起到了积极的作用。

如有高校实施本科教育全程导师制起到了良好的效果。该校的导师制分两个阶段。一、二年级为第一阶段。学生入学后通过双向选择确定导师。这一阶段主要是加强对学生的教育和指导，了解大学学习的目标和方法，介绍大学学习的特点和要求，以及所学学科专业的概况和发展前景，并进行必要的选课指导。三、四年级为第二阶段，以学生参加导师的科研活动为主要内容，进行科研能力训练和科学素养的培养，同时还进行学业和择业的指导。

英国某高校也通过导师制来确保教学质量。其具体的做法与我国高校有所不同。学生一入学就分配有专门的导师，一名导师带1～3名学生，每周都至少有一次面对面的学习交流机会，导师对学生学习、品行和就业各个方面进行指导。学生可以在与导师的交流中解决他们在学习中遇到的困难，而导师也可以得到及时的质量控制的反馈。导师和学生之间保持一种和谐民主的关系，对学生进行个别启发引导，激发和培养学生的自主学习能力。这种近距离的个别交流，使教学质量得到有效的保证。

## 第五节 高等院校教学质量监控体系概述

由于对质量的概念理解不同，世界各大高校的教学质量监控和评估体系也不尽相同，但高校的教学质量监控体系从形式上一般可分为两大类：外部质量监控体系和内部质量监控体系。

### 一、高等院校外部质量监控和评估体系

学校外部的教学质量监控和评估体系主要包括：上级主管部门的教育质量监控和评估、受政府委托的独立（联合）第三方的教育质量监控和评估以及社会化的教育质量监控和评估。

**（一）高等院校外部质量监控和评估机构**

世界各国高等教育外部质量监控和评估机构概括起来有三种类型：由中央政府任命的官方的评估机构、由社会力量组成的民间的评估机构、由官方和民间合作的评估机构。

由中央政府任命的官方的评估机构一般受到中央政府的严格控制，代表政府对本国的高等教育教学质量进行监控和评估。如法国的国家高等教育研究委员会，英国的高等教育基金委员会，荷兰的高等教育视导团，瑞典的国家高等教育质量署，日本的大学设置审议会、临时教育审议会和大学审议会，芬兰的高等教育评估理事会和中国教育部高等教育教学评估中心等。

由社会力量组成的评估机构一般是由高校和专业协会自发组成的民间组织。如美国的全国性或地方性的院校认证机构或专业认证机构，日本的大学基准协会、私立大学联盟和国立大学协会，荷兰的大学协会，德国的一些区域性的评估中介机构等。此外，还有一些新闻机构一年一度公布的大学排行榜。其中比较有影响的是美国《美国新闻与世界报道》推出的全美高等院校排行榜，英国《泰晤士报》推出的全英高等院校排行榜和日本《经济新闻》推出的全日大学排行榜。

由官方和民间合作的评估机构一般是一些非官方的独立机构。它们不受政府的直接控制，但是受政府的宏观指导，可以说与政府的关系是一种专业合作

关系。其典型代表是英国的高等教育质量保障机构①（QAA）和丹麦的全国高等教育评估中心。QAA是1997年由英国高校资助建立的一个独立机构，其成员主要是英国高等教育组织的代表。QAA虽是一个非官方的中介组织，不直接受英国政府的控制，但是它必须在政府政策框架下进行运作，而且其部分活动资金来源于与其进行项目签约的一些政府部门如高等教育基金委员会、教育与就业部、卫生部等，并为政府制定高等教育的政策提供建议和相关信息。丹麦全国高等教育评估中心虽然从原则上讲是一个独立的机构，但是它与教育部有着密切联系，其最高议事机构成员中有5名是来自教育部的高等教育顾问。可见其工作的独立性只是相对的，国家政府在评估的决策和程序上有着不可忽视的影响。

**（二）高等院校外部质量监控的运行机制**

虽然世界各国高等教育外部质量监控和评估机构所担负的使命基本相同，都是为了保障和提高高等院校的教育教学质量，但是在具体的运作中，各国还是各具特色。

英国高等教育质量的外部监控和评估主要是由QAA来完成。QAA的最高管理机构是一个由14人组成的理事会，其成员由高校专家、高等教育基金会（HEFC）成员和社会人士组成。QAA的日常工作由理事会任命的首席执行官负责，下设几个办公室，各办公室分别负责不同的评估工作和其他事宜。评估人员的构成是QAA成员、各高校推选的教师和管理人员、教育评估专家和与高等教育利益相关的工商界人士。此外，QAA通常还与一些高等教育质量评估机构和认证协会合作。QAA以定期或不定期的形式对高等院校的教学质量进行考察和评估，主要采取访谈、座谈、抽样调查、审查文件和材料、成果的统计和分析、撰写报告等方法。QAA的不定期评估带有一定的突然性，因而能够比较真实地了解高校教育质量的现状，在评估中不仅重视教育成果，更强调教育过程，着重考察各高校的内部质量保障机制。

---

① QAA 于 1997 年由原先的高等教育质量委员会（HEQC）及英格兰和威尔士高等教育基金委员会的各质量评价部合并而成。该机构负责对学校的审核和审查，对学科的审查；就各校关于学位授予权及大学头衔的申请向政府提出建议；对预科课程认可计划进行管理；对英国高等教育学术结构（资格框架、学科基准、专业规格，以及质量保证实施规则）进行管理；并就与学术质量与标准有关的问题向高等学校及其他机构提出建议和指导。

很多国家的高等教育认证都是由校外的，而且通常是政府的认证机构进行。而在美国则是由一些地区的高等院校协会对本地区的高等院校进行认证，或是由社会上的一些专业协会对高等院校的专业进行认证。美国的认证同时倡导两种方式，即全国性的认证和地区性的认证。认证以自评和同行评审为主，基本上是一种自治行为。

**（三）高等院校外部质量评估指标体系**

一般来说，大多数国家的高等教育质量评估指标体系几乎涵盖了高校教学工作的所有领域，包括办学条件、教学过程和教育教学结果。但是，不同国家的评估机构在评价的内容方面，侧重点有所不同。

英国高等教育质量评估采用院校审核的模式，尊重院校的自治传统，院校自己设定质量目标，进行质量管理，QAA主要评估的是院校内部质量保障机制的有效性。评估内容包括质量控制、质量审核和质量评价三个方面。

质量控制主要是检查高校为保证和提高教育质量而建立的内部质量监控机制是否有效，内容包括学生入学质量监控、教学过程质量监控和学生学习结果质量监控。质量审核主要考察高校战略计划的实施和实现情况，高校的质量保证程序及其在实践中的运行情况，高校学术标准的保证和提高机制，高校的校外监察员制度等。质量评价则是按照学科和学校，参照一定的指标体系，对学科的教学质量、学生的学习情况和学科成绩、学校的管理质量给予一定的评价。

QAA每6年要对英国各高校进行一次专业评估和院校评估。专业评估内容包括课程的设计、内容和组织，教学、学习和评估，学生学习进展和成绩，对学生的支持和指导，学习资源，质量管理和提高。院校评估内容包括高校的运作程序和高校对教学质量与教学标准的管理等。此外，QAA还会委托一些专业学术团体，如机械工程学会等对高校的教学质量进行评估。评估的内容主要包括：学生的质量、教师的质量、寻找符合质量保证程序的依据、课程教学计划的结构和内容、考核评价过程、与企业的联系和学习资源等。院校评估主要在于考察学校对教学质量和学术标准的管理，包括四个领域的评估：（1）大学的质量策略评估。内容包括大学的目标、大学质量保证的组织机构、大学的行政和学术结构、大学对质量保证的管理等。（2）大学学术标准的评估。包括学术标准的设定和执行，课程批准机制，研究学位的学术标准、招生条件，招生等。

（3）对大学的教学组织管理评估。包括教学的改进和革新、师资队伍建设、学习支持设备与图书馆服务、对学生的指导与服务等。（4）大学内部的联系以及与外部的联系。包括工作人员、学生和其他相关人员的联系、学生申述制度和学术申述制度、对外宣传和招生资料、课程和项目信息等。

美国高等教育质量评估体系中，州政府对各高等院校的办学条件有一套最低标准，并据此给予不同院校以办学许可。评估主要通过中介机构的院校认证和专业认证进行，院校认证和专业认证没有绝对统一的认证标准。院校认证的目的在于判别一所高校整体上是否达到了一个最低的质量要求，是否是一所合格的高校。其检查重点是高校是否有明确的办学目标以及是否具有能够达到其办学目标所需的人力、物力和财力等方面的条件。具体而言，院校认证包括以下几方面的指标：学校的任务和办学目标、各类建设规划、财政状况、内部评价机制、组织机构和管理制度、专业建设和教学计划、师资队伍、学生录取条件及学位授予、科学研究、学生服务、图书馆和信息资料、教学设施、公共宣传和学校的信誉度、毕业生与院校的其他产出情况等。

美国高等教育专业认证标准由于专业本身存在的差异而有所不同，但基本上包括6个方面：师资队伍、学生学习质量、课程设置、教学设施、行政管理水平和学校对该专业的态度。

美国高等教育质量评估的指标体系涵盖的面非常广泛，涉及高校在运作中的一切领域，如教学、科研和社会服务等。而且涵盖教育教学的全过程，从学生入学到整个学习过程，再到学生的学业结束，重视对学生学习结果的评估。另外，美国的评估指标不强求一致和标准化，院校只要能够证明它可以利用各种资源达到自己制订的目标就可以了。评估标准以院校自身目标的实现为核心。

德国高等院校外部评估主要涉及对组织、教学和科研、教职工的评估以及对毕业生就业情况的考察。对组织的评估主要是考察高校的管理机构设置是否合理、办事是否高效；大学的整体机构是否合理；大学的财政状况和信息管理系统。对教学和科研的评估以系为单位面向学科组织进行。评估主要涉及系的近期和远期目标、专业培养计划的组织和结构、课程设置、教学研究的完成、学生的建议、考试的组织等。评估涉及的是该系的整体组织和教学管理，不是单独对课程的评估。

日本的高等教育外部质量评估主要是对大学教育研究等综合状况进行评价，包括三个领域的评估：（1）大学范围内的主题评估，这些主题组成大学多样性活动的方方面面，如对公众的教育服务、文科教学、与社会合作进行的研究、学生服务和国际合作。（2）分专业对教学活动的评估，内容包括招生政策、教学内容和课程、教学方法、学生自测、教学水平和学生的水平提高程度、学生指导和资助、提高和改革教学质量的系统。（3）分专业对研究活动评估，内容包括研究或支持研究的系统、研究内容和研究水平、研究活动对社会经济文化的贡献、改革和完善并重新提升研究质量的系统。

我国高等教育评估指标体系比较单一，用于评估所有的高等院校，共有7项一级指标（办学指导思想、师资队伍、教学条件与利用、专业建设与改革、教学管理、学风、教学效果）和19项二级指标，偏重选择教育投入指标，如师资力量、教学基本设施、图书馆、教学计划、课程设置、规章制度等，评估指标重心在资源的占有量上，而不是在资源的使用效率和学生的学习成果上。指标体系中缺乏对学生服务的指标和评价内部教学质量监控机制有效性的指标等。

## 二、高等院校内部质量监控和评估体系

学校内部的教学质量监控体系实际上是各个院校对自身的教学工作进行全过程、全方位、全员性质量管理的一套操作系统，是保障教学质量、加强自我约束的有效机制。

学校内部的教学质量监控体系是和学校外部的教学质量监控和评估体系相呼应的，学校内部教学质量的监控和评估如何才能做到客观、完整和实时，如何确保该体系的科学构建和正确实施是本课题的研究重点之所在。本书将从质量的概念出发，深入研究教学质量监控的标准体系和操作体系，旨在构建一套更全面、更科学的高等教育教学质量监控体系。

# 第六节　我国高校的质量监控体系研究现状

自20世纪90年代开始，随着我国高等教育规模的扩大，教育界开始借鉴国外高等教育教学质量监控方面的有关理论，对我国高校本科教学质量内部监控体系进行理论研究。近年来，在教育部对本科教学评估工作的推动下，许多高等院校为保障和提高教学质量纷纷开始就如何构建高校内部教学质量监控体系开展积极的探索。一些高校依据现代质量管理理念来构建高校内部质量监控体系，如福建集美大学和北京印刷学院根据质量管理理论提出了教学输入、教学过程和教学输出三部分组成的质量监控体系。另有一些高校按照ISO9000标准[①]的要求建立了系统化、规范化、文件化的教学质量监控体系。还有一些高校运用"系统论""信息论""控制论"的思想来构建高校内部教学质量监控体系，如上海应用技术学院运用多重闭环理论构建教学质量监控体系。该校的教学质量监控系统包括八大系统，构成两个闭环回路：由教学组织指挥系统、教学过程管理系统、教学基本建设系统、信息采集处理反馈系统四个部分构成一个闭环回路；由教学质量目标系统、教学质量监控子系统、教学水平质量评估系统、调整决策与反馈系统四个部分构成另一组闭环回路。在整个系统的运行过程中，任何一个子系统产生的问题和形成的调整决策都可以及时反馈到目标系统和组织指挥系统中，实现教学质量的持续改进。还有相当一部分的高校只是运用经验型方法，根据教学管理实践的内容来进行教学质量的监控。

## 一、高校对监控机构的设置

从目前各高校教学质量监控现状来看，其中有多数学校设有专门的教学督导机构，仅有个别学校其教学督导机构附属于教务处，对教学质量进行监督与管理。从总体来看，各高校都设有校、院两级教学监控和评价的组织机构，如设置校级教学督导员、院级教学督导员、学生信息员等。从宏观、中观、微观等几个层次对教学质量进行监控与评价，并形成由校长负责、督导中心或教务

---

① ISO9000 标准是国际标准化组织（ISO）在 1994 年提出的概念，是指"由 ISO/Tc176（国际标准化组织质量管理和质量保证技术委员会）制定的国际标准。 ISO9001 用于证实组织具有提供满足顾客要求和适用法规要求的产品的能力，目的在于增进顾客满意"ISO9000"不是指一个标准，而是一组标准的统称。

处牵头、院系部为基础、各职能部门协调配合的组织机构。

## 二、教学质量监控部门的主要职责

教学质量监控部门是通过对学院教学质量的调查、了解、评估及指导，将有关信息上报校领导并反馈给教师和院（系、部）教学管理部门，从而发挥监督、检查、评估和指导职能，以促进学院教学质量的提高。其主要职责可概括为：一是负责制订教学质量评价方案、评价指标体系、实施办法；二是负责对教学过程进行监督和指导，对教学质量进行评价和反馈；三是负责汇总、分析、报告教学质量检查结果，并提出改进建议为各职能部门提供参考。

## 三、系统的运行方式

各高校都结合自身实际，建立了一系列的教学质量监控体系的运行机制，总体来看有以下的制度：一是教学质量检查制度，即对学院的日常教学工作进行常规检查，对发现的教学问题及时汇报；二是多元化的听课、评课制度，即通过"专家评教""同行评教""教师自评""学生评教"等方式开展教学全过程持续跟踪的评价，积累课堂教学质量评价数据；三是学生信息员制度，通过学生主体对教师教学进行即时性评价；四是毕业生跟踪调查制度，即通过此方式来了解社会需求的适应度、学生和用户的满意度。

## 四、闭合的反馈制度

反馈制度是任何一个体系形成闭合系统的关键环节，大多数高校的反馈制度都已成型。概括起来有以下几种：一是教学检查信息反馈；二是督导员信息反馈；三是教学管理人员信息反馈；四是学生信息反馈；五是社会专家信息反馈等（具体反馈制度内容见第四章的三、四节）。

# 第二章　高校课程教学质量评价中的
# 主体评教

评价，是人或社会组织对某种客观存在的事物进行价值评判的一种活动。这个客观存在的事物，可以指除了评价者外的所有事物，有些时候也需要将评价者包含在内，客观事物的价值体现着客观事物是否能够满足评价者的需要。正是因对不同事物有着不同的评价，使得人们拥有了各异的价值观念。评教是指对教师的教学活动进行的评价。本章基于对不同评教主体间的差异进行阐述，逐一展开，以达到从分析中获得启示的目的。

## 第一节　高校教师自我评教

### 一、概述

教师的自我评教主要是教师对自身教学状况、职业发展、水平等要素进行的评价。教师群体大多是接受过高等教育与专业培训的知识分子，因此也时常严格要求自己，拥有较强的自尊心与发挥自我价值的需要，同时，教师对自身的发展情况也最为明了，能清楚地认识自己的问题和长处，也知道自己要从自我评教中获得什么经验教训。因此，教师自我评教具有三方面的优势：

（1）教师通过积极对自我进行评教，能够对教师职业有更深刻的理解，同时能够更好地完成教学任务，发掘自身存在的问题并对自身的行为加以管束，最终能够使自己的教学能力得到提升，教学活动更加适合学生的个人发展与实现自我价值的需要。

（2）教师进行自我评教活动，能够有效激发教师自我提高的动力，换而言之，在集体环境中自我评教有利于对比他人、反思自我，从而在反思中获得经验与力量，有助于教师完善自身教学水平，提升自身动力，实现更高的发展与追求。

（3）在自我评教的过程中，由于对自身行为的自我检查与评定，形成了自我反馈的环节，从而不断地调节自身行为和心理状态。

自我评教有助于提升课堂教学质量，且教师积极主动进行自我评教比被动接受上级的评价考核更具优势，其原因有以下四点：

（1）自我评教有利于教师结合自身特点，清晰总结出自身优劣处，从而取长补短，提升课堂质量。

（2）教师对自身最为了解，能够整合出一套自己的方法，以便于提高教学水平。

（3）自我评教省略了繁杂步骤，灵活性与机动性高，能够即时解决自身问题。

（4）自我评教不受物质与精神奖惩影响，因此得出的评价结果能够更客观有效，教师能够深入思考自身的不足，并找出影响课堂质量和提升自身能力的因素加以改进。

## 二、原则与依据

开展教师教学质量评价，必须确立正确的评价依据，合理地确定评价内容，只有这样才能更好地发挥评价功能，激发教师努力提高自身素质的积极性，提高教育教学质量。确定教师评价的依据主要包括两个方面：一是社会发展对教师所提出的要求，二是教师工作本身所固有的特点和规律。社会发展对教师所提出的要求集中体现在有关的教育法规及方针政策之中，这些是确定教师评价的主要依据；教育理论知识及教师工作的客观规律也是确定教师评价的主要依据之一。

在构建基于工作过程的课程体系的过程中我们对课程进行了重新构建，并采取了多样的教学方法，这导致在进行课程质量评价过程中，老的体系并不能很好地反映新的教学方法产生的效果和教师教学质量的提高，使课程改革的效果不能很好体现。为能更好地对课程教学质量进行科学、客观地评价，结合现今的评价体系和高校特点，对课程质量评价体系进行重建，能对高校课程进行较好的评价，并能通过评价结果以促进教师教学水平和学校整体教学质量的提高。

## 三、意义

课堂教学评价体系中教师的自我评教是非常重要的一环，教师要严格按照评价的要求与标准来进行评价，思考教学效果与教学目标产生的差距大小与差距原因，从而对自身的教学活动有一个明确的判定。将教师作为评价活动中的主体，有利于养成教师自我反思总结的意识，能够更好地帮他们提升自身能力，改正教学上的缺点。尽管因各种优势，自我评教已经在高校间得到越来越广泛的应用，但仍然有诸多因素限制着自我评教发挥真正的效用。

教师教学的对象是学生，学生是一门课教学过程自始至终亲身感受者，对于教师的工作热情、课堂讲授娴熟程度及其能否因材施教并注重学生能力培养，其言传身教是否有助于学生的治学与做人等方面，学生评价最具权威性，学生应该成为教师教学质量的评价者。同时，教师是一门课程教学的实施者，他能够将学生在课堂教学过程中的反应最快、最及时地捕捉到，并可及时将信息反馈到下次教学过程中，因此教师的自我评价具有很重要的意义。

自我评价标准与他人评价标准不同时，评价结果不同。心理学研究表明：活动水平低者的自我评价结果与他人评价结果相比倾向于高评价。自我评价影响活动实施者对活动的态度、期望、努力程度等。为使教育活动的实施者从客观的立场认识活动的得与失，评价活动常采用在他人评价之前，将评价的内容与标准交与活动实施者，即评价对象，使其按标准先进行自我评价。有人认为这种自我评价可以使活动实施者加深领会内化社会要求或客观的评价标准，并以此规范自己的行为与工作。自我评价有利于找出自己的不足与差距，从而产生前进的动力。自我评价过程可以形成自我反馈环节，还有利于克服他人评价的逆反心理。

教师肩负着传承文明、开发人类智慧、塑造人类灵魂的神圣使命，影响着人类的未来，只有具有高素质的教师，才能确保高质量的教育，培养出高质量的学生。实施教师自我评价对提高教师素质、改进教师工作、建设高素质的教师队伍、促进教育改革和社会发展都具有十分重要的意义。

## 四、方法

高校中教师自我评教的开展方法来源于自我打分制度,通常将教学活动中的态度、方法、内容、效果作为一级指标,再将具体教学内容(见表2-1)作为二级指标纳入其中,按照课堂表现为自己打分评估,最后再由分数之和评判整体教学情况。

表2-1 教师自我评价内容表

| 指标编号 | 评价内容 | | 等级 | | | |
|---|---|---|---|---|---|---|
| | 一级指标 | 二级指标 | 优 5 | 良 4 | 中 3 | 差 2 |
| 1 | 教学态度 | 衣着整洁、仪表端庄,为人师表,授课严谨认真,精神饱满 | | | | |
| 2 | | 尊重学生,公平、公正,无辱骂、歧视、体罚学生,能够尊重学生,关心学生成长,以自己良好的言行去影响和培养学生,师生关系和谐 | | | | |
| 3 | | 保持师生之间沟通,重视学生的意见,对学生辅导、答疑热情有耐心 | | | | |
| 4 | | 无迟到、早退,不缺课,不随意调课、停课 | | | | |
| 5 | 教学内容 | 备课充分,教材、课程标准、讲稿、多媒体课件及其他教学资料齐全 | | | | |
| 6 | | 教学内容与课程标准要求相吻合,教学进度与授课计划相吻合,教学步骤与教学常规相吻合 | | | | |
| 7 | | 教学目标明确,授课层次分明、概念准确、重点突出 | | | | |
| 8 | | 课堂讲述的内容科学、新颖,深广度适宜,做到以教材为主,注意将本学科内容与社会实践相联系,融知识传授、能力培养、素质教育于一体,教书育人效果明显 | | | | |
| 9 | | 学生的学习动机得到强化,学习热情和学习能力得到提高 | | | | |
| 10 | | 布置作业分量、难易度合适,注重学生主动学习能力的培养与职业素质的培养 | | | | |
| 11 | 教学方法 | 有效运用多媒体等现代教学技术手段上课,并与板书有效结合,板书工整、正确、有条理,示范准确、熟练,应变及调控能力强 | | | | |
| 12 | | 使用普通话标准、表述流利,讲课声音洪亮,语言清晰,语速适中,讲课说理透彻,逻辑性强 | | | | |
| 13 | | 有效组织课堂教学,善于启发学生积极思维,引导学生主动参与课堂教学 | | | | |
| 14 | | 教学组织方法灵活多样,适合教学内容的需要 | | | | |

（续表）

| 指标编号 | 评价内容 | | 等级 | | | |
| --- | --- | --- | --- | --- | --- | --- |
| | 一级指标 | 二级指标 | 优 | 良 | 中 | 差 |
| | | | 5 | 4 | 3 | 2 |
| 15 | 教学方法 | 教学启发性强，鼓励学生积极参与课堂教学活动，保持上课的兴趣，照顾个体差异，实现师生互动 | | | | |
| 16 | 教学效果 | 课堂气氛活跃，学生学习的主动性、积极性增强，提出的问题有效地促进学生自主学习和独立思考 | | | | |
| 17 | | 课堂教学知识含量丰富程度，布置的作业有助于学生更好地理解和掌握这门课程的知识，批改和反馈及时 | | | | |
| 18 | | 因材施教，满足各类学生在认知、情感、个性等方面的差异，注重学生思维方式的培养 | | | | |
| 19 | | 学生知道了应该学什么，对怎样学习有一定启发，科学精神和创新意识得到培养 | | | | |
| 20 | | 学生从这门课程中学到的内容比期望的要多，增强了教师的职业自豪感 | | | | |

## 五、内容

教师自我评价基本内容包括教师的教学方法和特点、师生关系、指导能力以及教学时的课堂氛围和态度、教育观等。

本课题将高校课程分为四大类及若干小类，分别是讲述型课程（主要包括以讲述方式授课的纯理论型的公共基础课和专业基础课等）、操作型课程（主要包括计算机操作类课程、专业基础和专业课程的实验、实训课程等）、实践活动型课程（主要指体育课、顶岗实习或生产实习、毕业实习、毕业设计或论文等）、行动导向型课程（理实一体化课程、项目课程、课程设计大作业等）。针对每类课程的特点建立了相应的评价指标。这里重点讨论讲述型课程中如何建立评价指标。

应当为教学评价活动制定相应的教学评价指标，完善评价体系。这些指标为教学评价活动规划了方向，它主要就应当评价什么内容进行了规范与统一。指标，顾名思义是具有导向作用的衡量标准，换言之，教师的行为会受到指标的影响，更加注意指标和评价的因素。因此，在制定指标时应当注重合理性、客观性、代表性。同时，指标还应该先于教师行动为他们的行为作出指导，指标设置得过于简陋或者过于复杂都会使评价失去应有效用。

教师自我评价是一项复杂而有意义的工作。评价内容也具有相关性，分为教师自我素质评价、教师工作过程评价、教师工作绩效评价以及学生的学习成效四个方面来进行评价。教师自我评价内容见表 2-1。

### 六、注意事项

#### （一）注重发挥自评结果的激励发展作用

评价内容能及时地反映给被评价者，通过自评结果来激发教师的教学兴趣，并认识到自己在教学过程中存在的问题，使其教学内容、方法能不断得到提高，从而使其教育活动适应社会发展的需要，适应受教育者个人成长与发展的需要。

#### （二）评价过程中的注意事项

本次评价通过计量表来进行，量表作为一种计量工具，在质量方面应当拥有可信度与效用。要保证量表的可信度与效用，就需要在量表的设置过程中注意下述三点：

（1）评价的主体需要熟悉被评价者，对其有一定程度的认识，并与其有过直接接触。

（2）对于所要评定的心理特性，评定者须有清楚而一致的了解。

（3）进行评价活动的主体需要正确使用量表，若有需要可请教专业人士给予帮助，从而使评价结果更为客观、准确、具有可用性。

# 第二节　高校学生评教

### 一、概念

#### （一）什么是评价

评价是指，评价主体对评价客体的特性进行合理评判的过程，以及对客体的价值进行分析的过程。在种类繁多的评价类型中，教育评价是对教育活动的自身特性作出的评判。曾有学者将教育的评价换算为公式，计算方式为：对教学量的测量或者对教学质的评判，再加上评价者客观的价值判断，最后得出评价结果。不论是对量的测量还是对质的评判，目的都是为后面的价值判断做铺垫，也就是说价值判断对于教育评价结果来说是一个重要甚至起决定性作用的因素。美国著名教育学家泰勒[①]指出："评价的本质就是，评判教学计划在实际教学活动中是否达成了教学目标。"另一位教育学家斯塔夫比姆（Staffbim）则认为："教学评价的真正目的不在于评价结果，而在于评价后的反思与改进。"正因如此，高校中教学评价的目的也是改善课堂质量，提升教学效果。

### （二）学生评教的概念

所谓学生评教，是指在评价过程中学生需要根据某些特定的评价标准，来评价教师的课堂教学情况与效果。这种评教的过程与结果有利于教师更好了解学生需求，从而以评教结果为依据改进课堂教学方法，对提高整体教学水平有重要意义。

学生评教是一项系统工作，包括评教的组织工作、评教指标的设定、评教结果的反馈等。其中，评教指标又是学生评教工作的核心，它的设定是否科学、合理，直接影响到了学生评教的有效度和可信度。没有一个科学合理的评教指标体系，就不可能有效地进行学生评教工作。

学生的评教活动贯穿于整个教师教学活动中。因此，学生评教的对象指的是教师的教学质量和水平等方面，并不是指教师本人，但这又与教师本人有着必然的联系。学生评教虽然是对教师的教学工作进行评价的一种评判方式和依据，但是它还不能完全反映教师的工作能力以及科研能力。在评教指标上还没有那么全面和完善。

### （三）评价的指标

指标是能够量化为数据的标准，它可以对评价活动起导向作用，也可以根据评价者的需求来制定标准。人们通过评价指标确立的标准，来表达内在需求，通过可量化的数值与具体结论来反映要求，人的要求就是评价指标制定的依据。也就是说，评价什么内容，为了什么而评。

对于评价指标的内容制定，更多需要关注的是如何去进行有效、客观的评

---

① 拉尔夫·泰勒（Ralph W. Tyler）是美国著名教育学家、课程理论专家、评价理论专家。他是现代课程理论的重要奠基者，是科学化课程开发理论的集大成者。由于对教育评价理论、课程理论的卓越贡献，泰勒被誉为"当代教育评价之父""现代课程理论之父"。

价这个问题。

**（四）学生评教的种类**

学生评教是教务系统当中非常重要而且必要的一个板块。学生评教的方式一种是书面完成纸质评教问卷，一般是涂写答题卡或者以选择题为主开放题目为辅的形式；还有一种就是网上评教的方式。经过调查研究，国内目前各大高校的评教类型基本一致，大部分使用的都是正方教务系统里面的评教体系。这款系统性价比较高，并且有一支专业的团队，除了可以提供标准的配套系统以外，还可以根据各个学校的特殊要求再进行针对本校的版块和系统。学生们在每学期结束之后，都在登录正方教务系统以后，通过里面的学生评教系统对老师进行教育质量的评价。学生登录学校官网进入教务系统里面的学生评教系统，对教师进行评教。学生选择课程，以及课程下面对应的授课教师，然后就可以在网上完成评教问卷。这种方式省时省力，而且数据汇总处理也较轻松。现在，大部分学生也能用手机登录学院教务系统中的评教系统进行学生评教，手机具有随时随地可以上网的优势，比电脑登录网站的方法更为便捷。学生虽然要用自己的学号登录教务系统，但是对教师进行评教都是采取匿名方式，保证学生能够表达真实的想法。

目前我国高校开展了形式各样的学生评教，具有代表性的主要有以下三种：

第一种是学生教学评议小组：学校定期召集学生组成教学评议小组开展评教活动，认真听取学生意见，并将学生意见作为教师绩效考评、职称晋升的参考。

第二种是学生信息员评教：每学期学校专门聘任一定数量的学生信息员，对任课教师的教学情况进行评教，并将教师的课堂教学效果、教学工作量与职称评聘、报酬待遇挂钩。

第三种是学生直接参与评教：所有本科学生都参与评教，采取无记名的方式，对任课教师的课堂教学情况进行评教。其中包括：纸质问卷评教、评教系统网上评教等。

## 二、目的

通常情况看，评教分为物质上的奖惩目的与促进教师提高的目的。在实际进行评教活动时，很可能会对某一方面有所倾向。

倾向奖惩为目的的评价是终结性评价，这种评价是在教师完成教学活动后，对其教学效果进行评判的评价。终结性评价目的在于评价教师的教育效果，并根据评价分化出各种等级，从而依据这些等级实行对教师的奖励（升职、加薪、评职称、加奖金等）或惩罚（降职、减薪）。这种评价以结果为导向，仅仅注重达成效果，却忽视了教学的过程，尽管在某些程度上确实能对教师起到一定的激励作用，但极少有教师认同这种评价标准。因为奖励与惩罚的人数有限，仅能对两个极端的少数教师进行评价，因而对居于中间的教师来说，终结性评价没有太大意义。

另一种评价是以过程为导向的形成性评价，主要是用来评判教学活动中的教学计划、教学方案与教学问题，形成性评价的目的在于促进教师自我提升。形成性评价能够及时地将对教学活动的评价结果反馈给被评价者，从而能够切实提升教学质量，这种评价不将教师划分优劣等级，更注重将结果反作用于教学活动中，从而有效促进教师自我提升。教师可以通过评教结果的反馈，针对自身的教学薄弱处、教学问题、教学技能缺失等不足之处进行改进与提升，还可以有计划地主动对不足处进行学习。

由此可见，评价中导向不同、目的不同，产生的效果也就不同。通常来看，以过程为导向的形成性评价产生的效果优于以结果为导向的终结性评价。

从另一种角度来看，若是单纯依赖学生的评教结果来作为处理教师奖惩活动的唯一指标，那必然会产生不良结果，也不会被广大教师群体所接纳，这就导致学生评教作用被架空。产生这种现象的原因在于：（1）教师的传统观念认为学生不具备进行评教的资格，评价结果缺乏合理性，错误的评价结果会影响教师名誉；（2）学生评教带有主观看法，缺少对评教的重视；（3）评教体系有待完善，评价标准也缺乏合理化制定。这些原因可能会导致教师为了得到好评价而讨好学生，满足学生的不合理要求，对学生"低标准，松要求"，借此来获得分数可观的学生评教结果，从而使学生评教形同虚设。再者，学生评教属于终结性评价，缺乏对过程的评判，因此学生评教后教师无法及时根据评教内容来调整自身教学方式，使得学生看不到评教的效果，产生对评教活动的不重视心态。有调查结果显示，大多数的学生评教活动，在进行的最初阶段，都能得到客观认真的反馈，但随着时间推移，学生评教逐渐失去了应有的效果，评教结果也缺乏可靠性。这是因为学生评教未能为学生带来好处，因最开始学生认为评教结果能改善课堂效果为自身学习活动带来帮助，但事实上评教结果并未惠及自身，仅仅对教师的职业生涯有所影响，这就使得学生不会再为对自身无益的活动付出大量精力。

国际知名行为学专家弗鲁姆[①]提出了一种期望理论[②]。他认为，一件事情所带来的价值能否满足个人需求以及其价值的大小，与人依据自身经历判断目标达成可能性的高低，两者结合就是人会为某事付出努力的程度。在学生评教的开始阶段，学生认为评教是具有很高价值的，以为教师会通过评教结果改善教学方式，尊重学生想法，提高课堂授课质量，因此才积极地花费精力来进行评教。但一旦他们发现评教没有达到应有结果，就不会再浪费精力认真评教，这自然而然对评教结果产生了影响，使得评教无法直接反映课堂效果。

## 三、工具

学生评教中需要用到的工具是教学评价表（即评教表），它的合理性与科学性直接影响着评教活动是否能产生应有的效用。

### （一）评教表的价值导向

对评教表进行设计，需要设计者拥有符合时代因素的教育观念、具备一定的专业知识，需要对教育学有所了解，同时设计评教表的人员需要有多年从事教育工作的经验，具备设计问卷的专业能力。由此可见，设计评教表的问卷，并非谁都可以制作的。如果单纯依据教学经验来制定评教表，或者让学校内管理人员制定，又或是直接使用其他高校的评教制度，都会导致评教表设计得不合理，缺乏多方面、多角度的探讨，无法有效地对课堂质量进行评测。评教表的结论具有引导作用，若是评教表的设计缺乏客观合理性，没有以积极的价值观为导向，那么使用评教表就会适得其反，不但无法正确发挥其积极作用，还会让教师走进教学误区。譬如，现如今社会要求对学生要德智体美劳全方面发展，但如果评教表仍然以学生成绩、专业能力为标准，教师会为了得到好评价

---

① 维克托・弗鲁姆（Victor H. Vroom），著名心理学家和行为科学家，期望理论的奠基人，国际管理学界最具影响力的科学家之一。早年于加拿大麦吉尔大学先后获得学士及硕士学位，后于美国密执安大学获博士学位。曾任美国管理学会（AOM）主席，美国工业与组织心理学会（STOP）会长。

② 期望理论又称作"效价-手段-期望理论"，是管理心理学与行为科学的一种理论。这个理论可以公式表示为：激动力量=期望值×效价。

牺牲培养学生创新能力、综合素质的时间，专注培养学习能力，这就导致了教育无法培育出社会所需的高素质人才。因此，评教表应当有一个正确的价值导向，使教师在教学上能够采取正确的行动。

### （二）评教表的类型

高校生常用的评教表有开放式、封闭式和集开放式与封闭式一体的综合式评教表三种类型，因不同的评教表间具有差异性，侧重点也不同，因此在进行使用的时候需要立足实际挑选。以下对这三种评教表分别进行阐述：

#### 1．开放式评教表

这种评教表主要有某种特定的评价目的，从而在表单上列举一系列具有方向性的问题，或直接给出一个大方向让学生自行评判。这样的提问方式更具有开放性，能够了解学生内心想法。譬如"课堂教学中运用的教学方式是否适合你？若不适合有何改进方式？""你认为教学中还有哪些地方有待完善？""请对教师的课堂表现给予建议"等类似问题。这些问题能够给予学生自由作答的空间。

而开放式评教表得出的结果，并不会将评价内容量化成数字形式，而是作为叙事性强的主观题一样给出，从而能得到学生的真实想法，并将其完整反映在评教表上，这种评教表能够详细展现出学生的各方面问题，为教师未来的教学活动提供参考。开放式评价表不仅能显示出学生指出的课堂问题，还能通过叙述内容找到问题原因，从而使教师更加了解学生的学习情况与课堂不足之处，加以改进。开放式评价表大多用于教学活动过程中的评价，也就是形成性评价，若是将其作为终结性评价，那么它便会失去应有效用。因开放式评价表需要叙述式回答，因此回答内容也因人而异，难以全面地评判教师的教学活动，也不会将其进行量化，不便于统计后用于人事决策中。由此可见，单纯使用一种开放性评价表作为教师教学活动的评判标准是片面且有失公正的。

#### 2．封闭式评教表

这种类型的评教表，以某些特定的教学理念为指导，具有明晰的教学目标，以此来确立教学评价指标，并且将指标进行划分，处理成可量化为数字的、可以计量的指标，并赋予每项指标评价值。评价者也就是学生，需要根据教师课堂状况和学习效果，对评教表上的指标进行一一打分、划分等级。这种评教表的优势在于，评教方式简单，只需要根据课堂状态打分，不需要耗费精力与时间详细填写，且得出的评教结果有利于后续统计数据后的分析，得出的结果也更为客观。然而封闭式评价表也有缺陷，它仅能反映出评价结果，是终结性评价，它仅仅反映的是教师课堂质量的优劣，但无法细化到具体问题上，且评价是否有效也有赖于对评价表问题的设计。封闭式评价表只能将评价结果反馈给教师，缺乏原因的指向，无法有效地使教师提高自我。

**3．综合式评教表**

这种评教表在学生评教中应用范围较广。通常来看，这种评教表右两部分组成，前半部分是封闭式评价表的问题，后半部分则是开放式评教表的问题。对主观题的设置大约为2～3个。这种评教表结合了前两种评教表的优势，在注重课堂教学过程的同时，还能对整体结果进行评价，同时主观题还能为教师提供改进课堂效果的意见，帮助教师了解学生需求，更加了解学生进行好评或差评的原因，从而有针对性地调整教学计划、教学方式，最终达到提升课堂效果的目的。

然而，在对不同的学科进行评教时，使用的评教表也需要进行调整与区分。因为高校中的院系与科目众多，不同学科有着不同学科的特色，其教学目标、内容、方式都不相同，若是以相同的评教表去评教不同的科目，则无法得到一个客观的评价结果。由此可见，尽管评教表需要遵循的设计原则应当一致，基于相同的价值取向进行构建，但若想有效提升评教表的作用，还需要对不同学科与侧重进行有针对性的设计，避免指标过于统一导致的缺陷。譬如，高校学科中有文科与理科、体育课与文化课、实践课与理论课之分，应当针对不同的课程类型与特色，来制定相应的评教表，若是不加区分，可能会不利于课程特色在课堂上的发挥，也不利于教师改进课堂效果。

正因评教表能够对教学活动与教学效果起到一个导向作用，并作用于教师改进课堂效果，才需要更加科学合理地对评教表进行设计与筛选。设置合理的评教表能使学生帮助教师提升授课效果，而反之则会使评教表形同虚设，甚至还会对教师产生消极影响。

**（三）评教表的指标**

指标的设计关系着一张评教表能否产生应有作用。它的设计要能够反映出课堂的本质特征，并将其以可以量化的数值体现出来，它应当代表着对课堂效果的全面公正评判，指标是学生进行评教的依据。对于指标的设计也需要能让教师感到认同，因为教师对指标是否满意，直接影响到评教表的作用、重要性与教师对评教表的态度。有学者对此进行过调查，发现教师对评教表指标的满意度是变化着的。当评教结果与自身奖金评定挂钩时，关系数最高；当面对学生评教的作用时，满意度关系数最低；面对学生评教的地位时，关系数趋于中等。由此可见，评教表中的指标设定还需要考虑到教师的态度，合理的设置能够改变教师对评教表的态度、对学生评教的态度。教师对学生评教接受度提升，能够更乐于依据评教结果来改善自身教学手段。

影响教师课堂效果的因素有很多，其中学生的学习态度与课程的特性是起到决定性作用的，所以在进行对评教表指标的设置时，应当注重反映这几方面，将教师自身的教学效果同课程特性、学生学习态度、客观物质基础（如教学设备欠缺等）。若将不同消极影响的原因都归结到教师身上，那就会产生不公平现象，教师也无法认同这样的评教结果，甚至产生消极心态，导致评教表的使用适得其反。

由此可见，制定评教表的指标，不仅仅要反映课堂实际，还要找出所有影响教学效果的主观、客观因素，与因素之间的内在联系，要保证指标的科学性、全面性。设计完评教表的指标后，还应当注重其具有合理性与可操作性。若是将指标设计得过于复杂抽象，那么学生就很难理解指标的意义，从而导致错评、乱评现象发生。直观简洁的指标更有助于进行评教，能减少学生自己分析揣测指标含义的可能性，从而使得评教结果更为精准。但同时也不能过于依赖简洁直观的指标，因为越是简洁直白的指标，其能评教的范围就越小，为了能完整评教需要补充设置的指标也就越多，会将评教表的内容添加得过于烦琐，降低了评教效率。另外，评教表的指标与指标之间不应当有内容互通或重复，指标应当是一项独立存在的要素，不能有互补、重叠、因果关系存在，也不能产生相互联系。指标若是丧失了其独立性，那么会产生重复评价的情况，降低评教表的效用，同时从结果上看，重复评教增加了被重复部分的分数比重，产生了不科学、不公平现象。因此为了确保指标是合理、科学、公平、有效的，应当注重对指标的设计。

## 四、功能与作用

评教的主要目的在于改进教学方式、促进合理教学计划建设、通过评教结果完善教学体系，这有助于高等院校教学评价工作的执行。评教应当帮助达成学校设立的教学目标，而这个教学目标应当同我国建设需求与社会发展需求相符合。也就是说评教工作应当符合教学目标的要求，同时培养学生的质量也应当同制订的目标相符合。遵循评教原则与评教要达成的目标，有助于发挥教学评价的作用。

因为评价的主体与客体目的具有差异，但又存在统一性，所以教学评价时常呈现出多角度、多维度的趋势。评价指标应当辅助评价工具（如上文提及的评教表）完成对教学活动的评价。学生评教具有的基本功能将如下一一进行分析：

**（一）激励性功能**

教学评价的结果能够极大激发教师的内在潜能与动力，因教学评价能够使得教师在同行之间进行比较，从而产生上进心、竞争欲，而将评价结果与自身职业生涯挂钩，则会使教师产生荣誉感，从而更能发挥在教学上的积极性。这些激励因素能够作用于教师的行为上，使教师能够以更饱满的热情面对教学活动和自我提升。学校可以积极同其他高校互动交流，使评教的激励效果得到提升。

**（二）建设功能**

评教能够有效提升教学效果，在教学过程中发挥的作用尤为明显。教学过程即教师通过硬件或软件辅助，在课堂上或其他场合对学生传授知识、培养其各种专业素质能力的过程。教学评价能够在其中发挥着建设作用，譬如目标的建设、教学计划的建设、教学方式的建设等。

**（三）诊断性功能**

评教结果能够产生鉴定课堂状况与诊断课堂问题的效果，能够对教学环境、效果、软硬件、过程进行全方面的评价与统计。基于评教指标，通过对这些评教结果的分析，能够确定教师的教学活动是否符合教学目标，同时能够诊断出课堂上的问题所在。

**（四）管理功能**

教学评价的结果能够推动高校的宏观管理，如调配资源、加大精力与资金的投入、完善相关政策给予保障、进行对教师的相关指导、保障客观教学环境等，也就是起到改善管理的功能。评教活动能够找出教学活动中的问题与薄弱之处，从而加以改进以促进高校管理能够更加趋向合理性、规范化、现代化。

尤其是通过科学教学理念的指导，能够充分激发学生与教师在课堂上的积极性，这些都能够促进高校的有效管理。评教活动根据教学活动的指标，确保高校的管理能够有效地实行，从而能更明确地提出对教学的要求，最终达到改进教学活动、提高教学管理水平、完善教学制度的目的。

### （五）导向性功能

评教结果能够验证课堂教学效果，还能为未来的教学指明方向，在突出教学重点的同时，还能提供教学提升方向与评价标准。评教结果能够显示出教学的方向、教师对课堂的态度、教学中运用的方法模式是否科学可行、教学效果是否达到预期目标。教学评教用明晰的标准、方向，对这些因素做出了导向。这些导向可以通过教学评价的结论体现出来，评价指标设计的目的之一就是能够对教学效果产生正确导向。

若想在评价中达成上述五种功能，那么就需要制定一套合理、有效、科学的评价标准体系来确保其实现，若是指标与评教内容设置缺乏合理性与科学性，那么这些效果都将成为水中月、镜中花。

## 五、问题

### （一）学生评教表的问题

通常情况下来看，学生评教的工具——评教表，大多是由专业设计评教表的专家、管理者来进行设计的，而没有在过程中参考高校师生的想法。因此作者认为，既然师生是使用评教表的主体与客体，那么应当对如何制订评教表有发言权，将这两者排除在外是不合理的，在制作评教表时也应当充分考虑到这点，听取他们对设计评教表的想法。

现如今的评教表大多是综合式评教表，其中第一部分为封闭式评教，也就是指可量化的评教内容与课程指标。这种评教在进行对结果的分析时，教师评价与课程评价决定着整体教学效果的评价。但作者认为，将这两种评价合二为一作为教师课堂教学效果的评价，是不够合理的。譬如，表2-2的Ⅱ中记录的11～15条，是教师不可抗力的因素，无法展现出教师的教学水平。另外还有一些不应当由教师埋单的问题，如"教师是否利用现代化教学手段进行教学"，因各学校的要求不同，将其列为评教表本无可厚非，但不同学校对教学设施的投入也不同，若是设备不够齐全，那就会产生"巧妇难为无米之炊"的现象，具有片面性。

从评教指标的设定来看，评教表仅仅评价了教师的教学方式与课堂表现，并没有将学生的影响纳入其中。因为教学并非教师单方面的活动，有教有学才能称之为完整的教学，因此再优秀的教师也需要学生在课堂上的配合，例如学生对课堂的重视程度、学生对该学科成绩的预期、自身素质、对学习的热衷程度等都会表现在评教表上影响对教师的评教。就这点来看，国外高校建立的教学评教表值得我们借鉴与学习，他们十分重视教师与学生双方面的作用。以美国一所高校的评教表（表2-2）为例，其中14～18条都注重评价学生自身的学习能力与对教学的态度。而反观我国高校评教表，刚好缺少的是学生对自己的学习态度、能力等因素的考虑。

### 表2-2 教学效果评价表

| 您对下列问题的回答非常重要，您的评价将有助于教师的教学改进，同时也被用于有关教师的提升和加薪的重要决定。请认真思考并公正地回答。 ||
| --- | --- |
| I | II |
| 1.教师在清晰地呈现教材和内容方面的效果<br>不满意　勉强可以　好　很好　优秀 | 11.在本课程中，您学到了多少知识<br>大量的　很多　多　有一些　几乎没有 |
| 2.教师在维持与学生之间良好关系方面的效果<br>不满意　勉强可以　好　很好　优秀 | 12.您如何评价该教师在本课程中的整个教学<br>优秀　很好　好　勉强可以　差　很差 |
| 3.教师在帮助学生保持学习兴趣方面的效果<br>不满意　勉强可以　好　很好　优秀 | 13.您如何评价本课程的整体质量<br>优秀　很好　好　勉强可以　差　很差 |
| 4.教师在促进学生积极思维方面的效果<br>不满意　勉强可以　好　很好　优秀 | 14.如何评价您自己处理该课程教材的能力<br>优秀　很好　好　勉强可以　不满意 |
| 5.教师在指导学生掌握学习技能方面的效果<br>不满意　勉强可以　好　很好　优秀 | 15.如何评价您自己的学习动机以及您在本课程中的表现 |
| 6.教师在提供有用的学习反馈信息方面的效果<br>不满意　勉强可以　好　很好　优秀 | 优秀　很好　好　勉强可以　不满意 |
| 7.教师为了解学生掌握、理解所学知识而采取的考试、测验手段的效果<br>不满意　勉强可以　好　很好　优秀 | 16.您感到与您的教师"同步"到什么程度<br>极多　很多　有一些　很少　几乎没有 |
| 8.评价考试、测验内容与该学科主要内容相关的程度<br>不满意　勉强可以　好　很好　优秀 | 17.您希望在本课程中获得什么成绩<br>高于平时　与平时一样　低于平时 |
| 9.评价该课程教材与教学辅导材料的总体印象<br>不满意　勉强可以　好　很好　优秀 | 18.在最近的课程学习中，您的学习成绩如何<br>几乎全A　大部分A　大部分B<br>大部分B和C　大部分C或更低 |
| 10.评价教材和教学辅导材料激发学生学习兴趣的程度<br>不满意　勉强可以　好　很好　优秀 | 19.您的教师也许还有一些问题，请您按教师的指导逐一进行回答 |
| 20.请您对本课程任课教师的教学作出评论 ||

**（二）实施的问题**

现如今我国高校的教学评教表，大多发放于一学期的末尾，尤其是拖延到考试前几周发放。前文提及，这种评教属于终结式评教，具有一定的局限性。很大程度上可能造成学生为了获得好成绩"讨好"教师，而打出不符合实际的分数的可能，同时也可能出现教师因学生给分过低而"报复"的可能，也就是说，受到评教表的影响，教师可能会因为评教表分数的高低而相应地给学生打分，学生则可能因为自己分数较低或较高相应地给教师低分或高分。如此看来，评教结果与分数挂钩，成为双方相互威胁的手段。这种终结性评价是具有滞后性的，无法及时地在教学过程中进行反馈，不利于教师对课堂的及时改进，因此评教表对于当下的效果几乎是没有的，仅仅在未来能有所改进。但形成性评价能够很好地弥补这项缺点，因此作者认为，更多地在教学活动中使用评教表，而不是仅仅在一学期的最后进行评教。譬如在学期的开始、期中都加入学生评教。

再者尽管高校都呼吁学生要重视评教表的作用，积极主动地进行客观填写，但仍然会产生因宣传不到位，师生缺乏对评教表的认知，从而导致一系列问题的产生。这些问题主要有：教师受到传统观念束缚，对学生评教的认知不够，因此将内心对学生评教的抵触表现在言语上；学生因对自身学习能力认知不足，将自身成绩的好坏归咎于教师授课能力上；学生因课堂要求严格"报复"性给予差评；学生受到主观对教师个人的好感高低的影响，进行不实评教等。此外还有部分学生，缺乏对评教活动的重视，每次评教都仅仅是敷衍了事，认为学校也只是做样子，评教表的结果不会对教师产生影响，更不会反映到教学活动上。还有些学生不了解评教表的内容与指标设定，因此不会填写评教表，导致了一些误填、错填等现象。这些问题，导致评教表的效用大幅降低，回收上来的评教表，大半不能作为客观的评教结果来进行记录，严重影响了评教活动的效果。

**（三）学生评教结果统计的问题**

评教结果的统计通常由专门负责人员单独进行，尽管大多高校都会通过电脑录入计算评教结果，但因统计与分析工作仅由单独部门负责未得到其他专业人士、设备的支持，导致评教结果受到人员与设备的客观因素限制，具有一定的局限性。

同时，因评教活动面向的是整个高校范围内的评教，因此统计工作繁重，若仅由一个部门单独负责，那么则会产生人手不足的现象，从而导致有些内容没法更进一步分析，使得评教结果中的信息没能得到应有的利用。

再者，大多高校未能就评教结果进行有效性的分析与检验，也并未构建出合理完善的分析体系。譬如，将评教活动仅作为一次性的行为，并没有多次对不同时期的教师与学生进行调查采样，也没有进行横向教师自身与自身的对比，从而导致评教结果不够稳定、客观，不具有全面性。

**（四）学生评教结果反馈与使用的问题**

高校在反馈学生评教内容给教师时，存在简化评教结果的情况，有些高校仅仅告诉教师评教后的排名与得分，没有详细反馈每项指标的具体得分，从而导致教师不清楚自己得分高或低的原因，不利于教师改进自身教学效果与教学方式。且在反馈时也仅仅重点强调排名靠前与靠后的教师，但对中间层次的教师缺乏具体关注，尽管这或许由于精力或人力原因无法全面反馈，但从长远角度来看这是不利于教师发展与高校教学水平提高的。

这种模式的不利之处有三点：

（1）教师从评教总分中难以分辨出自身的优势与劣势，以及教学过程中的薄弱之处。缺乏对每项指标具体分数的反馈，仅从整体来看是难以找到问题的，因此不利于教师完善课堂活动。

（2）高校在对评教结果进行统计分析时，仅仅将分析的重点放在高分与低分教师身上，不利于教师团队的整体发展。将高分教师的优秀之处与低分教师的不足之处提出，同所有教师进行讨论，尽管能够起到积极的示范作用，但这仅仅是代表性的优势与问题，对得分中等教师的问题没有进行具体分析。

（3）从上一点可以得出，学生评教的活动仅仅在优秀教师与不合格教师间发挥了作用，而中游教师无法通过学生评教来积极改进自身教学活动。高分教师与低分教师终究属于少数，想要提升整体高校的教学水平需要全体教师的努力。

学生评教的结果包含着大量信息，但却未能得到有效利用。评教结果主要用于对教师职业生涯的决策，鲜少用于教师自身发展、课堂质量的提升。部分高校仅将学生评教结果作为评判标准，没有将多方面评教结合在一起，导致决策缺乏合理性。由于我国评教活动起步较晚，还尚处于初级阶段，若想将进行更有效的评教活动，还需要不断地完善评教体系。学生评教仅仅代表的是一个方面，若将其作为教师能力的评判标准，那么会产生不公平现象，导致教师抗拒教学评教活动。

从高校制度的角度看，高校未能建立起一个完善、科学的管理制度用于保障有效利用评教结果。缺乏专门人士来对教师进行指导，让他们通过评教结果来改进自身教学水平，提升自我，忽视了评教应当发挥的作用。有些专家学者认为，评教活动应当为了改进教学、调整模式、反馈问题而设立，而不是为了证明个人能力。评教的最终目的应当是改进教学模式，若将其大量用于对教师的职业生涯规划，则会降低评教活动的效用。评教应当以人为本，其重点应当放在提升教师能力上。因此对评教的内容与指标的设计、对评教内容的反馈与分析，都应当同教师自身发展需要相结合，高校应当更加注重于教师的发展与进步。

## 六、对策

### （一）提升师生对评教活动的重视程度

#### 1. 提升学生对评教的认识

学生评教的主体是学生，因此学生对评教活动抱有怎样的态度与认识，决定了学生会以怎样的态度参与进评教活动中去，因此，应当使学生重视评教活动，提升对其的认识。

学生需要明确，评教活动是教师与学生共同作用的活动，并非单方面的。首先，学生是教学活动的接受者，因此教师所用的教学方法是否合适、教师的教学能否顺利传授知识、教师能否激发学生的求知欲、教师的教学能力高低等，学生是最了解的，也是最有发言力度的。

再者，学生要理解到自己对教师的教学质量有权评判，让学生参加评教活动不仅仅是为了提升课堂效率、增进学习效果，还因为学生同样为课堂付出了资本与精力，所以赋予他们评价教学质量的权利是理所应当的。

同时，需要让学生意识到，评教与教学活动是不可割裂、紧密相连的。若是学生的评教能够正确反映出课堂问题，那么教师就能通过评教结果改进教学方式，最终回馈到学生自身。因此，要使学生明确自身的评教活动是有价值的，需要为自己作出的评教活动负责。在评教活动中学生应当基于实事求是、公平公正的原则来进行评教，避免评教中的仁慈（肯定）效应①、逻辑误差②、晕轮效应③、趋中效应④等。

　　要想学生能够提升对评教活动的认识，理解评教活动的作用与目的，那就需要高校对学生进行积极的科普与宣传，让学生充分理解进行评教活动的必要性与益处，使他们心中产生对评教活动的重视，从而能够更加客观有效地进行对教学活动的评教，从而使教师改善课堂教学质量。

　　教学评价活动并非单纯的评价，它是具有科学性、专业性的活动，因此需要学生正确掌握评教方法。首先在学生理解了评教活动的内容与评教意义后，高校通过对其科普、指导来使学生掌握科学评教的手段，从而能够使用正确的评教方式、科学的评教观念来进行评教活动，减少错评、误评、乱评现象发生。高校还可通过校园网站、公众号、报纸等媒介来进行科普与宣传，向学生传授评教活动的具体内容、评教活动的意义、对相关指标的详细分析、对评教主体的保密措施等，还可在校园内的大讲堂定期开设演讲，用于向学生介绍相关知识，从而使他们对评教活动有深刻的了解与认知，有利于学生后续能够自主配合评教活动的开展。

### 2．提升教师对评教的认识

　　教师对评教的态度与评教效果息息相关，教师自主配合评教活动的进行能够极大提升评教的效果。因此需要教师提升对评教活动的认识，积极配合学生的评教活动，并主动通过评教结果改进教学模式，从而真正使整个评教活动产生积极效果。

　　（1）教师要虚心接受学生的评教

　　现如今，高等教育因其所具有的特殊性，已经被当成一种具有服务性质的商品。而学生，正是这种特殊商品的购买者与使用者，他们在享受教学活动服

---

① 仁慈效应，亦称宽大效应，是指印象形成中的心理效应的一种。常见于对人的评价，指人们在对他人的特性进行评定时，好的评价常多于不好的评价。

② 逻辑误差是指在评价某些具有逻辑关系的评价要素时，评价者是使用简单的推理而不是根据客观情况得出结论。

③ 晕轮效应又称"成见效应""光圈效应""日晕效应"，指在人际知觉中所形成的以点概面或以偏概全的主观印象。

④ 趋中效应是错误地将被考评者划为接近平均或中等水平，以避免即使有正当根据的过高或过低考评时的一种错误。当趋中效应发生时，所有员工均以平均或接近平均的得分结束考评，进而不能辨别谁是最佳或最差的工作者。

务的时候将其消化为自身的知识。也就是说师生关系也可以说成是服务者与被服务者的关系，而学生作为商品消费者，自然而然地有权对享受的服务质量进行评价。换而言之，教师作为服务的提供者，有义务接受学生的评价与检测，且应当树立起自觉主动地接受学生评价活动的观念，自觉配合评教活动的展开，并依据评教结果虚心完善教学活动与质量，这也是教师自身能力进步的源泉。应当扭转传统中"学生无权对教师的教学行为进行评价"的落后思想。

（2）教师要自觉接受学生评教

有些教师产生对评教活动的抵触情绪，是由于他们缺乏对评教与发展之间联系的认识，因此高校需要有效进行对评教活动的宣传，以便教师能发自内心地认同学生评教。教师应当明白，评教能够拉近与学生的关系，通过评教结果能够理解学生的课堂需求，从而减轻教师对学生评教的偏见与抵触。有学者曾就这方面作过研究调查，他们发现，教师越能深刻分析学生评教的结果与作用，越能受学生喜爱。美国学者森特拉（J. A. Centra）通过对多所高校进行调研与考察后发现，课堂教学效果与学生的学习成绩呈正相关，也就是说，教师在课堂上的教学行为与学生的学习有着密不可分的联系。正因如此，教师才应该主动接受教学评价，提升课堂教学质量，促进学生学习效果提高。学校应当向教师积极宣传教学评教活动对教学水平的提升作用与对教师自身的发展作用，揭示教学评教、学生学习效果、课堂教学质量三者之间的关系，从而使教师能够正确认识学生评教活动、提升重视程度，从而能够更加积极地面对教学评价活动。

（3）教师要了解评教指标

因教学评价的指标具有明显的导向作用与引导功能，因此教师应当重视评教指标的作用。有研究表明，若是高校能够向教师公开评教的标准与指标，那么教师将会更加注意课堂上的教学活动，对待教学的态度和对待学生评教的态度都会发生转变。因此，高校适当向教师公开评教指标可以提高教师对评教活动的认知。

**（二）设计科学的评教表**

**1. 设置应当合理同时展现高校特色**

评教评的是教学活动中所蕴含的功效与价值，是基于教学活动是否能够满足个人需求来进行的。为了能够进行顺利的评教，教学评教表作为评教工具是该项活动中必不可少的因素。评教表需要根据教学的特点来进行设计，它应当能够体现人们在某特定时期内对教学的需求与对教学规律的观念，应当符合社会发展需求，切合当代最先进的教学思想，如此一来设计出的评教表才能真正指引评教主体科学合理地评价教学活动。首先，应当遵照当今社会对人才的高素质培养要求与素质教育的发展需要，基于科学的教学理念与人才培养理念，制定设计评教指标与评价内容，从而完整设计出科学合理的评教表。其次，应当反映出高校的课程特色，高校同中小学校不同，其课堂有着自身教学特点，主要体现在以下三方面：

（1）高校的教学内容更为专业，其具有极强的科学性与专业性，教学内容广泛有深度，其中有些专业还会涉及当下热门领域中有争议的地方。

（2）高校的教学对象更加高素质，高校生历经层层筛选后步入更高的学习领域，他们已经具备了自主学习能力与自我价值实现的需要，因此需要在实践中实现自身理想。

（3）高校的教学方式更加多元化，因高校专业多种多样，不同学科有不同学科的特色，因此课堂上的教学方法也格外讲究，有些注重培养学生的创造力与创新精神，有些注重锻炼学生的思维模式，有些注重培养学生的动手能力与某些特定能力，不论何种方式目的都在于引导高校生更有效地学习。

**2．应当遵循设计原则**

所谓的设计评教表，也就是对评教表的指标进行设计。评教指标与评教表的效用、合理性、可用性息息相关，与评教表是否能得出准确科学的结论有因果关系，关系着评教结果能否发挥应有的作用。换而言之，对评教指标设计的好坏直接影响教学评教工作的结果。若是缺乏对评教指标的设计，那么评价工作将难以开展，在浪费资源的同时还会造成人精力的消耗，且没达到效果的教学评教会降低师生对教学评教的信任感。因此作者认为，若想合理地对教学评教指标进行设计，需要遵循的设计原则有以下几点：

（1）科学性原则与导向性原则

这是指对评教指标的设置需要能体现出本校教学发展计划，并遵循教育的客观规律，从而诊断出教学的不足之处与问题。换而言之，教学的评教指标需要同高校教学计划、教育规律方向一致。若是指标的设计同教学计划相背离，那么教学评教将无法对其进行辅助也无法产生积极的导向作用。通常情况下来看，教师会依据评教指标来规范自身的教学活动，因此评教指标可以说是教师的引路人，它能够引导教师转变错误思维改进自身不足，走上正确的教学方向。由此可见，设计时注重指标的科学性与导向性是至关重要的。

（2）完整性原则与独立性原则

在对评教表的指标进行设计时，需要让其全面地覆盖到教学的每个方面上，要能完整地表现出教学计划与目标。但追求完整性的同时，指标与指标之间又应当是相互独立的，在内容上不应当有重叠。换而言之，设计者在对指标进行设计时，不能忘记对重要的教学方面进行指标设立，因为教师会通过指标来进行对自身教学活动的规划，若是指标有所遗漏，那么则会传递出这项教学方面不重要的错误信息，因此应当格外注意。要求指标的完整性，并非单纯地要求指标数量多、内容详细，若是这样进行设计，会导致评教工作量大，影响评教效率。若指标缺乏独立性，则会产生重复评教的问题，影响的是整个评教活动结果的可用性。因此设立指标时应当筛选出最具有代表性，最合适、最切合高校自身教学目标的指标，舍弃可有可无的、不起主要作用的指标。与此同时，设立指标时需要规范语言，使每项指标都有明晰、无歧义的意义，要保证用词准确清晰，这样可以减少评教中产生的失误，从而能够得到更加准确可用的评教结果。

（3）可用性原则与可测量性原则

评教指标的设计必须要规定出能量化的具体指标，这种指标可以通过具体操作来进行计量，同时还需要对指标的计量标准有详细叙述，有了明确叙述后学生才能在课堂上注意这些方面的细节，并依据评教标准进行评价，也就减少了因不理解指标含义而导致的错评与误评。这要求在设计指标的时候，应当以明确可操作的描述来进行阐释，尤其是有些指标是具有抽象含义的，应当用一定的手段来让其成为可量化的指标。再者，评教指标的设置不仅要让评教的主体理解意思，还应当操作便捷具有可用性。曾有学者针对这点进行过研究，发现一张评教表的处理时间最好在10～15分钟，指标过多会增加工作量，使学生产生厌烦情绪，而指标过少则会产生内容不完备的可能。与此同时，在进行指标设计时还需考虑到指标是否便于最终结算分析，这就需要在设计指标的初期，就应当对效率与质量都做严格要求。

其他类型关于科学设计评教表的对策还有：完善学生评教制度体系、高校有计划地对学生评教活动进行组织、将反馈回来的评教结果进行合理分析等。尽管对策与方式有很多，但其根本目的都在于将学生评教的功能发挥到最大，提升课堂教学质量与学生学习水平。为此，高校还需更进一步地完善评教活动的各个方面，作者认为，只要高校能够立足实际挑选出合理有效的评教方式，就能够保障学生评教有序有效地开展。

# 第三节　教学督导评教

　　课程教学质量评价是高等院校教学质量保障体系的重要组成部分，对课程的教学实施具有准则、诊断、动力、监督和信息的作用，不仅可以增强教师教学的责任感，发挥教师教学的积极性和创造性，不断提高教学质量，也能促进课程质量的PDCA循环建设，优化课程教学质量的运作环节，全面提高教学质量。课程教学质量评价和课程评价、课堂教学质量评价是有本质区别的。课程评价有成熟的国家标准，目前各高校的课程评价都是按照国家精品课程评审指标来开展工作的，它侧重从课程建设的课程设置、教学内容、教学方法与手段、教学团队、实践条件、教学效果等指标进行评价；课堂教学质量评价，可以比较系统、全面、准确地了解教师的教学水平，了解教师在教学中好的经验和存在的问题；可以为教师改进教学提供反馈信息，促进教学质量的提高，由于涉及潜在的因素繁杂，国家没有统一标准，但各高校在进行课堂教学质量评价时一般都侧重教师教学活动过程的教学目标、教学内容、教学方法和教学效果等方法评价。我们提出课程教学质量评价，旨在探索课程开发和建设的成果与教学实施与运用的联系，不仅关注课堂教学质量的终点目标是否实现，也监测教学质量的源头课程建设成果的运行。确切地说，课程教学质量评价就是要通过若干个可能非持续性课堂教学质量评价点来形成可以全面推动课程建设，使课程教学实施工作科学化、规范化的近似连续性评价体系，最终追求的是精品课程精品教学的目的，有利于整体课程教学质量的可持续性提升。

　　高校的课程教学质量评价，是树立先进的、多元的评价理念。评价体系的主体本身即是多元的，包括学生评教、专家督学评教、同行评教、教师自我评价、教学主管领导评教、行业专家评教等。这里主要是对课程教学质量专家评价体系进行研究，探索切实可行的高校课程教学质量专家评价方法和策略。

## 一、相关概念

### （一）督导的概念

督导从字意上来理解，"督"指监督、观察；"导"指疏通、引导、传导、开导。把"督"与"导"合在一起，其含义可以理解为：权威人士或权威部门对某人或某事的监督、观察、督促、指导、疏导或辅导。有的学者认为督导是指对某人或某事的监督、观察、督促、指导、疏导或辅导。我们认为，督导就是指通过一种定期和持续的督导程序，对个人或者单位的工作进行监督，并传授专业的工作方法与技术，以增进人员的专业技巧，确保工作质量。监督和指导是督导最基本的含义，它是组织化、制度化的督导活动的两个、主要职能活动。

### （二）教学督导的概念

教学督导（Instructional Supervision）在美国早期通常是指对课堂教学的督促和指导。1922年布尔顿（Collen Burton）在《督导与改进教学》一书中曾对教学督导进行了界定，认为教学督导是一个为提高教学而进行的有组织的活动。在我国，理论界对教学督导的含义没有统一的观点。不同的学者和研究工作者从不同的角度给出了各自的界定，例如，邱川弘认为："教学督导是指高等院校领导授权的主要针对高等教育教学质量监控、建设、评价、指导、保障的专家团队行为的督导。"邢红等在《关于成人高等教育教学督导工作的几点认识》一文中认为："所谓教学督导，是指学校或教学主管部门委派专门人员对下属教学单位或教学个体的教学工作进行监督与指导的一种形式，它是教学质量管理的一种特殊手段。"杨雪滢等在《对高校教学督导工作的几点思考》一文中认为："教学督导是高等学校领导授权的督导机构和人员，直接面对校内的教与学双方和教学过程，以专家身份对教学工作进行检查、监督、评价和指导，及时、客观向学校领导、教学行政管理职能部门及教与学双方反馈教学现状、教学质量等教学工作信息，提出改进教学工作的建议。"余柯等在《优化督导模式，推进教育教学改革》一文中认为："教学督导包含狭义和广义两个层面的含义。狭义的教学督导是指督教，就是对教师的'教学'进行监督和指导，重点是对教师的'课堂教学'进行督导，对教师课堂教学质量、效果进行检查和评估；广义的教学督导包括'督教''督学''督管'。其中'督教'如前所述；'督学'是指对学生的学习活动过程进行多方面的督导；'督管'是指对教学育人环境的管理进行督导，对教学管理进行检查、监督和评价。"陈军等在《成人高等教育督导的实践与思考》一文中认为："教学督导是利用一定的科学和技术手段，遵循成人高等教育和教学的客观规律，依据一定的评价标准对成人教育的教学和教学管理活动进行监督、检查、分析、评定和价值判断，并通过价值判断发现教学和教学管理工作中的优点和不足，通过提倡、树立典型等手段，引导、促进教学和教学管理工作的开展，为学校决策部门提供改进教学及其管理的依据和参谋意见，保证教学质量不断提高。"黄忠国等在《试论教学督导团在高校教学管理中的地位、功能与作用》一文中认为："教学督导是学校内部的督导，是学校对教学质量进行监督、控制、评估、指导等一系列活动的总称。"

综观以上论述，不难发现，目前国内的学者基本上是从教学督导的内容或教学督导的作用两个角度对教学督导进行界定，并且对教学督导的界定分为狭义（监督指导课堂教学）与广义（督教、督学、督管）两类。通过对各种界定的分析比较，可以从宏观角度对教学督导给出如下定义：教学督导是指高校为主动适应教学改革和发展的需要，基于保证本校教学质量以及教学管理工作的科学化、规范化和严格化的需要，对学校教学工作总的运行状况进行全程的监督、检查、指导与评价的一种管理活动。从微观角度来看，教学督导的"督"具有督促、评价的职能；"导"具有引导、导向的职能。教学督导的职责可以概括为"督教、督学、督管"。

教学督导是教学质量监控体系中的一个重要过程、手段，是高校教育教学管理中不可缺少的组成部分。"不重视教育督导，不善于运用督导推动教育发展、教学改革，就不是成熟的现代教育领导者。"20世纪90年代以来，一些高等学校越来越认识到教育质量的监督和指导对保证并提高学校办学水平及教学质量所起的作用，纷纷成立了专门的教学督导机构，对高校的教学工作进行督导，即教学督导。

## 二、现状

当前我国高校的教学督导评教目的在于提升高校课堂教学质量，并监督教师实行教学活动，适时给予指导与纠正，在教学质量监控体系中处于一种基本管理方式。目前来看，我国大多数学校都多少运用了这种监督方式，能够在一定程度上发挥着改善教学质量的作用，但还存在对教学督导工作的认识囿于表面，将督导工作简化，导致教学督导的效用被大幅降低。

**（一）教学督导的工作内容偏窄**

目前，各院校在教学督导的实施过程中，对教学督导工作定位不准，教学督导工作内容存在一定的狭隘性、轻重不均的问题，主要表现在以下几个方面：

（1）偏重校内教学工作的督导，忽视校外教学工作的督导。

（2）过于重视督导课堂教学质量，却忽略了具体教学内容与教学过程。

（3）只注重对理论性课程的督导，没能重视实践课程、寒暑期实习、实战训练课程的重要性。

（4）仅着重督导教师个人教学能力，但并未对教师的思想品德、职业道德、科研技能、现代化设备运用等其他辅助性技能予以重视，缺乏对教师自我能力提升的关注。

（5）偏重教学秩序的督导，忽视对学生能力的培育，对学生的德育工作等情况不闻不问。

（6）对教学活动的参与认识不全，督导活动仅面向教师群体，忽略了对学生群体的管控与对发展程度的跟进。

**（二）教学督导的工作方式偏简**

有些高校对教学督导活动的认识过于简单，认为督导的意义仅在于对教学活动的监督与检查。通常督导员会采用随堂听课、观察教师教学手段的方式来检验教师的教学水平。在进行督导活动时，仅对教师的出勤情况、课堂教学方法、课后学生反馈几方面进行监督，督导缺乏全面性与客观性，且这种不科学的做法，会影响教师对教学督导的态度。

教学并非教师单方面完成的活动，教学仅凭字面意思就能理解到不仅需要教师"教"，还需要学生"学"，因此可以看出这是一个二者相互配合、共同完成的活动，因而影响教学效果的因素是多方面的。督导员若是仅以教师为主体来进行对课堂效果的督导，那就会产生将课堂效果的优劣都归咎于教师的问题，这是缺乏公平性与合理性的做法。教学是一种多维度的活动，它不仅仅能展现出教师能力的高低，还能体现出教师作为人的素质。因此高校督导应当破除过时思想，改变教学督导仅注重对教师进行督导的片面现象，化片面为整体，全方面地对教学活动进行督导，将教师行为与多种因素结合在一起。因此，在高校进行教学督导过程中，应当主动拉近与教师的距离，减轻他们的抵触情绪，消除监督与被监督角色的隔阂，从而形成相互帮助、相互辅助的局面。

## 三、原则与依据

### （一）教学督导的原则

我国有些高校通过逐步完善课程体系，对人才培育模式进行积极探索，在教学督导方面取得了一定成绩，因此作者认为，我们应当逐步建立起完备的教学评价体系与人才培养体系，为此就需要制定出完备的教学督导评价指标，而教学督导又需要遵循以下四点原则：

**1. 职业性原则**

教学督导要以学生为本，教师在教学过程中不仅要注重培养高校生的专业能力，还要注重课堂教学质量，因此督导评教要能展现出职业性。

**2. 全面性原则**

教学督导对课堂的评教，需要考虑教师与学生的因素、学科特点等教学的各个环节。

**3. 发展性原则**

评教结果不应当是一次性的结果，需要对不同时间、不同条件下的结果进行采集，从而减少单一结果造成的片面，不断更正数据以确保结果的准确性，使教学评价更具有发展性。

**4. 针对性原则**

针对多样性课程的评价应有不同的评价指标，有不同的侧重。如实际操作型课程和讲述型课程的授课形式、教学要求就不一样，对学生能力的培养方面也起着不同的作用。

### （二）理论依据

要想使教学评教得到客观准确的结果，那就需要有一个正确的教学价值观为引导，因此对质量的评价也可以说是对教学活动所具有的价值进行评价的活动。同样，积极的教学价值观也能对评价的指标设计进行指导，其体现出的评价观念自然也会符合现代社会的素质教育需求。如图2-1所示，主要有以下四种教学观：

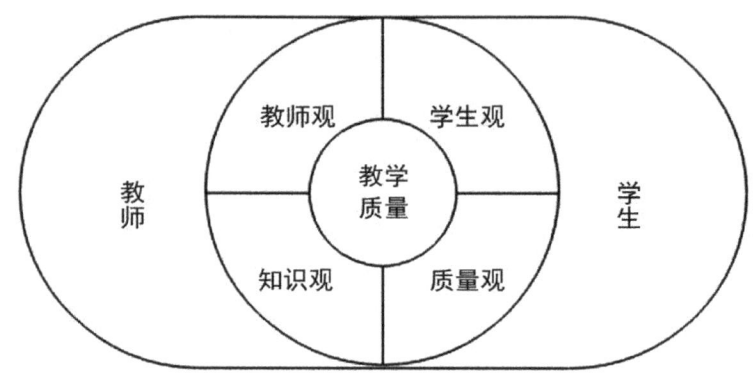

**图2-1 素质教学观和教学质量的关系**

### 1．教师观

教师需要树立正确的价值观，确立好自身在课堂中扮演的角色。在课堂中，教师作为教学活动的主要实施者，同时也应当作为学生的学习指导者、学习促进者、学习参与者。教师的主要目的不仅在于传授知识，还要促进学生的多方向发展，因此教师的教学方法应当同学生的学习水平相适配，要迎合学生的成长需求。

### 2．学生观

学生作为教学活动的另一主要参与方，教师应当充分尊重其主体地位，也就是说，教学活动的认知主体是学生，教学活动的目的也是能让学生学习教师传授的知识。再者，教学活动不是单独面向优秀学生的，应当注重课堂的整体性，教师的教学需要覆盖到每一个学生身上，让课堂上的所有学生都能从教师的教学活动中学到知识。最后，在传授知识的同时还需要注重发展学生的其他素质，当今素质教育要求德智体美全面发展，教师不能仅仅关注学生的"智"，还应当全面地培养学生的各项能力。

### 3．知识观

现如今，知识的含义已经被扩充了许多，通常按照不同性质与不同作用分为三种知识类型，分别是陈述性、策略性、程序性知识。在我国，传统教育模式通常偏向于对陈述性知识，也就是理论性知识的讲述，在课堂上对其他两种知识类型的涉及较少甚至几乎没有。因此，以素质教育为指导的知识价值观将后两种知识类型也归入了知识范围内，也就要求了教师在教学活动中应当更注重对策略性与程序性知识的传授。不仅仅应当让学生在课堂中学习到理论性较强的陈述性知识，还应当培养他们如何进行学习的策略性知识，与怎么去将知识运用起来的程序性知识，利用这三种知识共同将人培育成符合时代要求的素质型人才。

**4．质量观**

从传统意义上看，教育质量的评价标准就是考试分数，分数又影响着学校的升学率与其他因素，因而时常被视为决定教学成果与学生学习质量的因素，也被当成学生素质与教师水平的考核标准。然而在当今时代素质教育的要求下，教育评价的质量观也应当从单纯地注重考试分数转向注重人的全面发展上来，应当以学生的发展状况来评判教学质量的优劣。

## 四、功能与作用

教学督导评教的作用能够透过其功能得以显现，换而言之，教学督导的功能与作用具有同一性。因教学评价的主体（督导员）与客体（教师）二者间的目的相似但不完全相同，导致督导评教具有以下多方面的作用：

**（一）鉴定作用**

教学督导活动能够站在教师的角度对其教学活动中的多种因素进行分析评价，其中包括教学内容、教学手段、教学态度、教学效果等。依照评教指标的规定，对教师的课堂教学活动进行鉴定与分析，从而得出教师的教学活动与教学质量是否符合指标的标准，并通过对其的鉴定发掘出更本质的问题原因。同时也能鉴定出教师课堂状态的问题，如教学态度端正与否、教学方法是否规范合理、教学内容安排是否合适等，以此来鉴定出教师的教学活动具有哪些不足与薄弱之处，以及教师在对教学资源的利用中出现了哪些问题。

**（二）指导作用**

教学督导的指标的制定能够确立教学活动中应当注意的重点，也是教师应当努力提升的方向。教师的教学方式、方法、手段、对教学内容的调配、对教学资源的利用、课堂教学的目标、教师形成的教学特色、教师在课堂上与学生的互动情况，都是教学督导评价的评价要素，督导评价主要通过指标来分析其合理性与规范性、是否具有实用性等。通过指标进行评价，能够有明确的计量标准，从而更明晰地看出教师的薄弱处，因而具有很强的指导作用，能够作为改进自身问题的依据与标准，从而让教师有针对性地对某项能力进行提升，为未来的教学活动与教学质量的提升指明了方向。

**（三）激励作用**

督导评教大多由高校内专业负责督导工作的督导员来进行，因此具有很强的权威性与效用，这就给了教师群体一定的压力，而压力又能激发其奋进的动力，产生良性循环。每个人都有实现自我价值的需要，也有个人荣誉感、自尊心，督导评教因其具有的特性能很好地将教师的这些进取心调动起来，从而将其转化为教学积极性与进步动力。使教师积极主动地进行自我提升活动，同时因为督导教学评教是面向全校教师的，因此同行间存在的竞争关系也能很好地激发教师提升自身能力的动力，同时，还可能促进教师间的交流学习，达成共同进步的积极效果。高校还可积极对有提升自我能力意向的教师进行统一技能培训，实现其自我提升的愿望。教学评价的最终目的是提升课堂质量与提升教师教学能力，因督导员与教师都站在"统一战线"，因此更能有效整合双方力量，为达成提升教学质量而努力。

**（四）保障作用**

教师开展教学活动的基础是教学条件，而督导评价可以通过学校领导层的宏观调配、院系部对教学课程的设计与组织、师生课堂沟通、与教学适配的软硬件、教学课时等使教学条件得到多方面保障。同时，教学评价能够推动高校内的管理体制完善，督导的主体是学校领导层专门人员，因此对教师行为的直观监督有利于对整体高校教学的管理，也有利于直接参与管理以达到更好的管理效果。

**（五）构建作用**

教学活动的过程就是通过现有的教学资源进行对学生的培育，传授学生专业知识、培养其能力与素质。教学评教能够发挥构建作用，主要有以下几方面：（1）构建校内学习风气，能够从课程、体系方面进行构建，从而达到改进教学活动的目的；（2）构建教学条件，通过评教结果合理调配教学资源，用于提升教学效果；（3）构建管理制度，评教结果能够有效规范教师课堂行为与学生学习状态。评教内容包含教学各个环节的各个内容，有助于确立教学计划、针对教学中的重难点进行构建，从而便于管理，能够从各个方面优化教学活动，提升课堂质量。

## 五、模式和方法

### （一）模式

在高校范围内实施教学督导是为了能够构建出合理的教学质量评价体系。我国对教学评价的起步较晚，可积极借鉴他国优秀经验，但不应当对外国优秀模式完全照搬照抄，而应当借鉴我国国情、社会需要、高校特色，因地制宜地进行计划，创建出有中国特色的教学质量评价体系。教学督导活动也不应当只进行一些课堂旁听、采访学生意见等浮于表面的督导，应当站在推进高校教育的层面，站在教育系统的层面用长远目光来看待。因此，想要合理构成督导评教的模式，需要注重以下几点：

#### 1. 对制订教学计划的督导

高校的教学计划应当体现高校特色，同时还要遵循一般高校教学计划设定的规律。同时，要对教学计划的制订进行督导，注重教师规划课程活动的合理性，帮助教师调配好理论性知识的讲述、实践技能的培育、综合性素质的提高等多项教学因素的比重，遵循素质教育的要求，更多地重视对高校生创新能力与实践能力的育成。要既能体现专业特色，还能满足学生素质教育需求，又使学生具有一定的可持续发展能力。

#### 2. 对师资队伍建设的督导

高校对教师队伍的要求与中小学不同，高校因专业性更强因此对教师队伍的要求也就更高。一是要求教师的师德高尚，有职业道德；二是高校专业具有很强的针对性，因此需要教师具有更高的专业知识与能力；三是仅仅有专业技能还不够，还需要具备其他具有辅助性的技能。然而有些高校历史尚浅，教师团队的资历与能力都有待提升，因此这也是制约高校教学水平与教学效果的一个重要问题。教师进入高校入职，需要提升自身知识技能、专业水平等能力。因此需要在多方面对教师进行督导，尤其是在教学前后与教学过程中，应当有计划地对教师教学活动进行听课与评课。及时地对教师的教学活动进行督导能够有效发现其教学过程中产生的问题并快速予以改进，且督导教学中将有资历的教师与年轻教师放在一起听课，课后共同对问题进行探讨与学习，还有助于年轻教师的学习与提升。

### 3．对教学环节的督导

不论是在课堂上，还是在课堂外的实践活动中，只要是教学活动就能在各个环节上体现出教学的质量与水平。当前我国督导行为与教学评价都体现着我国教育需求与社会对高校教育的要求，在严格遵从的同时，要能将督导活动的评价量化为可计算的数值，从而便于统计分析，提升其可操作性。还应当严格遵照督导活动的原则，使用科学合理的方式评价教师的教学活动，并对其进行考核。与此同时，因学生是教学活动的直接接受者，因此评价也可以让学生参与其中。现代教育要求在注重理论知识传授的同时加强实践教育，因此在实训与实践活动中也要加强教学督导的作用。

### 4．对学生学习质量的督导

督导的最终目的是提升教学质量，提高学习效果。当前高校都有文化建设，其目的也是创造出良好的学习环境，让学生间形成好的学习风气。可以通过举办各种文化活动来鼓励学生参加，从而激发学生的学习兴趣，能够更加积极主动地投入学习中去。院系部可有针对地举办文化活动，每年举行一至两次，从而使学生对学习产生兴趣，激励学生自发学习。

## （二）体系

我国高校的督导评教有各种各样的督导办法，但从宏观来看可以解释为"督导通报"四种类型，分开来看，督是指督导员通过进行随堂听课，监督课堂教学质量，督促教师与学生在课堂上共同提升教学活动的有效性。导是指通过教学评价的结果引导教师提升自我，发现问题，从而改善自身不足、完善教学方法、提升教学水平。通是指在督导活动过程中，就发现的教学问题同教师进行沟通与协调，共同处理、共同解决。通过与教师的直接沟通，有利于问题对接，从而及时改进课堂不足，提升教学效果。报是指督导员将评价结果及时汇报给相关上级部门、领导。结合督导活动的实际开展，具体应当从四个方面着手进行：

### 1．研究教学文件

因各个专业的特性不同，导致课程的教学方式与内容也不同，因此在进行教学督导活动前，督导员需要先了解课程相关的内容与教学计划、培养方向、实习资料等，能够对该专业应当具备的课程内容、培育方式、人才养成有更深刻的了解，从而能展开后续评价活动。

### 2．现场听课

督导员要深入教学环境中，有目的、有计划地评价教师的课堂表现，还要到实践活动地点去进行观察评判。为了保证评教结果是客观可用的，可采用对同一教师多次听课或多人听课的形式，同时还要注重了解学生的学习情况与问题，了解学生对教师教学方式有什么建议。以此结合评价结果同教师进行沟通与交流，从而及时改进教学效果。

### 3．客观评价

督导员要及时同教师所在的系、教学部（或教研室）同事、上级进行沟通，从而对教师的教学活动与自身能力进行多方面的考核，并以此为依据剔除客观因素的影响，对教师作出客观全面的教学评价。

### 4．信息反馈

督导员应该当将评教结果与指导意见反馈给教师与其所属部门，以达到帮助教师改善自身教学水平的目的。同时还可以将评教内容整理，通过校报、校园网、校刊等媒体进行汇报，从而加强广大师生对教学活动的共同监督效果。

## 六、内容和指标体系

### （一）教学督导内容体系

关于教学督导的理论体系，主要内容有：全程督导、全面督导、全员督导。

### 1．全程督导

教学活动主要是通过课程来实现的，因此督导若想覆盖教学活动的始终，就需要在授课前后、教学中都进行教学督导活动。在教学前主要考察：教师的教学计划、备课情况、教具准备、新型教学方式（如多媒体课件）的准备情况。教学活动进行时考察：教师的教学方式、对课程时间的调配情况、与学生的互动情况、教学效果、作业布置等要素的质量。教学后主要考察：教师对课后作业、试卷的处理情况、课后答疑方法等。以此真正实现了对课程的全程督导。

### 2．全面督导

督导活动包括对教学的督导、听取学生意见的督导、对教学管理的督导。对教学的督导包括课堂上的随堂督导与课外实践的督导，还包括实验教学、计算机教学、培训基地教学、校外实习等。听取学生意见的督导，主要是通过调查学生对教师的课堂有什么建议，再将其具体反馈给任课教师与上级部门。对教学管理的督导，主要是督导教学方式、教学环境、课堂管理，并及时同教师进行沟通，以达到及时改进教学效果的目的。

### 3．全员督导

督导活动的目的是提升教学质量，但仅由校、院两级督导与学生登录网络教务处评教是不够的。督导需要全校师生的共同支持，应当呼吁师生共同支持督导工作，积极配合，从而让全员参与其中，共同提升教学质量。

### （二）教学督导指标体系

对课程教学质量指标进行系统研究的过程，是将课程建设成果科学运用质量指标和课堂教学质量指标融合不断完善发展的过程，它最终表现为教师课堂教学活动质量评价指标体系。

当今时代对课堂质量的要求越来越高，相关的评价体系与指标体系也逐渐完善，人们开始更加客观地看待指标，更加理解指标对教学活动的规定与衡量标准，因此对指标的选择也更为顺利。在各方面不断发展的同时，评价体系所运用的辅助工具与评价方法也都更加成熟，评价指标的分类也更为精细，使得评价结果更加科学合理具有可用性，大大加快了评教体系的完善。横向来看，一级教学指标下的二级指标内容逐渐丰富细化，而从纵向来看，各级指标下的指标内容，其分类更为精细。指标之所以不断地详细划分，是为了适合不同教学模式、不同专业的授课方式，其根本目的都是能够让课堂教学活动的评价作为一个可量化的数值来记录，从而有效分析解决课堂问题，提升课堂效果。

高校教师教学工作是一种复杂的智力兼体力活动，它不仅涉及教育学和教育心理学专业及相关职业领域的专业教学论与专业教学法，还涉及教师的职业能力等方面，在进行教师教学质量专家（督学）评价指标体系设计时，根据教师教学质量评价原则，参照国内外教学质量评价和教育统计的最新研究成果，以工学结合的思想为引导，既考虑教学过程中教学基本规律和原则的要求，也考虑教师教学方法和手段改革、创新发挥的自由度。专家（督学）评价体系以课程教学活动的基本要素为一级指标，以每个教学要素的具体要求为二级指标。（见表2-3）

## 表2-3 教学督导评价指标

| 评价指标 | | | 分值 | 评价等级 | | | | 得分 |
|---|---|---|---|---|---|---|---|---|
| 一级指标 | | 二级指标 | | A<br>1.0 | B<br>0.8 | C<br>0.6 | D<br>0.4 | |
| 教学态度<br>（10） | 1 | 注重素质教育，培养学生分析问题和解决问题的能力 | 3 | | | | | |
| | 2 | 教书教育人，融思想政治教育和科学精神、人文精神于教学中 | 3 | | | | | |
| | 3 | 备课认真，教案（工作实施计划）内容充实，清晰整洁 | 4 | | | | | |
| 教学目的<br>（10） | 4 | 教学目标明确、具体，符合本专业人才培养目标要求，切合学生学习实际；兼顾认知目标、情感目标、行为目标的共同实现 | 5 | | | | | |
| | 5 | 教学目标体现知识传授、技能训练及职业素质培养的相互统一；能反映基于某个或某些特定的行动项目、工作任务的实现，使学生获得明确的职业能力和素质 | 5 | | | | | |
| 教学内容<br>（20） | 6 | 根据课程性质及课程标准处理教材，能结合专业发展、学生职业能力提高，组织工学结合的教学内容 | 5 | | | | | |
| | 7 | 重视理论联系实际，突出实践性教学；项目和任务体现"做中学、学中做" | 5 | | | | | |
| | 8 | 项目和任务容量安排适当，信息量适中，工作实施程序设计合理，条理清楚，重点、难点突出 | 5 | | | | | |
| | 9 | 学习工作活动符合行业、企业HSE规范要求，学习工作活动过程指导规范准确，无专业技术错误 | 5 | | | | | |
| 教学方法<br>（20） | 10 | 注重激发学生学习兴趣，启发学生思维立足于发掘学生主动性与创造性；注重学生个体与团队在工作过程中的和谐发展 | 6 | | | | | |
| | 11 | 教学方法灵活多样，符合教学内容，符合学生职业能力发展规律；适合具体工作任务的实施 | 8 | | | | | |
| | 12 | 根据教学需要，适时、适度运用教具和现代教育技术手段，促使学生将理论与实践紧密结合起来，达到手脑并用，学做合一 | 6 | | | | | |

（续表）

| 评价指标 | | | 分值 | 评价等级 | | | | 得分 |
|---|---|---|---|---|---|---|---|---|
| 一级指标 | | 二级指标 | | A | B | C | D | |
| | | | | 1.0 | 0.8 | 0.6 | 0.4 | |
| 教学技能（20） | 13 | 态度亲切自然，使用普通话，语言清晰、准确、规范、形象、生动，语速、语调适中 | 5 | | | | | |
| | 14 | 善于组织教学，有教学调控能力，教学时间分配合理，利于在计划的时间内完成规定的工作任务 | 10 | | | | | |
| | 15 | 理论讲授板书层次分明，图例规范，布置恰当，无错别字和不规范字；实训指导能在学生学习工作过程中提供正确规范的指导和恰当的咨询 | 5 | | | | | |
| 教学效果（20） | 16 | 课堂气氛活跃，师生精神饱满，关系融洽，学生兴趣浓厚；学生参与程度强 | 5 | | | | | |
| | 17 | 教学过程中师生双向信息传递通畅、及时，在完成工作任务过程中，学生个体表现积极，团队运作有序高效，不同水平学生各有所得 | 5 | | | | | |
| | 18 | 对学习工作的情况能及时反馈和评价，并提出合理调节和改正的措施 | 5 | | | | | |
| | 19 | 完成课堂学习工作任务，实现教学目标，师生均获得喜悦满意的心理感受 | 5 | | | | | |
| 综合得分（满分为100分） | | | | | | | | |

# 第四节　同行教师评教

同行评教是教师教学质量评价的重要环节之一，是对教师教学质量进行评定的重要依据，合理的评价方法、评价内容、实施途径是同行评教科学性的关键。

## 一、概念

同行评教是指熟识本学科教育教学特点、课程教学内容、课程教学培养目标的同一学科教学部（或教研室）或研究所教师（包括专职和兼职），通过对本教学部（或教研室）或研究所教师课程的随机听课、精品课程观摩、教学材料的审阅以及对授课学生的问卷调查等方式对所在教学部（或教研室）或研究所所有教师学期担任课程教学质量作出定量评价的评教活动。

## 二、原则与依据

### （一）公平公正原则

教师与教师间属于同行，既是竞争对手又是合作伙伴，其关系具有特殊性，且评教活动有一定的主观成分在内。所以评教时应当遵循公平公正原则，客观地对同行的教学活动、教学效果等进行评判。要求教师客观评价、如实反映，避免偏袒、报复现象出现。

### （二）全面评价原则

教学活动中涉及的因素众多，除了教师的教学手段、教学技能、态度外，还有学生的学习效果、配合程度、对知识的掌握情况、对综合素质的培养情况等，同行评教应当将多种因素考虑其中，追求实事求是地对同行的教学效果进行全面评价。

### （三）按需量化评价结果原则

在评教中，细化评价指标，划定档次，在定档基础上尽可能地量化评价标准，以提高评估结果的可靠性和可比性。

### （四）固定评教主体的原则

不同类型、不同学科的课程，具有不同的性质，评价者必须熟识课程内容，具备丰富的经验。因此，在评价中应考虑到不同的课程应采取不同学科教学部（或教研室）指定教师团为评教主体。

### （五）严谨、可测量原则

因评价内容不仅可以用于提升教师课堂上的教学效果，还能提升教师的教学水平，同时也能作为教师的考核指标，因此在同行评教过程中，要格外小心谨慎，注重指标的科学性与合理性，严谨评价，使评教结果具有可用性与可测量性，便于后续统计与分析。

## 三、意义

（1）同行评教有助于评教教师与被评教教师深刻理解高校的教育理念，从而更加明确教学目标与培养人才的方向，加深对教育的理解与认识，能够更好地进行对学生的培养工作。

（2）同行评教是评价教学效果和反馈教学信息的一种有效手段，是实现教学管理规范化、科学化的重要途径，可以为全面、客观、公正地分析评价学院教风和教师教学水平提供依据。

（3）教师间对彼此是最为了解的，因此同行评教具有其优势所在，有助于信息的收集与分析，有助于提升双方教师的教学水平，通过对同行的评教还能促进对自身的反思。同时，来自同行的建议是最为有效且有建设性的建议，在积极改进教学不足的同时，多方听取同行的意见，从而能够更好地总结自身问题，从中汲取经验教训，同行的意见也更容易被教师接受，有助于他们冷静分析教学问题，从而加以改进。

（4）同行间相互评教有利于相互督促，产生积极的教学风气，推动教师对技能的自我优化升级，明确自身责任。来自同行的评教能够激励教师的进取心，从而能够在备课、教学、研讨方面都更为认真负责，最终实现改进教学效果，相互促进、共同进步的目的。

（5）同行评教有助于督促教学部（或教研室）切实开展业务活动，有计划地组织听课，进行教学研究，积极开展同行评教，通过互评互助，强化教师的师德素质、敬业精神，互助互学，协同促进，共同成长。

（6）同行评教是格外具有力度的评价方式，作为同行，他们自身就有相对丰富的从教经验，同时也对教学方式与专业知识、教育方法等有着一定的研究，因此教师同行的评价也是十分有价值的评价。有助于教师间对教学方法的相互交流与探讨，传递先进教学理念与积极教学态度等。

## 四、方法及内容

### （一）随机听课

随机听课是课程教学质量过程评价的关键，同行教师每学期必须聆听教学部（或教研室）所有任课教师担任课程至少2学时，并做好听课记录（见表2-4），上交《课程教学质量同行评价表》并如实上网录入评价结果。

**表2-4 教师听课记录表**

| 教师姓名 | | 职称 | | 专业班级 | |
|---|---|---|---|---|---|
| 课程名称 | | 使用教材 | | 日期 | |
| 学生应到人数 | | 实到人数 | | 节次 | |
| 迟到学生人数 | | 早退学生人数 | | 听课教室 | |
| 教师是否按时上下课 | | | | | |
| 学生听课情况： | | | | | |
| 课程内容： | | | | | |
| 作业布置情况： | | | | | |
| 听课教师评议： | | | | | |
| 听课人签名： | | | | | |

**（二）精品课程观察**

教学部（或教研室）每学期必须组织所有任课教师精品课程观摩活动，任课教师对自己所担任课程做精心的设计，大胆采用新的教学方法与手段，向同行展示自我；听课教师认真总结观摩课程优缺点，积极学习并针对缺点及时提出改良方案起到互学互助的作用。精品课程观摩活动按3:4:3的原则设置一、二、三等奖并对应相应成绩，由同行评议决定，并由教学部（或教研室）组长登记录入成绩。

**（三）教学材料的审阅**

教学部（或教研室）每学期必须组织开展开学、期中、期末教学材料检查，针对授课计划、教学内容安排、教案的质量、教学参考资料、讲稿等必要教学文件进行审阅，由学科主任及各教学部（或教研室）组长负责审阅结果评定。审阅结果按3:4:3的原则设置优秀、良好、合格三个级别并对应相应成绩，对于不合格教学材料要求整改，直至合格。评审结果由教学部（或教研室）组长登记录入成绩。

## 五、同行评教的实施办法

为规范教学行为，督促、激励教师认真履行职责，提高教学质量，切实履行同行教学考评体系，可从以下几方面制定实施办法。

**（一）评教对象**

学院全体任课教师（包括专职教师和兼职教师）。

**（二）评教主体**

同行教师，指同一教学部（或教研室）或研究所教师，以及本学科的学科带头人、教学督导员（包括专职和兼职）等。

**（三）评教的时间**

每学期组织一次，紧密结合开学、期中、期末教学检查工作进行。各教学部（或教研室）及研究所制订完整的评教计划，各负责人需严格督促评教进程。院系部需在学期结束前2周时间内完成同行评教工作。

**（四）评教的组织领导**

（1）院系部成立评教工作领导小组，评教工作领导小组负责本单位同行教师评教工作的组织与管理。

（2）以各二级教学部门为单位划分成评教小组，其中组长选择各个院系部的负责人来担任，组员则在各个院系部主任与教师中挑选出5～7人，主要挑选教学水平突出、思想政治觉悟高、有资历有能力、品行端正性格正直无私的教师。评教小组成立后，由院系部、中心的评教小组来对各个教师的听课活动进行安排，通常由3个以上教师来听课评价另一名教师，评教教师可单独进行听课也可共同听课，还可使得不同教学部（或教研室）之间相互进行听课评课活动，从而保证每名教师都能得到来自同行的评教。

（3）为了使评教结果能够公正有效且及时反馈，应当在听课过程中就进行对教师课堂活动的评价，听课教师应当客观实事求是地填写评教表（见表2-4、表2-5），并将相关数据合理统计分析，作为未来对教师的考核依据之一。

## 六、同行评教结果的处理

（1）同行评教成绩由各院系部领导小组按参加评议教师随机听课评价结果、精品课程观摩结果、教学材料审阅结果以以下公式计算得出：

$$同行评教得分 = \frac{\sum 随机听课评价得分}{评教人次} \times 50\% + 精品课程观摩得分 \times 20\% +$$

$$教学资料审阅得分 \times 30\%$$

（2）同行教学质量评价等级分优秀、良好、中、合格、不合格五个等级，其分别对应的同行评教综合得分见表2-5。

表2-5 同行教师教学质量评价等级表

| 同行评教综合得分 | 等级 |
|---|---|
| 90分以上 | 优秀 |
| 85～90分 | 良好 |
| 80～85分 | 中等 |
| 70～80分 | 合格 |
| 70分以下 | 不合格 |

（3）优秀、良好、中等、合格、不合格五个档次的评优人数不限比例，同行评教成绩以定量计算，与学生评教、督学评教、领导评教、企业评教、自我评教成绩共同计算本课程总评成绩。

## 七、同行评教结果的效用

（1）将同行评教的结果进行统计分析后录入教师的考核标准中，作为业务数值，用于进行人事决策中的评选评优、职称评级等。

（2）将评教结果进行统计后，将成绩进行排名，并给予名列前茅优秀教师精神或物质奖励，为其设置"同行评教优秀教师""先进奖"等奖项。对于排名靠后的教师，通过该上级部门或教学部（教研室）主任共同沟通，找出教学中的问题原因，给予指引与帮助，通过书面制订计划的方式，对教学方式予以改进。

（3）将评教结果与教师年度奖金挂钩。若评教成绩无法达到合格标准，那么将无法获得本年度的校内教学相关的奖项；评教成绩若能达到良好以上，则能够有晋升机会，年度考核中也会适当记录该项成绩作为参考。

（4）连续两学期本课程课堂教学质量同行评价等级不合格的教师，学校予以停课自修学期处理。停课期间暂停发放岗位津贴，所在院系部应创造条件帮助教师进行整改。停课自修期满后，经院系部考核合格，可以申请恢复教学工作。重新开课后评价等级合格，经本人申请可补发停发的岗位津贴。如院系部考核仍不合格，或重新开课后评价等级仍为不合格，应继续停课自修，停课期间岗位津贴不再补发。停课一年仍不符合开课条件者，由人事处、教务处根据具体情况作出转岗或其他处理。

课程教学质量同行（同行教师）评教研究的目的旨在为有效提高课堂教学

的质量、真正发展教师专业水平提供服务和保证。教师可通过同行教师的指导建议不断改进自己的教学策略、教学方法和教学手段，提高自身教学水平；同时也可以主动去听教学部（或教研室）中其他教师上同一课题的课，然后进行参照对比，对自己比较成功的做法要及时加以总结和优化，对双方不同的做法要客观地加以分析，针对自己教学中的不足，要深刻剖析，作为自我反思的一个重点，死抓不放，彻底解决。通过评者的点拨，加上教者的自我反思，最终达成教师在教学中主动反思、在反思中迅速成长的理想境界。

# 第五节　社会行业企业专家评教

## 一、教育与产业、行业、企业的关系

百年大计，教育为本。在当今社会发展中，教育承担着建设文化强国、促进社会发展、改善就业状况、维护和谐稳定、发展社会经济的重要责任。而高校中的职业教育就体现了国家、社会个人的就业需要。就业环境的改善与社会生产力结构、产业结构的转型与变革息息相关。因教育活动能够推动产业的发展，因此若想让产业升级转型就需要国家与社会努力发展教育事业。之所以说产业结构转型需要教育的推动，是因为其转型的本质是人才的转型与升级，不仅需要高层次高素质的创新型技术人才，还需要符合现代素质教育的全方面发展人才。

教育为国家培养着知识型人才与技术型人才，因此国家注重高校教育，是依据国家人才培养需要而定的，在发展经济、产业建设的同时，优秀的人才储备能够成为我国未来发展的基石。因为企业十分明确当今社会上需要什么样的人才类型，所以可以通过企业评教来充分发挥企业的在培养人才上的作用，依托经验与优势主动与高校取得联系，并提供实践场所与培训，从高校开始培育社会所需人才。同时高校也要主动同企业进行合作，立足于当地社会经济发展，通过对市场与经济的分析，改进教学方式，完善课程调配与专业设置，同企业共同创造更多的专业型人才。

高校中有些科目或者课程具有的特殊性，就已经奠定了它们与企业联系在一起的基础，实现校企对接、合作办学。而社会中的行业将专业与产业联系到了一起，从而使得教育与社会结合在一起，作用与产业发展，产生密切联系。行业能够为教育的方向提供指引，帮助高校实行教育计划、培养目标、使人才得到有效有针对性的输出，在人才培育方面企业也发挥着自身独特的导向作用。增强高校生的行业意识、完善高校教学质量评价体系，是提升高校教学水平与质量，促进社会经济稳步发展的保障。行业组织链接政府与企业，高校同行业组织的合作能够将三者联系到一起，让行业组织成为高校与政府企业间的桥梁。

从发达国家的教育经验来看，行业组织在高校教育上发挥的作用主要是：参与高校教育的管理与决策；负责本行业职业资格能力标准制定、认证工作；组建相应教育机构、参与教育质量评价等。企业既是教育的需求主体，又是教育办学的主体和最大动力源。我国高校教育能否办出特色，也有一部分取决于企业参与办学的程度。要想得到企业更多的支持，就要使企业在合作办学中有更多的发言权并得到符合企业要求的高质量人才。

高校与产业行业企业进行积极对接，有利于培养出有针对性的、社会与企业所需要的人才，有助于确立高校教学方案；同时对接还有助于企业为高校生提供实习、与毕业后工作机会；有助于培养双师型教师，完善高校教师团队的配置；有助于提升高校生的实践能力与专业技能。进一步来讲，对接有利于解决高校中过分注重理论教育的问题，使高校更注重对学生实践能力、创新能力、综合能力的培养，能够真正地按照社会所需要的人才进行培养。从而更好地明确"教育为谁服务""教育要培养什么样的人"。

社会行业企业人员参与高校的教学工作，一是参与学校的专业人才培养方案的制定、专业人才培养标准的制定；二是参与学校的专业设置、课程开发与建设、课程教学标准的制定；三是参与高校的教学质量评价工作，对学校教师（包括兼职老师）的课程教学质量进行全面评价。社会行业企业人员参与高校的教学质量评价工作可以从不同角度促进学校的教风和学风建设，有利于落实教育部提出的"把工业文化融入学校，做到产业文化进教育、工业文化进校园、企业文化进课堂"的文化三进要求，从而全面提高教育的教学质量。

## 二、必要性

高校的教育质量是否真正适应了社会、经济发展的需要，仅仅靠建立高校内部的教学质量评价体系是不够的，还需要建立社会行业企业对教育质量的外部评价制度。将高校内部的教学质量评价系统与社会行业企业对教育的外部教学质量评价制度相结合，形成以内为主、以外促内、内外结合的教学质量评价体系，是将全面质量管理一般规律与教育自身管理特点相结合的一种全面创新。

**（一）国家层面的法理依据**

长期以来，由于相关法律法规和制度机制不健全等原因，我国行业组织和企业参与教育的积极性不高，影响了教育的投入结构和人才培养质量。针对这一现状，2010年国务院颁布的《国家中长期教育改革和发展规划纲要（2010—2020年）》重申了大力发展高校教育的方针，明确提出要"建立健全政府主导、行业指导、企业参与的办学机制，制定促进校企合作办学法规，推进校企合作制度化"。

课程建设与改革是提高教育教学质量的核心，也是教育教学改革的重点和难点。高等院校要积极与行业企业合作开发课程，根据技术领域和职业岗位（群）的任职要求，参照相关的职业资格标准，改革课程体系和教学内容。建立突出能力培养的课程标准，规范课程教学的基本要求，提高课程教学质量。从而提升学校各专业的人才培养质量和提高学校的整体办学水平，为本地区的社会经济发展和行业企业提供优质人才的高校的教学质量和办学水平，除了受到校内有关部门的检查以及教育行政部门的监管外，还要接受社会特别是行业组织和企业的检验。行业企业人员参与课程教学质量的评价是现代高等教育教学发展的需要，也是高校教育的特点所决定的。《纲要》中提出"把提高质量作为重点建立健全教育质量保障体系，吸收企业参加教育质量评估"。由此可见，社会行业企业人员参与高等院校的教学质量监控与评价在我国是有着法理依据的。

在教育发达的西方国家，社会行业企业参与高校的教学质量评价是其高等教育的一个显著特点。例如，澳大利亚的技术与继续教育（TAFE）体系，它是由政府、行业、社会与学校相结合的、相对独立的、多层次综合性的职业技术教育与培训机构。TAFE的最显著特色就是与行业企业联系紧密，行业企业参与其教学和质量评估。在澳大利亚，几乎每个职业院校都成立了行业咨询组织，他们代表的都是本行业有着较高声誉、丰富实践经验、专业技能和理论功底较强的专家，他们参与学院的教学管理、专业设置、课程开发以及教学质量评价。

　　以澳大利亚的高校为例，澳大利亚的高校同各地的行业合作关系十分密切，因此他们的行业在教育活动中起到了积极的引导作用。同时政府也建立了针对行业的集咨询、培训于一体的组织。他们专门负责的是向高校传递行业、企业对人才的需求与对教育培养方式的建议，而政府则根据两侧上交的信息，使校企对接，将到高校的培训教育活动推荐给企业，再将企业的实习岗位提供给高校。行业协会作为澳大利亚的行业顾问与培训机构，按照不同企业的不同要求，分别制定了职业能力标准与培训标准，同时还对高校的教学进行评教，代表社会行业参与到高校的培训中去，在保障了高校课程设置符合社会需求与企业需要的同时，行业评价与指标的设立又能确保高校的教育有效进行。

**（二）高校自身办学及其发展的需求**

　　在高校的建设发展过程中，除政府主导支持以外，行业企业的指导对职业院校的专业建设、课程建设和高端技能型人才的培养具有重要作用，主要体现在以下几个方面：

**1．高端技能型人才标准的制定离不开行业企业的指导和参与**

　　高校要培养高端技能型人才，首先要建立符合行业、企业要求的人才培养标准，而要制定这个高端技能型人才培养标准，就必须要以职业标准为引领。

　　职业标准是对从业人员一般职业行为的规定。它是在职业岗位分类的基础上，对从业人员应履行的工作职责的规范性要求。它明确了行业生产一线的专业岗位设置、岗位职责、岗位任务以及从事专业岗位所需要的专业知识、专业技能和考核评价方式。我国现在的职业标准是人力资源和社会保障部制定的职业技能鉴定标准，职业标准的制定归口在人力资源和社会保障部，但人力资源和社会保障部自己也单独制定不了，必须由行业组织来制定，因为用什么样的人是行业企业说了算，所以现在人力资源和社会保障部提出国家职业标准的制定由行业部门组织或行业组织制定，由人社部发布。职业院校只有根据行业企业的用人标准合理设置专业，人才培养标准与行业企业职业标准对接，专业教学标准（教学要求）要覆盖相应职业资格标准所要求的知识、技能和职业素养要求，专业知识要在课程中体现，核心技能要在实习实训中体现，以此来推动人才培养模式的改革，提高人才的培养质量，为行业企业输送合格的专业技术人才。由此可见，职业院校为了培养更加符合企业用工需求的技能型人才，只有在行业企业的支持、指导、参与下才能制定出高端技能型人才培养标准。

**2. 高端技能型人才培养的课程建设、教材开发离不开行业企业的指导和参与**

为了更好地对高校教育的课程进行合理建设，应当适当在教材中添加对接企业、行业的职业化标准内容。在高校同企业行业对接的同时，也需根据企业的运行模式、生产过程、工作方法，将相关内容填入教材中，达到为课堂教育提供理论基础的目的，这样能够更有效地为高校生的教育模式同企业模式对接。高校中职业化教育的科目通常会按照企业需求与行业用人标准来培养人才，其教学模式与课程设计也都同行业息息相关，因此企业与行业参与到课程的开发与设置中能够为教学增添新活力，同时还能将企业中的经验、知识、技术方法、实践技能等融入教材中，以此培养出更适合社会需要的人才。

高校、行业、企业三者共同制定的课程内容与教学模式，能够更好地培养学生的创新能力、思维方式、实践能力，帮助学生通过企业思维掌握所学知识，着重培养学生对技能的运用。三方共同为课程制定考核评价标准，也能从企业的角度对教学质量与教学程序进行规范与调整，从而具有更明显的导向性。

**3. 高端技能型人才的培养质量离不开行业企业专家参与评价**

从市场的角度看，高校"生产"的"产品"就是学生，学生的能力就是学校的"产品"质量，"产品"的质量需要使用者来进行评判和检验。工学结合、"教、学、做"一体化等课程教学，虽然强化了学生的能力，但最终还是需要现场专家（用人单位）行业企业人员来进行考核与评价。所以，高校课程教学质量的评价离不开现场专家或行业企业人员参与的评价。

传统教学质量评价主体局限于校内，而高等教育培养的是在企业能够"下得去、用得上、待得住、能干事"的应用型人才，这就要求高等教育要与企业紧密结合，所以行业、企业对人才的满意程度是衡量教学质量高低的标尺。引进企业人员对课程教学质量的评价，使高等教育的教学质量评价更加符合高等教育的本质，更加体现出高等教育的人才培养特色。

企业人员评价根据高等院校学生的培养效果与企业要求的符合程度进行

评价。一方面主要体现对教师在课程教学过程中教学内容与企业实际工作的匹配度、理论教学内容的深浅度、课程内容与实践的整合度等进行评价即课程内容的适用性、合理性、先进性、实践性等进行评价；另一方面，由于企业重点关注的是个人学习能力、团队协作能力、质量意识、效率意识和敬业精神，所以，企业人员的评价主要体现在：通过课程的学习，学习的方法能力、社会能力等是否得到提高。

## 三、构成

高校教育中的职业特性决定了"校企合作"全程化，因此，校企合作应贯穿专业设置、课程建设、教学实施以及教学质量评价的全程。教育"以就业为导向"，社会行业企业评价对教学质量评价具有更为重要的意义，就高校教育而言，社会行业企业评价组织主要由具有一定的高等教育理论和实践经验丰富的教育专家及行业领域的专家，以及企业负责人、管理人员、企业技术人员、技术能手等组成。这些评价人员在本行业、本地区的企业界应具有相当的评价能力和社会声望。他们对教学中的实践和理实一体环节进行技术性评价，可以进一步促进教师"双师"素质的培养和学生实践操作技能的提高。

按照教育的规律和市场运作的规律，高校要不断推进与行业企业的紧密合作，使用人单位的负责人、技术人员、技术能手等作为教育教学质量评价的主体。通过对生产第一线高校毕业生的实际能力和工作表现的跟踪调查，深入了解教育产出的毕业生质量，由此为今后教育教学质量的改善和提高提供客观依据。

## 四、内容

### （一）社会行业企业专家评教的特征

由于社会行业企业评价的主体来自行业企业的一线，他们熟悉行业企业生产技术流程，了解行业企业岗位对技术人才的素质要求，与学校内部的评教相比有三方面特征：一是评价方式贴近企业生产需要、贴近企业岗位要求、贴近学生素质提高；二是在评价内容上注重职业能力考核、职业道德评价和理论知识应用；三是在评价对象上有学校内部的教师、学校聘任的兼职教师和在校学生以及毕业后已经工作的学生。

**（二）社会行业企业专家评教的原则**

社会企业人员评价工作要坚持国家职业技能标准与生产岗位实际要求相衔接、坚持职业能力考核与工作业绩评定相联系、坚持企业评价与社会认可相结合、坚持属地管理与行业指导相协调、坚持培训考核与使用待遇相联系的原则。

高等教育院校实行工学结合、产学研结合及校企结合等的学习模式是实现其人才培养目标的必要方式，通过这些方式，能够使学生快捷地了解到所学专业的实践知识。同时高职学生顶岗实习应以培养高素质、高技能、实践应用型人才为宗旨，以所学专业理论知识为基础，以理论知识转化为实践技能为实现目的，以顶岗实习并达到就业为最终目标。在生产、实践、管理过程中，学生通过对工作岗位的了解、熟悉，不仅提高了自己的专业知识，而且实现了学生的"零距离"就业，提高了学生的就业率。因此，高校实行顶岗实习人才培养模式是非常有必要的。

**（三）社会行业企业专家课程教学质量评价的标准**

企业的竞争，归根结底是人才的竞争，人才是企业的根本，是企业最宝贵的资源。企业要发展，员工是主体，人才是保证。国以才而立，企以才而兴。没有优秀的专业技术与管理人才，就没有企业的发展。企业从业人员的素质高低极大地影响着企业的成败，已经成为企业生存与发展的决定性因素。所以，企业都要选择优秀的人才为其服务。企业对人才重点关注的是个人的职业能力、学习潜力、团队协作能力、质量意识、效率意识和敬业精神。所以社会行业企业人员参与课程教学质量的评价主要是根据社会行业企业对人才的要求，并且根据课程建设内容、课程实施的效果，参照社会行业企业职业标准，设计行业企业人员评价指标，实现校内评价与校外评价的"双主体"评价模式。

行业企业人员评价内容包括：

一是根据学校学生的培养效果与企业要求的符合程度进行评价。主要是对教师在项目课程教学的实施过程中教学内容与企业实际工作的匹配度、理论教学内容的深浅度、课程内容与实践的整合度等进行评价，即课程内容的适用性、合理性、先进性、实践性等进行评价。

二是针对课程教学内容与课程教学实施过程中是否融合了"对学生能力

（专业技术能力和组织管理能力）的形成、职业精神（爱岗敬业、工作激情和创新精神）与职业道德（遵章守纪）的养成"进行评价。

**（四）社会行业企业人员评教的优点**

社会企业人员作为评价主体参与课程教学质量的评价，相对于学校内部人员的评价更具有客观性，社会企业人员可以看问题不带有主观倾向，它能更清晰地看待问题，对其提出改进意见，社会企业人员提出的修改意见可能更具有说服力。同时，社会企业人员评价能使课程设计者集中精力做好本职工作。

**（五）社会行业企业专家课程教学质量的评价要素构成**

学生能力的提高就是课程改革的最好评价，企业对学生的满意度是课程改革最重要的依据，一门好的课程应该首先是受到学生欢迎，得到用人企业认可，被行业专家所接受的课程。

行业企业根据自身人才需求，对高校的教学质量从教学模式、实践内容调配、教学理念、教学方法等多方面进行评价，并对其提出调整建议。这有助于提升课堂教学效果，且能够形成以教学评价与实践为指导的评价特色。高校与企业的合作，能够将企业思想、文化、工作模式、任务思想融入高校教育中去，从而使学生能够在课堂上感受到职业气氛，有助于他们在这种环境下了解企业运作模式与工作流程，有助于在未来的工作中更加适应，得到职业能力与素质的发展。

课程组广泛听取企业对课改前后毕业学生在工作能力、创新能力、敬业精神、团队协作等方面的意见和评价，寻找差距，修正课程改革当中的薄弱环节，为该课程改革的成功打下坚实基础。课程充分利用与企业产学合作的优势，在建设中努力探索有效的工学结合、校企合作模式，整个教学内容、实践环节的设计以真实工作任务及其工作过程为依据，遵循职业能力培养规律，并将"教、学、做"融为一体，特色鲜明。教学网络资源和软件实验平台的使用优化了实践教学环境。实践教学中仿真企业、仿真车间、仿真项目的设计，让学生置身在仿真情境中，极大地提高了学生的学习兴趣，教学效果明显。

在高等教育教学中，教学质量赖以产生的基础是教学过程的展开，教学过程是以教学条件为基础的，进而产生教学质量的主体内容，教学结果质量只是教学过程质量和教学条件质量的最终体现。所以，按照质量管理的系统方法，社会行业企业专家对课程教学质量的评价主要应该包括条件质量（输入质量）、过程质量和结果质量（输出质量）三个维度。社会行业企业专家课程教学质量评价表见表2-6。

表2-6 行业企业专家课程教学质量评价表

| 姓名 | | 部门 | | 性别 | |
|---|---|---|---|---|---|
| 职务 | | 职称 | | 学历 | |
| 评价项目 | 评价内容 | | | | 评价等级 A、B、C、D |
| 课程定位 | 课程定位准确，适应企业需求 | | | | |
| 教学理念 | 以工作过程为导向、以工作任务为中心，以学生为中心，以职业能力为课程核心 | | | | |
| 课程目标 | 培养适应岗位需求的技能型人才，以职业能力为核心，以典型工作任务为主要教学任务，力争实现"学用结合、工学结合、学以致用" | | | | |
| 课程内容 | 适应岗位，教学情境模块设计合理 | | | | |
| 教学模式 | 按照"资讯—计划、决策、实施—检查评价—工学结合—探索设计"的进程构建"职业能力阶梯式螺旋推进"的教学模式 | | | | |
| 教学方法 | 采用基于真实工作任务的"任务驱动型"教学模式和基于网络资源的"开放式自主"学习方式，结合引导文教学法、理论实践一体化教学法 | | | | |
| 教学效果 | 学生有较强的专业技能，上手快，能力强，具有"下得去、留得住、干得好、用得上"的特点 | | | | |
| 您对本课程的评价与建议： | | | | | |

### 1.条件质量评价要素

高等院校的课程教学质量评价中条件质量评价要素包括：

（1）课程标准：关键能力、态度描述完整、准确，符合企业要求。

（2）课程目标：目标定位明确，符合专业目标；课程知识、能力、态度的内涵描述完整、准确；可行、可靠；达成目标可行；态度描述与课程相关性强。

（3）课程内容：服从课程目标；课程教学内容选择准确，能适当考虑学生的发展要求，预设技术岗位迁移需要；符合行业企业现实能力要求和技术水平；具有工程、管理、经济活动背景；体现针对性（后续内容、课程、专业职业岗位）、适用性（根据学生接受程度调整教学内容、岗位）、前瞻性（学生职业生涯中的转岗能力、学生可持续发展的能力）；可操作性强，确保知识、职业能力的形成能培养出行业企业所需人才。

（4）课程结构体系：课程结构体系设计合理，课程内容之间的联系链路清晰，有利于专业知识、职业能力形成，有利用学生职业态度养成；课程模式新颖、有效；有助于激发学生专业动机和职业期望形成。

（5）职业技能标准引入：课程绩效要求引入国家（或企业）职业资格技能标准。

（6）实验、实训条件：满足课程教学目标所必备的实验设备及足够的台套数；校企联合实训室建设（合作）；实验、实训设施设备建设提供有效指导，并具有企业真实生产形态，可实行模拟运行；校外实训基地能够提供企业现场教学、学生实习。

（7）"双师"素质：专业教师具有企业工程和管理经验，企业培训、实训基地建设经历；企业兼课教师授课有实际效果。

**2．过程质量评价要素**

从过程质量来看，主要对教师课程教学实施过程进行评价。课程实施过程质量要素主要包括课程、教学模式、教学态度、产学合作等子模块。

（1）课程：包括课程目标、课程开发、课程内容、大纲、教材、教学参考资料、实践教学。

（2）教学模式：包括教学思想、理念、教学解决方案、备课、教学技术手段、考核方式、教学效果。

（3）教学态度：包括备课（教案）、课堂氛围、作业（试卷）批改、学生需要的满足、尊重学生、责任感和认同感。

（4）产学合作包括：课程合作、企业教师、企业案例（项目）实验室和实训基地建设、校外基地使用。

（5）教学参考资料：包括补充必要的有企业背景的教学资料，以及网络与数字信息资料有助于本课程学习。

（6）企业案例：要求提供工程、管理、经济活动第一线的实际例，提供项目课程的工程背景材料。

（7）知识和技能：要求对知识的了解有明显的感受，能准确展示本课程目标要求的技能和确定技术应用的对象与领域。

（8）教学活动组织方式：要求科学合理，能够展现教师的"教"和学生的"学"两个特色，具有示范作用。

### 3．课后质量评价要素

主要是面向教学活动结束后。基于课堂质量、教学效果等评价教学是否按照课堂计划进行，是否达成了课程目标。

（1）学生学习绩效：包括考核成绩、作业水平、教师评价、职业资格证书、知识和技能、对专业（职业）的认识。

（2）教师教学绩效：包括作业质量、试卷质量、教学自我评价、学生评价、同行评价。

（3）职业资格证书：要求与本专业培养目标相匹配，社会职业资格证书获得率高，职业资格证书的等级符合培养目标。

（4）毕业生就业率：由于课程教学质量是人才培养质量的基础。因此，要考查课程的教学质量就必然要考察毕业生的就业率，包括签约率、上岗待签约率、自主创业率、升学率（专升本）。

（5）毕业生与企业的满意程度：企业对毕业生从工作能力、业绩、品行、敬业精神、工作态度等方面进行评判的程度。分别调查企业与高校毕业人员的满意程度，能从两种角度体现出高校毕业后的就业质量。若是毕业生不满意而企业感到满意，说明学生的能力足以应对工作需要，但企业支付的薪酬与工作环境不符合学生期望；若是企业不满意而毕业生满意，表明学生的工作能力不足以应付工作内容，或业绩上无法达到企业标准；若是企业与学生都感到满意，那才能说得上高校就业质量高。

无论选择哪种评价，对教学质量进行单一的评判都是不科学的。只有根据学校的自身情况和各专业的学科特点，将各种评价方式结合起来，形成多元主体，多角度、多层次地对教学质量进行评价，才能反映事物的原貌与本质。

## 五、社会行业企业教学督导评教

高等院校的教学包括校内专职教学督导和兼职教学督导以及行业企业外聘的兼职教学督导。行业企业兼职教学督导是一种校外教学质量的外部督导，它是指高等院校根据高等教育的办学特色，为保证教学质量，按照教育教学规律，从行业企业聘请相关人员（高级工程师、工程师、高级技师、技师等）担任督导工作，对高等院校校外、校内的各种组织教学活动、实施教学的全过程及教学管理工作进行的监督、检查、评价、指导等一系列活动的总称。

## （一）必要性

### 1. 高等教育发展的需要

目前，高等院校的教师队伍中，兼职教师所占的比例越来越大，他们共同参与专业人才培养方案的制订、课程体系建设、专业课程的理论与实践教学组织的实施，并且结合企业对人才的需求状况对教学过程提出具体建议。如何评价企业兼职教师的教学质量是高等院校目前需要重点解决的关键问题之一。

高校需要树立起高质量观念，追求高质量的教育。为此，更需要高校完善教学质量评价体系的建设，注重对教学过程与质量的监控，运用多种评教方式，积极听取企业与社会对教学质量的建议，建立起学校主导、各部门引导、社会企业积极参与的教学质量评价体系。

有教育界专家认为，高校应当在师资力量的建设上更下功夫，打造专业、稳定、具有双师型素质的教师团队。专职教师与兼职教师的配置要分配均匀，鼓励兼职教师投入到教育中来。近年来，我国高校中的兼职教师比例逐渐增多，尤其在某些性质特殊的职业学校中，兼职教师进行授课的课时，从过去的占总课时一成不到，到现在占据了总课时的一半。由此可见，兼职教师已经逐渐走向高校中，成为高校师资力量的一部分，并发挥着巨大作用。

现如今，高校越来越热衷于从社会上聘请专业学者、技术专家、企业家等人才来到校园内部授课，以填补传统师资结构的不足之处，强化对学生各方面的培养与对学生实践能力的提升。但有些高校在社会上聘用的兼职教师还存在各方面的不足，因缺乏专业授课培训，尽管兼职教师都是各个领域上的精英，但教学质量与教学能力上存在一定欠缺，因此加强对兼职教师队伍的管理与培训等方面还有待完善。

兼职教师必须是实践经验丰富的名师专家、高级技术人员和能工巧匠。兼职督导应在其所从事的专业范围内或技术领域内积累了丰富的实践经验，在行业内达到一定的知名度。与此同时，还应当具有基本的职业教学素质和职业教师素养，能够独立走上讲台，承担某一门专业课或者是实践课程的教学任务。

聘请兼职教师的目的主要是解决高等教育中理论和实践的不相协调问题以及高等院校实践教学环节的薄弱与不足，进一步强化实践教学的目的。因此，兼职教师多数都是来自校外企业及社会，他们更多的是承担在企业现场的教学活动，聘请企业兼职教学督导能够更好地解决兼职教师的教学质量监控问题。

### 2.高等院校教学督导工作需要

在高职教育大众化的背景下，高等院校的办学规模快速扩张，招生人数和学科门类增多，教学管理的难度逐渐加大，教学质量监控已成为高等教育界以及社会各界普遍关注的重要问题。如何构建与高职教育人才培养目标和要求相适应的、突出高端技能型人才培养质量特点和可操作的教学质量监控体系，促进教学秩序的稳定和教学质量的整体提高，是当前高等院校要重点解决的问题之一。

随着高等教育改革的不断深入，教学质量已经成为高等院校发展乃至生存的关键问题。教学督导已逐步成为高等院校教学管理体系中的重要组成部分，是教学质量监控体系中的一个基本机制，是完善教学质量监控体系的重要环节。

高等院校教学督导工作要遵循规律，建立科学规范的运行机制，才能适应高等教育改革和发展的需要。高等院校加强教学质量监控的重要举措就是成立教学质量督导机构，构建全面、合理的教学督导体系，完善教学督导的运行机制。

在构建教学督导体系过程中，首先要充分考虑企业兼职教师数量庞大、实践教学环节增多、人才培养目标与企业联系紧密等特色；其次，高等院校要完善教学质量监控体系，不仅要对校内教学进行督导，对校外教学要进行督导；最后，不仅要对校内专职教师进行教学督导，也要对校外兼职教师进行教学督导。

来自行业企业的兼职教学督导相对于校内的教学督导来说，他们更加了解行业企业的发展动态，熟悉行业企业的生产流程，并且具有丰富的实践经验，所以，能够更好地对高等院校的教学活动进行监督和指导。

### （二）构建

#### 1.运行机制

所谓的运行，指的是在某个组织或系统内，各个要素共同发挥作用，综合矛盾与动力，相互促进与制约，最终共同达到某种目的的过程与合作方式。运行的机制与内涵可以概括解释为：（1）将社会中存在的某种组织看成一个有机的整体，其中含有各个不同方面的要素，各自独立但又相互嵌合在一起。（2）组织内的各个要素有不同的结合方式与运作方式，因而它们的结合方式也在不停发生改变，因结合方式改变，它们的运行规律也就发生变化。（3）组织的运行是不断运动着的，在内部它的运动方式随着要素结合的改变而发生改变，在外部它的运动方式随着环境的改变而改变，借此来不断发展，适应环境与社会需求。

**2．社会行业企业兼职教学督导体系的构建**

高职院校要保证教学质量，提高育人质量，构建全面、合理的兼职教学督导体系也是其重要举措之一。

（1）社会行业企业兼职督导的聘任条件

高职院校构建企业兼职教学督导体系是完善"校外教学质量评价体系"的重要举措之一。校外教学督导主要是从行业企业聘请，对高职院校的企业兼职教学督导来说，他们的学术水平、教学水平、实践能力、管理水平高低对高职院校教学质量的提高具有重要影响。所以，在企业兼职教学督导的聘任上一定要把好质量关。校外兼职教学督导应符合以下条件：

①热心高等教育事业，了解高职教育教学的特点和规律，具有一定的高职教育理念，有事业心和责任感，能做到教书育人，为人师表。

②兼职督导一般应是行业企业的技术骨干或岗位能手，应具有本科学历和中级以上专业技术职称，专业对口。

③兼职督导在本地区的行业企业具有一定影响力，有较强的教学、科研能力，能够把握专业的教学方向，能够为高职院校的发展以及教学管理与改革等提出建设性意见和建议。

④兼职督导应具有兼职教师的经历，具有承担专业课程教学任务的经历，具有一定的教学经验，能够积极培养和指导校外兼职教师与校内教师的教学工作。

⑤具有良好的职业道德和协作意识，能遵守与学校签署的各项工作协议，有足够的精力投入其承担的教学督导工作。

⑥兼职督导需要研读学习先进的教育观念，并不断地进行自我更新，从而使自己具备革新精神。以此为基础，产生正确的教育价值观、教育质量观与先进的人才理念。

⑦兼职教学督导要不断提高高职教育教学理论水平，掌握高职教学目的论、课程论、过程论、原则论、主体论、方法论等科学知识，善于理论联系实

际，解决高职教学中的问题。

⑧兼职督导应当做到开拓进取，善于总结与思考，拥有不受传统思想禁锢的能力，具有创新精神，从而能够更好进行督导工作与教学管理。

⑨兼职督导应当有为高校、为教学服务的精神，为人谦逊，态度中肯，具备优秀的品质。

（2）聘任流程

企业兼职教学督导聘任的前提条件是要有校企的深度合作，其聘任程序是：第一，以教学系（部）为单位，根据专业实施性的教学计划及教学任务情况、教师专业技术结构及教学工作量情况，尤其是本单位在现场的实践性教学工作情况，向企业提出聘任兼职教学督导的要求，并向企业提交聘任条件；第二，各企业根据学校的要求和兼职教学督导的聘任条件，向各教学系（部）推荐人选，提交推荐人选的资料；第三，学校各教学系（部）根据企业提供的人选及其资料，初步确定企业兼职教学督导人选，各教学督导填写相关表格，教学系（部）向学校教学督导室提交企业兼职教学督导名单；第四，学校教学督导室根据学校的教学情况对教学系（部）提名的企业兼职教学督导资格及其聘请的必要性进行审查，并在相关表格上签字确认。院系部将所聘兼职督导汇总情况连同相关表格一并报送教学督导室备案。由教学督导室建立、完善企业兼职教学督导专家库。

高职院校采用两级及两级以上负责的聘任程序。以院系为单位，针对教学需要制定出科学的聘任要求，对所需聘任督导的规格、数量、承担的督导工作任务均做出明确的计划。受聘兼职督导与学校签订聘用协议或合同，明确兼职督导的具体工作任务、相关要求及待遇，聘用期限以一个教学周期为起点，一学年或两学年，这样也相对保证了兼职督导的稳定性。合同一式三份，聘用单位、受聘兼职督导及校教学督导室均保留一份，为日后的规范管理提供依据。

# 第三章　高校课堂教学质量分析与应对策略

高校的教学质量与课堂教学这一重要环节息息相关。那么，高校教学的本质是什么？优质的高校课堂教学应该是什么样？面对低效的高校课堂教学，学生会如何应对？教学目标的达成度是什么概念，又该如何对其进行评价与衡量？正确认识并切实解决好这些问题对于提升高校教学质量至关重要。

## 第一节　基于学生学习的高校优质课堂教学分析

现如今有些师生会对教学活动产生迷茫，不理解教学活动的真正意义与内涵。因此有些师生会出现机械性讲学、仅保障出勤、浑浑噩噩度日、无效教学等问题。然而事实上，教学并非教师单方面地向学生传授什么或完成了什么任务，而在于教师的教学是否激发了学生的学习欲望，学生经过教师的讲述学会了什么知识。

换言之，教学活动若是缺了"学"，那么"教"将成为无源之水、无本之木。因此高校的授课，其重点并非在于教师在课堂上运用了哪些高超的教学手段，或传授了多么专业化的知识，而在于教师在课堂上的行为是否能对学生的学习活动产生促进作用，能否激发学生对所学学科的求知欲，对学生的素质与能力或品行上产生了怎样程度的积极影响。也就是说，一堂失败的课，其主要失败原因在于教师没有能够对学生产生积极影响，没有让学生在根本上理解什么是学习。

当今我国高等教育正是蓬勃发展的时期，随便一所高校中都不乏一堂人员"爆满"的精彩好课。而一堂好课，一定能切合学生的需要，激发学生的兴趣，符合学生的口味，这是一种有利于教学效果的良好现象；反之，高校中也不乏各种人员稀少、索然无味的课堂，在这些课堂上，学生状态大多百无聊赖、无所事事或各行其是，这是一种迫切需要改进的消极现象。有对某所高校的课堂调查显示，对高校内几十堂课进行取样，学生出勤率仅有八成，迟到早退的学生占了二成，能主动听课的学生不足一半，而在听课学生之中记笔记的仅占三分之一，睡觉、私语、玩手机游戏的学生共占三成。造成这种课堂现象的原因，在麦可思公司的一项调查中有所揭示：有多至七成的同学认为教师的课堂表现与授课方式无法吸引学生注意力，课堂教学呆板无趣。①

学生的学习状态从逃课到深层学习，具有一个发展的过程，我们可以用分段时间轴的方式来对其进行表述，如图3-1所示。

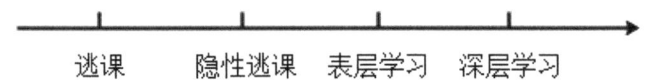

逃课　　隐性逃课　　表层学习　　深层学习

**图3-1 学生学习行为现状分段描述**

结合上图可以看出，学生的行为状态有四种阶段，各种阶段的具体行为表现如表3-1所示。

**表3-1 学生学习行为现状的具体表现**

| 行为 | 表现 |
| --- | --- |
| 逃课② | 迟到，早退，请假，旷课等 |
| 隐性逃课 | 打瞌睡，发呆，心不在焉，闲聊，嬉笑打闹，接打电话，发信息，玩游戏，看报纸、杂志、文学作品及其他与课堂无关的东西，看其他科目的书籍、资料，做其他作业，筹划活动或其他事项，背英语单词，听音乐，上网，准备考试等 |
| 表层学习 | 功利化的策略性学习，背重点，记PPT，教学交往单边化、形式化、简单化、言说失衡、倾听缺失等 |
| 深层学习 | 倾听，记录，思考，表达，互动等 |

学生若是逃课或隐性逃课，属于未对教师的教学行为作出反应，如此一

---

① 刘献君. 论"以学生为中心" [J]. 高等教育研究，2012（8）：1-6.
② 本书将迟到、早退也看作短时逃课。同时，请假虽然说明了某种不到课的理由，但由于不在场学习，本书也将其看作宽泛意义上的逃课。

来自然无法得到积极的教育效果。同时，有调查结果显示，表层学习仅仅是机械性学习，时常无法得到有效的学习结果，属于一种效率低下且学习方式不当的学习习惯。但深层学习通常都能取得不错的效果，这种差异的产生不仅仅是来源于学习方式的不同与对教学活动的理解不同，还在于学习环境对学生产生的影响，同时学生个体之间对学习环境的感知不同也会产生差异。学习采用的方式与学习环境有着密不可分的联系，学生的学习方法与教师的教学手段是分不开的。换而言之，站在教师的角度来看，教师的教学与学生的学习之间存在因果关系，同时层次之间也有所对接，同层次的教学手段会与同层次的学习方式相连。举例来说，若是教师在课堂上仅机械性讲课、写板书、放课件，那么学生的学习方式也只能是与之相对应的听讲、记笔记、抄课件。若是教师采用互动的教学方式，那么自然而然就会在课堂上形成互动的学习氛围。

基于这些现象，为了能够解决高校课堂中存在的教学手段、方式浮于表面，学生学习态度不端正等问题，作者着重从教学方法的角度来同读者探讨有效的教学方式，意在帮助广大教师与学生正确对待课堂，提升教学效果与学习效率，从而达到提升高校教学质量的目的。

## 一、深层教育方法与深层学习法相结合

如上文所述，作者认为教师的教学方式与学生的学习行为有着密不可分的联系，而学习方法又决定着学生的学习效果。因此，若是教师能够使用良好的教学手段，那么便能事半功倍不仅可以激发学生的学习兴趣，还能使得学生的学习效果大幅提升。为了能帮助读者更好地了解这一观点，可以从教学方式与学习方式两方面来加以解释。

### （一）类型与主要特点

现如今教学手段种类繁多，站在不同的角度来进行分类可以得到不同的结果，本书通过"教"与"学"的层次来对其进行划分，并过对调查研究结果进行总结性叙述（见表3-2）。

表3-2 教法学法分类及其主要特点

| | 类型 | 主要特点 |
|---|---|---|
| 教法 | 深层教法 | （1）以学生为中心，让学生获得对学科的理解，并深化和改变他们的观念，引发概念性变化<br>（2）常常采用触类旁通、举一反三的方法（如通过实例将理论应用于实践；深化概念或原理及其相互关系；开发使学生成为行家的能力从不同视角探索理解的方法；鼓励学生进行比较、应用、评估、分析综合，不局限于听课和记忆等）<br>（3）营造自然的批判性的学习环境，唤起学生的求知欲，促进学生的反思和思想升华，创造多元化的学习体验<br>（4）期待学生去听讲、思考、回应，如目光交流声音中的热情、倾听学生回答问题的愿望等 |
| | 表层教法 | （1）以教师或学科为中心，向学生传输信息，传授知识<br>（2）采用简单传递式方法（如注重知识传递过程；传输教师拥有的知识、大纲的教学计划等）<br>（3）完成教学工作量而已，不考虑学生的具体情况<br>（4）在一成不变的场景中口若悬河，自话自演学生听不听讲毫不顾及，从不愿费一点心思去发动一次讨论，或问一次反应，似乎并不指望任何人有任何反应 |
| 学法 | 深层学法 | （1）学习动机是寻求对观点和意义的理解<br>（2）对学习任务具有内在的兴趣并希望在学习中得到乐趣<br>（3）采用能满足自己好奇心的方法（如把学习内容和自己的经历联系起来；把论点和论据联系起来；找出规律和潜在的原理；把学习内容和已有的认识联系起来；明确部分和整体的关系；对学习内容进行推理；形成假设；从同一课程其他内容的视角或从其他课程的角度去理解所学内容等）<br>（4）透过文字、文本和公式进而注重意义交流、注重所获信息及其相互关系<br>（5）对特定学习情景中的某些特点或不同特点有更多的感知 |
| | 表层学法 | （1）学习动机目的性和现实性很强，只是想花最小的努力应付学习要求<br>（2）把学习任务看作是强加于他们的负担，试图应付了之<br>（3）采用机械性或策略性方法（如关注互不关联的内容；把相互关联的内容割裂开来；关注基本要点；尽可能准确地重复基本要点；为准备考试而死记硬背，而不注重理解等）<br>（4）不考虑学习目的和意义，只关注文字、文本和公式本身<br>（5）对特定学习情景中的特点关注很少，关注面很狭窄 |

## （二）学习方法与效果

不同的教学方式与学习方法会导致不同的教学、学习效果，也就是说并非单有深层次的教学方式或单有深层次的学习方式就能保证良好的教学效果，正如巧妇难为无米之炊所述的道理，若没有深层教学与学习方式二者的共同作用，那么就无法产生与期望相符合的学习结果（见图3-2）。

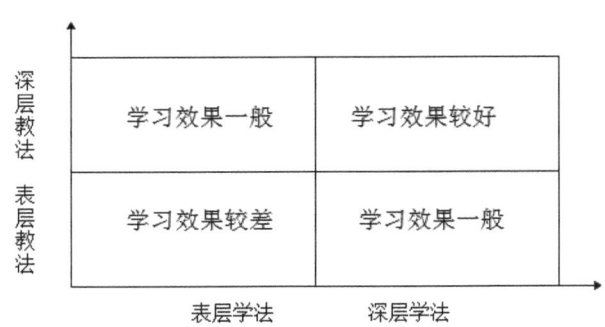

**图3-2　与教法教学相关联的学习效果**

因此，从优秀的教学方式中我们可以看出，优秀的教学方法是以学生为中心来进行教学的，成功的教学关键并非教师做了什么特殊的、专业性很强的教学行为，而是教师从态度上感染了学生。教师要对学生抱有信心，以鼓励、乐观、积极的心态来面对学生，并且明确教学的核心应当是学生、教学的目的是为学生服务，乐于在课堂上让学生主动参与到教学活动之中，甚至由学生来主导教育行为。教师的这些行为能够展现出人文情怀，能体现教师对学生的尊重，乐于与学生相互合作。教师应当认真对待教学活动，不能应付了事，应当明确教学活动是一种集智力、创造与专业性为一体的活动。

表层学习法与深层学习法之所以会造成学习效果的差异，是因为这两种学习方法的目的与动机方面具有差异，其分辨的根本方式在于：是要求对知识的理解还是要求对知识的记忆；是要求对教学活动进行过程复制还是要求对教师所讲的知识进行理解与融会贯通。

既然明确了一名优秀的教师，应当在课堂上将深层教学方式与深层学习方式结合在一起，那么也应当明确优秀的教师，不单纯在于外表的优雅得体，高科技的教学设备，发音标准、洪亮，积极的目光交流。一名成功教师的优秀之处在于，他们不做课堂上的演讲者或主导者，而是做一名思考者、引导者，他们不仅能够带领学生步入知识殿堂，同时还积极学习提升自我，优秀教师将教学目光聚焦在学生身上，注重探究学习的本质。

## 二、学生视野中的良好教法与良好学法

已有研究为我们呈现了教法、学法及学习效果之间清晰的关联性。那么，

时下的高校学生是否在这方面也有所认识，他们所向往的良好教法和良好学法是否符合深层教法与深层学法的特点呢？为了弄清楚这一问题，我们选取在校大学生认真地作了访谈，通过考查学生对访谈提纲中涉及的相关问题的思考和讨论可以总结归纳相关主题来分析上述问题。

**（一）良好的课堂教学**

为了解学生对一堂好课的基本判断和诉求，访谈涉及的一个重要问题是："你认为什么样的大学课堂教学是符合你要求的好课？"那么，学生眼中的良好课堂教学是否反映了深层教法的主要特点呢？以下罗列几点：

（1）教师品行端正，学术水平较高，乐教乐学。

（2）教学目标与内容明确，针对性强，教学内容丰富有吸引力。

（3）课堂教学节奏分明、条理清楚、重点突出，能够循序渐进地教学。

（4）在对学生学习严格要求的同时，注重培育学生的思维与素养。

（5）善于运用多种方式进行引导，多与学生进行交流互动。

**（二）良好的学习方法**

（1）端正自身学习态度，学好专业知识，认识到要尊重老师、按时到课、消除偏见、脚踏实地学习。

（2）打好学习基础，不能死记硬背而是要进一步将内容消化为自身的知识，课前进行准备，带着问题与看法听课。

（3）拒绝闭门造车，针对课堂中产生的问题多同老师进行沟通交流，课后温故知新不断深化记忆。

（4）目光长远，带着整体性的观念来进行学习，抓住关键由简入深。了解学习框架，突出学习重点。

（5）将理论与实际相结合，将学习与兴趣相结合，促进人的综合发展。

综合上述两大方面，即学生对良好教学方法和良好学习方法的认识和看法，可以看出，学生所指的教学方法和学习方法都没有局限于具体的教学技巧或学习技巧，而是从更为宏观的层面来理解和讨论这些问题。实质上，这就体现深层教法与深层学法所包含的相应理念、情境、规划、整体、发展、主体间性等因素。因此，可以说，当今大学生对良好的课堂教学和良好学习方法的认识体现出对深层教法的期待，并深刻意识到深层学法的作用。依据前述本书所归纳和秉持的逻辑基础，如果师生能在课堂教学的现实中贯彻落实这些良好的教学方法和良好的学习方法，即深层教法和深层学法，就有望获得良好的学习效果。

## 三、完善教法学法的措施建议

当人们注意到事情的重要性时，未必立刻对其进行处理，有时候通过一些手段刺激能够更好激发人的动力。站在管理学的角度来看，可以说成功的管理活动离不开"动力"发挥的作用。因此，应当找准能够激发高校师生动力的点，从而推动他们共同努力，改善教学环境与教学气氛，将深层教学与学习法共同运用起来，最终达到优化教学效果的目的。

### （一）教学与学术相融合

学校最基本的职能就是教育，因此高校应当始终将教育的地位放在第一位，否则便会丧失高校的意义。然而现如今有些大学，只重视教师的论文发表等学术性科研活动，忽略了对教师教学能力的重视，导致教师们将科研活动摆在第一位，而教育活动却居于其后。教师重视科研因学校导向不正确，将科研成就同教师奖励挂钩，奖励应当激发的动力不应当是科研活动而是教学活动，教师将大量时间精力耗费在科研上，那么分配给提升教学水平的精力就会变少，使高校无法完成培养人才的任务，忽略了本职工作。

高校为了发挥其应有作用，必须要纠正这种错误观念，除了加大对教学的投入与重视，还要防止割裂科研与教学，建立正确的教育观念，从教学中进行学术研究，引发教师对教学的深入探究从而努力提升教学质量。学术与教学相融合的观点，早在20世纪90年代就有美国学者博耶（Ernest L. Boyer）[①]提出了，在当时引起了激烈讨论。他认为，高校中的教学本身也是一种对学术的研究，认为教学与学术二者是不可分割的，教师要明白教学的方法也是一种钻研学术的方法。在确立了教学与学术相融合的观念后，还要完善相关的评价体系与培育教师相关的意识与技能，从而运用到实际教学活动中。

### （二）改变传统教学模式

革新教学方式，并非单纯地使教师技能"换汤不换药"的革新，而是首先

① 欧内斯特·博耶（Ernest L. Boyer），当代美国杰出的教育家，现任美国卡内基教学促进基金会主席，1965年进入纽约州立大学，历任行政院长、副校长、校长。

要转变教师的传统观念，将教师的课堂主导者地位转变为学习者、引导者。因确立了在教学与科研相结合的理念，因此教师的教学活动也是自身学习的过程。再者，课堂上的师生互动，从另一种角度来说也是一个互相学习进步的过程，学生从教师的教学中学习知识，教师从学生的反馈中学习教学方式与新型思考方式。

　　由此可见，若将教师置于学习者的位置，那么学习这个概念将会贯穿教学活动的始终，同时还能普及全体师生。教学因此能够成为教师与学生共同学习的活动，教师与学生成为课堂上的学习共同体。传统教学方式提倡先教后学，这种教学方式有一定的滞后性，应当在传统模式的基础上确立先学会学习，再进行引导的新模式。这样才能立足理论教学，通过引导引发学生的思考，有利于学生使用深层学习法。

　　正如前文所述，教学分为教与学，这不是教师或学生单方面进行的活动，在提升教师教学水平的同时，还可促进教与学的协调。这种协调主要表现为两方面：一方面是教的过程要与学的过程相协调；另一方面是教的结果要与学的结果相协调。过程协调指的是教学过程中，师生应当相互尊重、相互配合、共同促进、积极沟通；结果协调指的是通过教学活动的培育，能够增进师生感情，培养新能力、增进知识、习得优秀品行等。

## （三）改善学生学习方式

　　引导学生有效学习，关键在于将学习方法由表层学习法引入深层学习法。为了实现这一目的，首先教师要用教学方式来引导学生实现科学合理的学习方式；其次，必要情况下可以对学生的学习活动进行引导。当然，最好的方式还是在教学过程中，通过环境与气氛配合以适当的引导，让学生自行改进自身学习方式，从而激发他们自身的思考，同时思考后得出的学习方式也更易于学生自身接受。当然，若是不先对学生传统、不科学的学习观加以扭转，也无法顺利引导他们使用新型学习方式。因此，教师首先应当让学生明确学习的目的、学习的内容，最后才是如何学习。

## （四）营造有利于教改学改的制度环境

　　教学制度不会自己改革，而人们推动的改革也不会总是事事顺利。成功推动改革的实施，需要发挥教学体系的作用，从而创造出一个强大的内在推动力，促进改革完成。尽管当前各个高校都在积极进行教学改革，但很多学校的情况并不顺利，依然存在教师以科研为导向、教师在课堂上未注重学生的主体地位、传统教学模式缺乏师生互动、教学评价体系有待完善等，这些问题都使教学制度的改革难上加难。

因此，作者认为教学改革应当更为展现人文特征，教学的主体是人，自然也要注重以人为本，教学管理的对象同样是人，因此要站在教师与学生的角度来思考，真正设计出有利于师生发展、成长的教学制度。完善对教师教学的评价体系、考核体系、奖励制度能够有效地在精神与物质上激励教师，从而鼓励他们更加积极地使用深层教学方式，同时对学生的考核标准也应当基于促进他们有效学习、深层学习来制定。

## 第二节　基于学生视角的低效大学课堂应对策略

提升教学质量与教学水平是当今社会、学术界、高校、政府共同关注的热门话题。当前我国高校的教学模式仍然以课堂教学为主，也就是说一节课堂其效果的好坏直接影响教学质量的好坏。关于如何提升课堂质量，站在高校角度、教师角度、社会角度等都有了数量众多的分析与研究，但基于学生层面来考虑的研究却寥寥可数。那么，学生究竟是如何看待高校课堂的呢？课堂教学中是否存在低效率课堂，若是存在，应当怎样解决或改进。作者基于学生视角，对课堂效果与状态进行了一系列的调查与研究，且对一些高校生进行了采访，以此作为支撑依据，并对结果进行分析统计，真正地站在学生角度共同探讨高校低效课堂的问题。

低效课堂在课堂的调配情况来看，主要问题表现在两方面：一方面在于教师的教学效率低下；另一方面在于学生课堂状态与参与度不高，有些学生即使在课堂上课也无法专心学习，在某种程度上来讲，低效课堂的师生双方都只是在完成教学任务。这种低效的现象与许多学者的总结有相似之处：教师授课照本宣科、考试追求死记硬背、教学仅为知识的单方面输出、学生逃课现象严重、学习中不乐于倾听、考试仅追求成绩、课堂上做与课程不相关的事等。这些问题无疑会影响高校课堂的有效性。

## 一、教学场域中的课堂均衡状态

课堂教学活动并非老师或学生单方面的活动，尽管师生同为教学活动的主体，但其地位却有所不同，正是这种地位的差异形成了教师与学生之间的权利博弈，使得他们之间产生了制衡，也就在不同层面上在教学课堂上达到了平衡。为了能够全面地考察各种课堂平衡状态，并对其加以分析提供改进手段，本书分别站在师生两种角度，分别对他们的教学方式与学习状态进行分析，建立教学平衡坐标。如图3-3所示，教学中的平衡可以按照四个坐标系象限划分为四种：

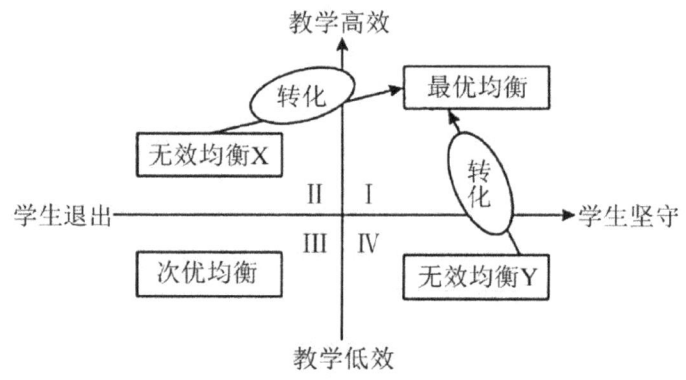

**图3-3 课堂教学平衡状态**

第Ⅰ象限展现出的平衡状态是最优均衡。教师教学高效、认真，学生能够自觉坚守课堂，积极主动参与教学互动，从而听课效果良好。这种最优均衡的状态，是教学活动中最理想的状态，有利于学生从课堂中学习到更多知识，并将其转化为能力。

第Ⅱ象限展现出的平衡状态是无效均衡X。尽管教师教学认真，积极同学生互动，但学生却无法坚守课堂，存在逃课、迟到早退、缺席、听课不认真等情况，无法保证注意力集中在课堂活动上。这种平衡状态下，课堂效率低，且问题原因主要在于学生，此时教师应当发挥引导作用，积极对学生错误的学习观念进行扭转，帮助学生更好地回复课堂效率。

第Ⅲ象限展现出的平衡状态是次优均衡。当师生双方在教学课堂上都无法认真参与时，教师教学方式古板、方法与内容单一、教学态度随性、教学机械化，学生抵触课堂教学，按理来说也可以使用正规手段来离开课堂，这虽然不能称得上是好现象，但学生可以通过这种手段来保护自身接受高质量课堂的权利，也有利于教师反省自身，从而提升课堂质量。

第Ⅳ象限展现出的平衡状态是无效均衡Y。这种平衡状态教师的教学效果差、手段陈旧、课堂呆板无趣、缺乏互动，但学生依然受到某些限制不得不坚守课堂。这种平衡下的课堂，教师在讲台上进行枯燥无味的演说，但学生虽然坐在课堂中，心思却不在学习上，双方仅在表面上进行教学活动，但实际并未共同完成教学活动。这种现象的问题原因主要出在教师身上，此时应当纠正教师不良教学态度，令其改正落后的教学手段，更加注重课堂效果与互动情况，将不良的平衡状态转化为高效课堂状态。

## 二、低效课堂及其表现

如上文所述，教学中的平衡状态可以按照教师的教学情况、学生的学习情况划分为四种类型。但这只是大方向的理论构架与推测，那么基于学生层面来看，现实中的高校课堂又有着怎样的状况，应当怎样加以改进？

通过各个高校的调研与统计分析，学生们觉得大多教师能够以积极的态度面对课堂教学，能够自主运用科学的教学方式进行授课，让教学质量稳步提高；但同时有些授课也不尽如人意，学生不太接受。对于学生满意的高效课堂，通常学生们都能做到主动坚守课堂，积极参与课堂教学活动；反之，对待不满意的课堂，虽然也能做到坚守课堂，但学习效率就未必能够保证了。

因此，根据本书划分的四种课堂平衡状态来看，我们可以发现现实高校课堂中，课堂状态大多为最优均衡状态与无效均衡Y状态，当前来看这两种状态是较为理想的课堂状态，尽管学生反映了各种无效课堂的形式，但无效均衡X却不太常见。同时，经过调查发现也有次优均衡出现的情况，但这种情况出现时，学生的缺席大多是缺乏合理性、违反学校规定与纪律的。因此，本书主要将目光放在具有代表性的无效均衡Y状态上，进而讨论针对这种低效课堂该如何加以改进。

站在学生的角度考虑，高校课堂中的低效现象主要表现为以下五点：

（1）教学设计方面存在教学难度与学生的能力不匹配、课程调配缺乏科学性、教学集中强度大等问题。

（2）教学内容的选择过于陈旧，内容呆板无趣无法引起学生的学习兴趣。

（3）教学手段倾向传统手段，多为机械式授课、形式主义严重、教学方式随意，多倾向记忆性教学而不是理解性教学。

（4）教学实践方面有形式主义的问题，因缺乏对实践活动的重视，课堂中所学理论知识难以同实践对接，使得知识被架空于实践之上。

（5）教学评价制度有待完善，教师在设置考试、随堂测试、对学生的考察评价方面缺乏科学合理的计划。

## 三、课堂均衡状态的措施与建议

在无效均衡Y状态下，教师的教学效果欠佳，学生虽然守在课堂，但并没有实质性地响应课程教学。可见，这种状态下的课堂教学虽然能从形式上完成教学任务，但实质效果并不佳。为了改变这种不良情形，学生们谈了很多具体措施，归纳起来，就是要将无效均衡Y状态向两个方面转化：一是使无效均衡Y转化为最优均衡；二是使无效均衡Y转化为次优均衡，但长远来看，最终还是要促进最优均衡的实现。

### （一）从无效均衡Y到最优均衡

若想将低效课堂扭转到高效课堂上，需要根据课堂的特性从教师与学生两方面主体来进行改进。也就是说，在促进教师改善自身教学方法的同时，还需要扭转学生不正当学习观念，令学生更积极主动投身于学习中去，从而能够使教学效果得到提升，最终达到课堂教学活动的最优均衡。

#### 1. 督促教师改善教学效果

（1）在进行教学活动的前后，教师应当积极主动地多方听取学生对教学活动的意见，并加以改善。调查学生意见可以不受时间限制及时进行，能够根据学生的反馈结果对教学活动进行有效调整，学生也更易于接受。

（2）教师在课堂上应当运用多元化的教学手段，单一的教学方式会使学生在学习过程中逐渐麻木，不利于激发学生的求知欲与学习兴趣。从而对课堂效果产生消极影响。

（3）教师应当注重课堂同学生进行交流与沟通，从而拉近师生间的距离，增进师生间感情。这种交互行为能够产生良好的教学互动，使学生在心理上感觉自己与教师站在同等地位，能够在课堂教学中培养出默契，有利于调动课堂积极性，使教学效果得到一定提升。

（4）教师需要转变传统对学生评价的方式，不要单纯以考试成绩来评判学生，应当更加注重教学效果与学生的学习过程，虽然考试能够在一定程度上检验学生的学习情况，但无法全面对其评价。而且评价具有很强的导向性，学生会为了得到好评价而付出努力，因此慎重、多样化地选择评价的方式就十分重要。

（5）在各个高校都在积极努力完善教学制度体系的背景下，教师应当主动配合教学模式与制度的改革，运用先进的教学理念与教学手段，提升课堂效果，完善自我，不断改善高校教学质量。

**2．树立正确学习观念与方式**

一堂优秀、高效的课程，离不开教师与学生的双方努力，因此在教师为学生创造出良好学习环境、深层授课质量的同时，学生也应当相应地转变自己的学习态度与观念，更加积极主动地配合教师完成学业。

（1）学生应当明确学习的目标与目的，树立正确的学习观念，对学习这个概念有科学的理解。用积极的心态与学习状态、辅助以科学有效的学习方法来进行学习活动。

（2）增强对自身所学专业的认同感，调动学习热情。

（3）在同学间形成互帮互助的学习小组，通过小组交流、小组总结、实践、反思等活动，加强学习效果。同时也可将反思与交流结果同教师进行沟通，共同建设高效课堂。

从上述可得，学生自身除了树立自身正确的学习观念外，还需要对自身的学习活动进行总结与分析，从而能够更好地完成学习活动。与此同时，教师也应当在课堂上使用积极的多样化的教学手段，多多听取学生的意见，注重师生交流沟通，真正实现师生共同努力提升课堂质量的高效局面。

**（二）从无效均衡Y到次优均衡**

将低效课堂转化为高效课堂是优化的目标，也是对课堂品质的追求。然而，不论是提升教师的教学能力与质量，还是扭转学生的学习观念，令他们投身于学习活动中，都不是一朝一夕能够解决的，需要长期的塑造与坚持。但是若长此以往，课堂上的教学低效问题都无法得到解决，或者长期处于学生高效教师低效的状态下，学生是否还应当忠实地守着这样一个低效课堂？答案自然是否定的。基于此，若是通过听取意见、扭转态度、改变教学方式等手段都无法解决低效课堂的问题，学生应当有拒绝低效课堂的权利与自由，应当有适当的机制来让学生脱离这种低效课堂。

从当前各个高校的课程机制来看，仅有某些选修课能够提供给学生一段约为十天的试听期间，用于让学生选择是否要选修这门课程，而其他的选修课甚至没有试听。同时，一旦学生作出了要听某种选修课的选择，那么在该学期内除了放弃学习便没有改变的机会。但放弃课程却代价高昂，面临的是重修与补考，学生没有能力也没有勇气选择这种脱离课堂的方式，不得不坚守着低效课堂。因此，越来越多的学生对高校提出期望，以求能够在课程选择方面拥有更多的权利，与其说他们想要脱离课堂，不如说是在寄希望于制度的改进。

有些学生提出，高校现行的自主选课机制还不够完善，在对教师与课程的选择上机制不够灵活，希望能更多地在选课前对所选课程与任课教师有一个详尽的了解。譬如，通过校园网或教务网，查阅课程介绍、教师简介、课程学时等。同时，高校也不应当对教师的教学、考试、评价手段太过约束，应当给予老师自主选择授课方式的权利，让教师充分发挥自身长处，结合课程模式，有选择、有针对性地激发学生兴趣，提升课堂质量。因此，要给予师生双方一定的自由与自主选择权利，让教学的选择与授课方式变得更加适合课堂特性。

关于低效课堂的退出机制，还有多种选择可以参考与讨论，但大体上来看方式都在于给予学生一定的脱离课堂权利，或给予学生问责权利等，以此来增加教师对课堂效果的重视，从而提升课堂质量，从教师与学生双方面角度改善课堂状态，提升教学质量。

## 第三节　高校课程教学目标达成度评价探究

### 一、课程教学目标及教学目标达成度

#### （一）课程教学目标

在高校中传授知识的主要途径依然是授课，这也是教学活动中最传统、最根本的活动，而所有的课程都有一定的目标。这个目标能为教学活动提供动力

与方向，贯彻整个教学活动的始终，是师生与高校最终期望达成的结果，是学生与教师都应当明确的、对教学成果的清晰阐释。教学目标不单纯是教学活动的结果，还能够起到对教学过程的导向作用，将简单的教学目标逐个实现最终达到复杂结果的过程。教学目标能够确保教师的教学活动能够实际产生效果，进而提升教学质量。

课堂教学质量，是一种对程度的形容，它是通过教育活动的客观需求与科学合理的教育发展逻辑判定的，同时还需要满足教育的社会需求，也就是说教育质量不仅仅要满足学生对知识的需求，还需要遵循客观规律的发展，符合社会发展需求。高校的教学质量反映了高校培养人才的能力，教学质量决定人才质量，进而影响高校的教育质量。

**（二）课程教学目标达成度**

在高校培养人才的活动中，课堂教学是最传统的教学方式，而教学又是遵循教学目标的指引来进行的一种活动。因此，课程完成了多少教学目标规定的任务，也是评价课程质量、教师能力的重要评价方式。

完成课程目标的程度，通常是指教学计划与内容中设立出的目标，能够在教学活动中实现多少、实现到怎样的程度。高校通常将教师完成了多少教学目标作为评判教学活动质量高低的标准，以此来进行教育质量评价，因此也可以说教学目标的完成程度同教学质量与教学效果是有密不可分的联系的。

之所以说教学质量同实现了多少教学目标之间联系密切，甚至由其作为教学评价标准，是因为很大程度上来说，教学活动的配置与内容都是依照教学目标来制定的，若是能够达成教学目标，那么则能明确教学活动是发挥了应有作用的，也就是"有效"；反之，若是教学活动大张旗鼓却收效甚微，甚至与教学目标背离，那么教学活动便将教学与活动二者割裂，背离了有效教学的初衷。因此高校将教学目标达成状况纳入教学评价的考核指标中并非没有道理，教学目标的完成程度能够很好地反映教学效果，同时还能对不合理、不科学的教学活动进行改进与引导。

现如今，教学目标的达成状况越来越被人们所重视，这对于教师来说也是一种对课堂状态的有效反馈，基于对教学目标达成情况的评价，可以检验教学活动的效率。将教学活动同教学评价结合在一起能够更好地提升教育效果，教师可以通过高校对教学目标的评价与实际教学效果的分析来确认自身问题，从而进一步改善教学水平。

## 二、教学目标达成度的评价功能及研究方法

### （一）教学目标达成度的评价功能

#### 1．评价功能

站在管理层面来讲，教学活动不单纯是传授知识的过程，它是一个系统的有着多个环节的过程，这之中包括设计教学目标与确定教学效果等，教师为了达成最好的教学效果，需要不断根据教学目标来调整教学内容、方式。而检验教学目标完成程度能够为评价教学活动与教学质量提供合理可靠的依据。

#### 2．反馈功能

站在控制学的层面来讲，教学是一个不断运动着的过程，在这个过程中需要不断地对其进行反馈与调整。这之中，教学目标作为贯穿教学活动始终的一项重要因素，能够起到积极的反馈作用，让教师根据教学目标的达成情况及时对不适当的教学内容、方式、态度、计划进行调整，以达到更加有效开展教学活动的目的。同时教学目标也并非不可更改的，教师在教学活动中可以根据学生的学习状况、速度来及时对教学目标进行调整，实施有针对性、有特色的教学模式。

#### 3．引导功能

教学目标不单单发挥着评价作用，在教学活动与教学计划、教学方法的运用中也起到了积极的导向作用。教学目标能够让教师的教学活动有了方向，能够在目标没达成的时候引导教师发现原因与教学活动中的薄弱之处，从而起到了引导功能。

### （二）教学目标达成度的研究方法

当前来看，对于教学目标的完成情况，最有效的研究方式就是通过教学评价来对其进行检验，通过教学评价对课堂上的教学内容、方式、质量进行全面系统的分析。对教学质量的评价，本质上是对教学活动的价值进行判断与发掘最终达到提升的活动。而在对高等院校教育教学质量监控体系的完善中，教学质量评价体系的完善有着重大意义，发挥着提升课堂教学效果、促进教师自我提升、激励教师进步发展等作用。高校的教育质量评价，是基于各个高校自身

所具有的特点，从自身的教育特色、培养目标、当地经济发展需求、社会对人才的需要、高校生自身发展需求、就业大方向等进行多方面判断的活动。而对教学目标评价，应当在教学中进行评价，换句话说也只能在教学活动中达成评价。评价体系向来是提升课堂质量与教学水平必不可少的一项因素，因此高校应当为此建立一套科学合理的评价体系与监控体系，用于保障教学活动能够有效、有序地开展。

## 三、衡量教学目标达成度的基本要求

那么，高校应当如何衡量教学目标的完成情况？很多高校都在培育计划中指出，改革传统教学方式，配合素质教育的目标，整体考虑教学的理论知识与能力培育、教学的感性方面与学习态度、教学方法手段的运用等。同时，在教学活动中，目标也分为不同的种类，其中专业要求、能力要求、社会要求与社会的满意程度的目标都不尽相同，它们是相互依托、密切联系的目标。因此在进行对教学目标完成情况的评判时应当更加注重以下几方面：

（1）在教学活动中实现预设目标。教师设立目标后自然要为了达成目标而努力，因此教学活动中应当注意不能偏离目标的要求与主题，是否能够完成事先设置好的教学目标也是衡量一堂教学是否有效的一个评价标准。

（2）树立以学生为本的教学观念。因教学目标还需要在课堂中实现，这之中并非依靠教师单方面努力，学生的配合也是必不可少的，尽管对目标实现的速度与方式需要教师来计划，但对学生在教学中出现的情况也不能忽视，要更多关注学生在课堂上的问题与想法。教学的本质目的是学生能够吸收所学的知识化为己用，教师不应当本末倒置，为了达成自己制订的教学目标忽视了学生在教学中出现的问题，这样虽然达成了自身设立的教学目标，却背离了教育的本质目标与要求。

从一定程度来看，教学活动是以教学目标为导向进行的活动，它服务于教学目标，而不是单纯为了教学活动而进行的活动。因此，教师应当认真仔细对待每项教学活动，不能应付了事走形式，譬如对大量学生出现的问题视而不见或敷衍解释，这样不仅达成教学目标成了无稽之谈，也是教师在教育上的失职。

（3）将学生作为教学活动的中心。教学活动的受众群体是学生，因此从教学目标设立之初，就应破除传统观念，当将学生的学习成果置于目标中的重要地位。在进行教学活动时，更是要关注学生状况，站在学生的角度来思考问题，从而将教学覆盖到每位学生身上。让学生通过教师的引领，将各种传授的知识消化为自身的知识，进一步对知识进行思考总结，最后得以熟练运用。因此教学活动应当明确学生的主体地位，要站在学生的角度来传授知识，进行教学活动、阐述教学问题、进行实践活动。

（4）教学目标应当符合社会发展需求。高校的目的是为我国培养高素质的创新型人才与技术型人才。因此，对于教学成果与教学目标的检验，最后还要落实到实践应用上，也就是说评判学生的素质能力、实践能力、创新能力等的运用，是否同社会发展需要相符合，能否培养出让社会满意的人才。

## 四、教学目标达成度的评价依据

教学目标达成情况的评价标准设定，需要考虑多方面的因素。譬如，保证评价的科学性、合理性和公正性，从而使大多数教师能够心悦诚服地接受评价结果。评价要具有一定的指引性，要能够指引高校未来发展方向与办学方向，同时评价要能具体可操作。而对高校教学目标达成情况的评价，主要来源与对高校教学评价体系的完善，而完善高校教学评价体系又需要明确教学评价的主体与教学评价的指标。

首先，教学评价的主体分为评教者与被评教者，因高校教育具有特殊性，因此教育的目标、方式、手段都不尽相同，因此教学评价也是多元化的，应当具有内部评价与外部评价两方面因素，同时还应当是开放的、公平的、多手段的。因高校专业多，专业特性多，因此评价者与评价角度也是多类型的。以下主要从学生、教师、社会三方面来进行阐述。

（1）学生是教学活动的核心，也是教学活动的接受者，因此教学的主要目的也是让学生学会知识、技能，培育他们的能力、素质，因此学生的学习状况与成绩，能够直接展现教学水平与教学目标的达成情况。

（2）教师是教学活动的推动者，是课堂的引导者，教学方式的运用者，因此他们最能够从专业角度来评判教学效果，同时教师群体的评价也更科学合理，拥有一定的说服力。

（3）人才的培育为了社会更好发展，因此社会、企业对学生的评价同样可以看出人才培育的结果与教学目标的达成情况，在评价中适当参考校外企业、组织的意见可以更加客观全面地对教学活动进行评价。

被评价者是教师与教学目标的完成情况，因各个专业的特色与教学方式具有差异，他们的教学目标设置也有所不同。因此根据不同课程的不同特色，评价指标也应当具有一定差异。

## 五、教学目标达成度的评价方式与方法

### （一）评价方式

如前文所述，不同专业有不同教学特色，其教学目标也不尽相同，因此在评价过程中使用多种手段就显得格外重要，评教手段大致与上文相同（详见第二章），分为自我评教、学生评教、同行评教、督导评教、企业评教几大类。这些评教能够针对不同专业、不同教学方式，从不同角度基于不同视角进行评价。以评价者来分类有以下几种形式：

（1）学生因在教学活动中占据特殊地位，且数量庞大，评价数量稳定，通常可以用课中课后评价、匿名调查问卷、网络教务处等方式来进行教学评价活动。

（2）教师评价可以分为教师自我评价和同行评价，但考虑到评价中的公平现象与主观因素，可以通过教师间相互评价、随机抽样调查、自我总结等方式进行教学评价活动。

（3）现如今高校中经常聘请社会优秀企业家、专家来进行讲学，也体现了社会因素的重要性，因此面对实践类强的专业可以利用专家、行业企业、社会组织评价方式来进行评价。

总而言之，不论运用什么样的评价方式与手段，都要因地制宜考虑到教学手段、教学特色、专业特色，结合评价的特点，挑选出最适合、最合理、最全面的评价方式。从而使得评价结果是科学可用的，可以计量与统计的。

### （二）评价方法

#### 1. 各个评价主体间互不干涉

因为评价主体众多，评价手段、侧重点也不同，因此在评价中采用多种主体共同评价时，需要注重他们之间的公平性与科学性。各个主体的评价结果间应当不存在相互影响的状况，每一种评价主体的评价结果都应当纳入总体评价

结果之中，也就是说，运用多主体评价的时候不应当侧重或忽略某个主体，要确保评价公平、多方面、多角度地进行。

### 2. 注重横向对比与公平

因不同评价主体的侧重点不同，因此统一评价内容可能会给出不同的分值，针对这种差异，应当横向收取多个班级的评价来进行统计计算，从而使得评价结果更加公平合理，通常情况下，可以设定一个确定的指标来进行评价，从而确保评价的科学与公平。

### 3. 设立评价等级制度

评价的内容大多设计多个方面，因此应当在一个系（部）或教学部（或教研室）范围内制定一个科学的评价等级以便归类、计算、统计，将评价化为可计量的评价指标，划分为优秀、良好、及格、不及格四种等级。依据评价结果划分的等级，来更为直观地对教师的教学质量与目标完成度进行分析，从而使得教师能够更好改进教学方式。

### 4. 统计分析

教学评价的内容与指标数量与种类都较多，因此需要对评价结果进行整合、汇总、统计、分析处理，从而综合全面地评价教学质量与教学目标完成情况。基于数据的评价不单需要有分数与分级的体现，还应当附上对教师客观的问题评价与建议，然后评价结果同教师对接，真正实现教学质量的提升，与教师教学能力的提升。

## 六、教学目标达成度评价内容及评价模型

### （一）评价内容

课堂教学是需要师生双方共同推动来进行的活动，因此教学目标的达成具有复杂的前置条件，需要进行更为细致的研究，在对教学目标的完成情况进行讨论前，应当首先对高校的课堂类型进行划分。对于不同课型，其专业、内容、性质都不同，要求的目标也不同，因此对于教学目标完成情况的考核标准也是不同的。基于这些差异，本书将高校课程划分为四类，再从这四类向下划分，面向各种课型的评价，见表3-3。

## 表3-3　课程教学质量教学目标达成度评价内容

| 课程类型 | 包含课程 | 重点考察目标 | 评价内容 | 评价成绩 | | | 备注 |
|---|---|---|---|---|---|---|---|
| | | | | 学生 | 教师 | 企业 | |
| 讲述型课程 | 公共基础课、专业基础课 | 专业能力目标、方法能力目标、社会能力目标 | （1）学生在课堂上主动参与学习，回答问题的积极踊跃程度；<br>（2）学生在课下，独立完成作业的过程和方法；<br>（3）学生期末考试考核的成绩；<br>（4）在学习过程中，学生基本职业素质的养成 | | | | |
| 操作型课程 | 计算机操作类课程业基础实验/实训课专业实训课程 | 专业能力目标、方法能力目标、社会能力目标、社会满意程度 | （1）学生有较强的动手能力，严格遵守实习实训纪律，能安全进行操作，按要求完成实验、实训；<br>（2）学生能够对仪器设备进行日常维护保养；<br>（3）学生的合作精神和合作能力，使他们懂得如何尊重别人，耐心听取别人的意见，学会在分享成果当中，既肯定他人又能表现自己，培养公平友好的竞争精神 | | | | |
| 行动导向型课程 | 理实一体化课程项目化课程、课程设计、课程大作业 | 专业能力目标、方法能力目标、社会能力目标、社会满意程度 | （1）学生动手能力的培养；<br>（2）学生在模拟操作中职业素质的培养；<br>（3）学生能与协作组成员进行合作交流，互帮互助完成工作任务；<br>（4）学生在操作过程中能提出有意义的问题或发表个人的见解 | | | | 综合考虑学生自我评价、协作组成员的评价、指导教师的评价 |
| 实践活动型课程 | 体育课 | 方法能力目标、社会能力目标、社会满意程度 | （1）学生个体对体育的需求，进一步提高体育素养和终身体育能力，使个体需求和社会需要相结合；<br>（2）学生对体育知识、运动技能、锻炼习惯、健身方法等的掌握；<br>（3）学生是否具备满足职业需求的体育技能或体育素质 | | | | 不同类型、不同层次学生的体育素质有不同要求 |

（续表）

| 课程类型 | 包含课程 | 重点考察目标 | 评价内容 | 评价成绩 | | | 备注 |
|---|---|---|---|---|---|---|---|
| | | | | 学生 | 教师 | 企业 | |
| 实践活动型课程 | 顶岗实习、毕业实习 | 专业能力目标、方法能力目标、社会能力目标、社会满意程度 | （1）学生在顶岗实习过程中运用所学理论知识，独立完成工作的能力；<br>（2）学生在实习过程中懂得如何尊重别人，耐心听取别人的意见；<br>（3）学生在新的工作环境下，具备与他人良好沟通协作的能力 | | | | 依靠实习企业对学生客观、公正地评价 |
| | 毕业论文、毕业设计 | 专业能力目标、方法能力目标、社会能力目标 | （1）学生综合运用所学知识的能力；<br>（2）学生的文字表达能力以及答辩时的语言表述能力；<br>（3）学生在撰写论文或进行毕业设计过程中解决问题的能力 | | | | |

### （二）评价模型

#### 1.基本假设

在建立评价模型之前，需要满足几个基本条件：

（1）大多数评教数据是可信的；

（2）老师教学质量是有差别的；

（3）假设在同一专业范围内，同一年级各个班里所有任课老师的综合水平基本相当；

（4）由于课程本身的特性而使得评价主体在评价过程中存在差异和不公，应对打分进行补偿。

#### 2.标准分的计算

若想将事物做出比较，那么首先就要为其挑选一个固定的参照物，因为比较都是相对而言的，若是缺少了参照标准，就会失去比较的意义。因此作为参照的标准分，其设定应当基于统计学与教育学双方理念，将其化为有代表性的数据，从而作为测量标准与参照。标准分要能够体现出评价所得分数居于什么样的水平。

标准分的应用价值很大，它可以比较两组不同的数据，用标准分来衡量评价结果，是现行考试中一种常见的方法。把这种方法应用于教学评价模型中，能够跨专业、跨年级进行比较评价，使评价结果更具有可比性和科学性。

（1）几个基本概念

①平均分（$\bar{X}$）：平均分能够准确地反映数据的集中程度，也是选取的参考点，大家共同以平均分为参考点进行比较。计算公式为：

设样本总数为 $N$，样本个体得分为 $X$，则 $\bar{X} = \sum X / N$。

②标准差（$S$）：标准差能反映数据相对平均分的离散程度，是一组被测试的全体与平均值差的一个平均数，称为标准差，也就是所取的单位，大家都以标准差为同一单位进行量度。计算公式为：

$$S = \sqrt{\frac{\sum (X - \bar{X})^2}{N}}$$

③标准分（$Z$）：标准分是以标准差为单位来度量考分与参考点平均分之间的离差，即考分距平均分相差了多少个单位。计算公式为：

$$Z = \frac{X - \bar{X}}{S} \quad （也称Z分数）$$

④标准分的转换：$Z$ 分数有正负或等于零，为了避免负数和零的出现，通常选择一个固定的平均值（基础分）和新的测定单位来对原标准分（$Z$ 分数）进行转换。通常使用的平均值为50，标准差为 $S = S / 10$。转换后的分数称为$T$分数，所有被测的分数在50分上下浮动。50分为一般成绩，大于50分越多则成绩越好，小于50分越多，则成绩越差。

转换公式：若评价结果为100分制，则 $T = 50 + 10Z$，分数仍然保持了 $Z$ 分数的基本特性。标准分的计算可以利用 Office软件等工具来实现。

（2）标准分应用的意义

标准分作为一个衡量标准，不仅能够体现出某项课程的考核结果在整体中位于怎样的位置，还能横向与同类型的课程进行比较，以此形成对比。

需要注意的是，因课程类型不同，所以所要求的目标也不同，不同的课程类型有着不同的目标考核评价指标。同时，在进行评价活动时，不仅要对教学结果进行评价，还要动态、发展地考虑，将教师的教学活动按照时间轴对比，从而评判教师的教学是否有所改进，而同类课程可以横向在多种学科中进行评价比较。

教学前的备课与其他准备活动也能很好地帮助教学目标的达成。与此同时，教师需要根据不同课程的不同要求、学生的特性、专业需求等灵活地运用多种手法与能力来更好完成教学活动。教学要在先进的教学观念的指引中进行，注重素质教育培养，充分培养学生的动手能力与创造能力，展开科学合理的培养活动与教学活动。

# 第四章　高校教学质量评价的
# 问责反馈机制构建

"问责"一词已经成为现代高等教育领域中的一个重要概念，经过多种力量的共同作用，高等教育问责逐渐得到广泛的运用和发展，但问责的内涵尚没有统一的界定，从不同的角度可以对其作出不同的解释和分类。本书拟对高等教育问责的内涵和分类进行阐述，进而分析问责在高等教育领域的功用。

## 第一节　高校教学质量问责机制概述

### 一、问责与相关概念的含义

#### （一）问责的概念

"问责"（accountability）最初始于商业领域，是指工商企业等组织机构对其生产或销售的产品及提供的商业服务负有责任，消费者有权为自己的合理权益对其进行问责。"问责"随后在公共行政领域中得到广泛使用，最终被介绍到教育领域，逐渐成为高校管理的一个重要概念。

世界银行专家组对"问责"一词进行了剖析，认为问责包含着要求某人或某事能够被"说清楚"（accounted for）或"算清楚"（counted up）的"能力"（ability）或"可能性"（possibility）。它隐含着最基本的账簿式的说明方式和账簿"最低限度曝光"原则（principle of minimal exposure），只要公众个人愿意，他就能够看到这些账簿。此外，世界银行专家组认为"问责"还具有透明度、惩罚、绩效、腐败、外部监督、公共利益、权力和委托-代理关系

（principal-agent relationships）这些内涵。

托马斯·霍弗（Thomas Hoffer）认为，问责表明了问责对象要对他们的行为作出合理的解释和说明，而美国堪萨斯大学公共行政管理系教授芭芭拉·罗姆泽克（Barbara S. Romzek）则从绩效的角度把问责定义为是对绩效的回应能力。

美国匹兹堡大学专注于国际事务的著名学者伊沙夫里茨（Aym. Shafritz）表示，问责应该大致包括以下两种不同含义：

（1）每一个单独的个体都应当对于自身的行为，向更高一级的管理机构（法律或政府权力机关）进行汇报，并且做出行动上的响应；

（2）对于财产、重要文件以及相关资产进行实时记录。

美国公共管理学研究学者凯文卡恩斯（Kevin Kearns）通过伊沙夫里茨的论述以及其他学者的理论，对于问责的定义有了新的观点，并且根据问责的体系相继提出了三个重点内容：

（1）问责是一个有着巨大监督权力的执政机关；

（2）问责是一种向更高权力机关汇报工作的重要机制；

（3）权力机关对于所辖单位进行相应的评价以及制定相应的措施。

**（二）高等教育问责的含义**

有关学者从教学的绩效责任维度进行分析，而后提出问责主要是指与教育有关的诸多部门以及教学人员，应当深刻地认识到自身的职责。当然，与教学有关的人员不仅仅只有教师，其中甚至还包括地方行政人员、学校职工以及教育监督人员，不仅如此，这其中还包括学生家长以及学生本人。由此可见，对于问责，该学者认为所有与教育有关的人员以及学生自身对于教育的目标进行确定以及实行，根据完成目标的过程中，目标的达成程度，从而给予一定的奖惩行为，进而改善教育的质量。另外还有学者表示，问责是教育机构以及教育相关组织有责任和义务向他人汇报工作情况，并且为他人详细地解答教育的资源使用情况，除此之外，还应当回到教学的成果。在此，问责的主要问题是对于教学问题的定责以及责任种类的划分和责任归属问题。当然，这其中也包括问责的方式和结果，等等。

高校教学方面的问责主要是通过汇报、证明等方式进行教学资源使用以及教育成果的监督，其中重点在于政府机构以及相关社会机构对于高校教学情况的监督，从有关学者的理论可以明确问责制度，对此，该学者认为问责制度主要是：高校教育机构根据法律与道德方面的要求，并且为了满足高校教育相关的利益诉求者的需求，同时满足高校自身的发展需求，从而对于高校自身进行一定程度的调查、分析，通过收集相关数据，从而完成信息的收集与反馈，并且将最终得到的信息向外界进行汇报，使外界能够全面了解高校的教育情况。除此之外，高校同样有着相应的责任和义务对于自身进行分析、研究，通过调查收集诸多信息，并且按照法律的规定以及道德的标准，为社会大众以及政府部门汇报教学的资源使用情况以及教学的成果。在进行汇报的时候，应当明确各项责任的归属，明确每一位教职工的责任和义务，将责任清楚规划以后，再将资源的分配情况准确地描述、汇报，并且细化到资源的使用情况以及使用结果等。

## 二、高校问责的种类

对于高校教育问责进行具体分类，能够帮助我们全面理解并且规划高校教育问责的意义、功能和范围。从另一方面来讲，对于高校教育问责细致化分类能够帮助高校汇报工作时更加清晰、明了，这样也能够满足公众的需求。对于高校问责的分类，大致可以分为以下几种，分别是外部问责与内部问责、社会问责与行政问责。当然，也有相关学者针对问责的性质不同将问责大致规定为描述性问责、证明性问责和解释性问责。本书重点针对外部问责与内部问责、社会问责与行政问责这两个重要部分进行着重研究。

### （一）内部问责与外部问责

有关学者通过高校外部的关系以及责任进行分析，将美国高校教育问责大致划分为以下两类，分别是内部问责与外部问责制度。其中内部问责制度重点是针对高校内部进行问责，通过明确地表述高校的责任划分情况，准确地定位高校活动情况并且给予相应的评价，寻找高校内部容易出现问题的部分，针对问题进行改革计划的制订，而后实行相应的改革制度，等等。内部问责大多指高校内部自发形成的活动，其目的是高校自身更好地发展。这里最典型的要数高校的财务检查、内部评估以及学术检查等。从另一方面来看，高校的内部问责能够帮助教师稳定地提升自身的教学水平以及教学研究能力，除此之外，对于提升学生的学习质量以及人才的培养质量也是大有裨益的。

外部问责重点是指高校有一定的责任和义务向高校的资助方以及社会大众作出工作汇报，保证自身时刻都在工作，并且坚持履行自身的职责。除此之外，高校在合理地使用教学资源，确保自身能够达到大众对于高校的教学期望。当然，高校还应当坚持自身的教育职责，公平、合理地进行教学资源的分配工作，对于政府部门以及社会组织、企业机构等多方履行相应的职责。

**（二）社会问责与行政问责**

至于社会问责，主要是依靠公众进行强制性的问责，来达到最终获取信息的目的。从这方面来说，社会问责往往是公众自发组成的社会性组织，可能通过直接或间接的方式参与到高校的问责当中。从这一点来看，社会问责重点强调的是公众的参与性以及问责的有效性，其核心在于公众的参与与否。当然，这可从另一方面看出，政府部门作为问责核心的重要作用。

著名的学者耐特对于社会问责有着独特的看法，他认为所有源于高校外部的问责都属于社会问责，其中不仅包括政府机关的批文、公告，同时还包括项目审批以及资格认证、媒体采访等。从这一理论我们可以发现，社会问责这一概念现如今已经逐渐大众化，并且已经被越来越多的人所认同。不过，我们也要知道，现在的社会问责制度还不是特别完善，还有一定的发展空间。因此，社会问责仍然需要同政府部门的行政问责协同进行。

自治程度（degree of autonomy）期望和（或）控制的来源（source of expectations and/or control）是构成行政问责范式的两个重要维度。芭芭拉·罗姆泽克根据自治程度的高低以及期望和（或）控制的内外两种来源将问责分为等级问责（hierarchical account ability）、法律问责（legal accountability）政治问责（political accountability）和职业问责（professional accountability）四种典型的问责形式（见表4-1）。

表4-1 罗姆泽克的问责分类

| 期望或控制来源　　自治程度 | 内部 | 外部 |
|---|---|---|
| 低 | 等级 | 法律 |
| 高 | 职业 | 政治 |

所谓的等级问责即是在进行公共行政的过程当中，自然形成的等级分类以及组织分类，其中不同等级的人员都有着与之相对应的职责，除此之外还需要

接受更高等级的领导对于工作方面的评价以及指导；至于法律问责主要是进行公共行政的过程当中，必须要明确法律的规范，确保自身在法律的范围内进行相应的管理措施；政治方面的问责重点是行政部门以及相关机构对于外部因素的影响以及外部的评价、意见进行一定程度的反馈；至于职业问责，通常是指行政人员对于自身的职业进行某种标准下的规划，通过对于自身行为的思考以及分析，从而优化自身的工作，更好地履行自身的职责。我国的高校教育方面尽管已经逐渐开始呈现问责多样化特征，并且从原本单一化的问责逐渐向多元化的问责制度转变。不过，需要知道的是，尽管问责方式有所转变，但是仍旧以政府方面的行政问责以及高校的内部问责为主要方式。

**（三）高校问责的作用**

众所周知，各大高校提升教学质量的重点在于核心人才的培养，因此，提升高校的教学质量是高校的基本职责及义务。借助对高校教学方面的问责，能够全面强化高校内部的教学质量，从而为社会输送更多的高质量、高素质人才。尽管教学质量在高校的教学管理及优秀人才培养方面有着重要的意义，但是优秀的师资团队及高质量、高素质的人才也是至关重要的。在此，依照教师的教学质量、科研质量和高校学习的质量这三个不同的层面进行讨论。

**1. 教师教学质量保障**

针对高校教学方面的问责主要是根据教学成果和教学评价来进行的。在美国高校中，针对教师的教学考核，重点是通过学生和同事评价，从而完成自我评价工作。从实际情况来看，学生对于高校教师进行教学评价，不仅能使教师更清楚地了解自身的教学水平，同时还可以时刻提醒教师按照高校的规章制度进行教学，使高校教师有一种紧迫感，能够自觉进行教学备课，从而将教学质量大幅度提升。若是学生对于高校教师的教学不甚理解，或者对于高校教师的教学成果不满意，那么便可以认定，这样的高校教学方式是无效的。而后，通过将教学信息反馈给上级部门，进而督促高校的教学质量稳步提升。不过，学生针对高校教学方面的评价往往并不全面，仅仅依靠高校学生的单方面评价是远远不够的，这时就需要同为高校教师的同事对其进行评价，又或者某些高校有专门的教师评价团队，那么这样的评价方式也是符合标准的。

除此之外，美国的各大高校内部同事设有辅助高校教师完善教学质量以及提升教学素养的团队。在密歇根大学当中，校领导更注重青年教师的个人成长问题，因此该校通过众多优秀的培养计划对于高校青年教师进行全面培训，旨在全面提升高校青年教师的教学质量和教学能力，这样对于高校的未来也是大有裨益的。

### 2. 教师科研质量保障

众所周知，高校不单单是负责教学，培养优质人才，同时还担负高校教学研究的重要责任。一般来说，高校当中有着庞大的优秀教师团队，其中每一位教师都有着重要的任务及职责，而这些优秀的教师在整个教学科研当中有着重要的价值。针对教学科研方面进行问责，这样能够保证高校的教学科研质量稳步提升，同理，教学科研质量的全面提升也能够大幅度促进高校教学质量的提升。

我国的高校教师在进行职称评定及职务晋升的时候，重点在于考核高校教师的科研成果。其中，有关高校教师的科研成果往往是多方面的，不仅需要高校教师发表相关论文，同时对高校教师的文章质量、被引用次数也有着严格的要求。高校教师的科研文章从选题到定题、直到最终的完善过程都需要有相关单位对其进行问责。因此，高校教师如果想申请相关课题，那么首先一定要具备过硬的科研能力和技术，只有通过专家团队的层层考核以后，才能够进行课题立项，而后还要经过有关部门的层层筛选，从而获得课题。不过，在课题结束时，还需要有相应的机构对于课题进行结果评价、验收。通过对于高校教师科研方面的选题以及最终成果的层层筛选，不仅能够极力促进高校教师的教学科研能力的发展，最终还能够帮助高校教师取得预期的科研成果。

### 3. 学生学习质量保障

高校学生质量的优秀与否对于学生入学后的学习方面影响甚大，这决定了学生入学后的学习效率，另外学生质量的优质与否同时还决定了能否获得相应的教学奖励金。由此可见，吸纳优秀的学生是高校营造优秀的学习条件的重要环节。当然，这也需要高校自身进行协同管理，通过对高校学生的监督，为高校学生量身定制学习评价标准，这样能够大幅度地提升高校学生的学习质量。其中最典型的当属美国加州大学的伯克利分校，该校针对高校学生的学习情况设立了学生学习评价委员会。该委员会的出现，使得更多学生领会学习的重要性以及学习的方式，另外，学生通过学习评价委员会的帮助，了解了如何熟练运用所学的知识以及如何更加高效地学习。从伯克利分校对学生评价方面来看，其中大致包括以下三个方面，分别是：从高校宏观角度对高校学生进行评价、从学院角度对高校学生进行评价以及对学生课程学习水平进行评价。通过这样的方式，伯克利分校对学生的学习情况就有了大致的了解。除此之外，这样的高校学生评价工作不仅能够对高校学生进行全方位的评价，同时也能够整体分析、了解高校学生的学习状况，通过总结、分析学生的学习情况，也能够有针对性地对学生学习进行监督工作。这样一来，不仅能够全面提升高校学生的学习质量，同时也能够极大地提升高校学生的学习能力。

另外，强化高校教育的问责制度还能够全面提升高校质量管理，这对提升高校的教学质量管理方面也大有裨益，同时也能够大幅度提升高校信任重建的进度。也许最初进行高校教育问责主要是因为高校的大众信任力有所减弱，因此就需要问责制度来提升高校的工作透明度，从而让更多人了解高校的教学质量及能力。除此之外，加强高校的财政状况公开透明化以及教育活动开放化，能够使大众看到高校改革的决心，从而对高校再度产生信任。

## 三、高校问责的逻辑

### （一）具有法律层面逻辑

问责制体现了政治文明建设中的制度创新，高校问责制是现代大学管理的制度安排，是权责一致的具体要求。2010年，《国家中长期教育改革与发展规划纲要（2010—2020年）》一文提出完善中国特色现代大学制度，严格落实问责制。

各高校大学章程的相继出台、高校"双一流"建设的步伐、《国家中长期教育改革与发展规划纲要（2010—2020年）》对实行党委领导的我国高校提出了具体化要求，这些内外部环境为高校问责提供了合理性和合法性。

不过，当今各大高校并没有将高校问责制度进行具象化，这一点从高校管理当中的法律缺失问题便可见一斑，而这也是我国高校进行问责的重要原因，准确地说，高校的问责制度需要依法进行，这时问责制度的基础也是关键。根据相应的法律进行高校治理以及高校问责，其中不仅仅需要遵循相应的教育方面法律规范，同时还要在高校内部的管理方面遵循全面完善的高校规章制度。

准确地说，高校问责重点在于使高校能够达到两方面的平衡。首先是权力、责任和义务这三者的平衡。可以说这样的平衡首先需要有相应的外部约束，否则便难以形成，其中能够对高校问责进行约束的力量包括以下几方面：

（1）正式文本的约束力量，主要有国家政策法律法规，尤其是教育政策和法律法规，还有高校规章制度，如大学章程、高校岗位职责等。

（2）权力机构的约束力量，指高校上级管理部门对下级部门的权力约束力。

（3）文化的约束力量。对于这方面的约束，我们可以在生活当中发现很多这样的例子，其中教师的师德、学校的风气以及不同地区的文化，潜移默化地对高校问责产生了约束。当然，这样的约束不是强制性的，但是从某种程度来讲，其约束力甚至远大于强制性的学术能力。这时如果高校的教职员工突破了这方面的约束，那么问责情况就产生了。

其次是高校与政府、市场三者关系之间的平衡。国外学者伯顿·克拉克与马丁·特罗等提出高等教育系统"三角协调模型"和"问责制三角形"，为我们呈现了高等教育与政府、市场三者各执一端、张弛有度的力量制衡。

**（二）具有行政层面的逻辑**

中国高等教育管理模式主要受中国政府行政管理模式与传统影响，具有行政问责的特点。我国高校内部的权力机构设置决定了高校问责无法避免的行政思维，高校属于非营利性公共组织，出于管理需要产生行政科层职能部门，由于知识生产和创造的本职产生学术权利。高校问责属于科层式问责，内部是组织系统内部之间的互动作用，外部则是政府与高校的关系互动和作用机制。科层组织是一种由自上而下的权威构成的垂直监督机构，问责借助层级负责制和监督机制得以实现。高校内部权力的运行方向往往决定了高校问责自上而下的线性走向。

高校内部的决策权如果缺少相应的约束以及界限，那么就会使得高校的党政权力与学术权力、民主管理权力以及高校监督权力失衡，从而逐渐衍生为一种领导与被领导的关系，这样的上、下级关系对于高校的问责是极为不利的，因此，这也会导致下级对于上级的监督管理失去意义。在进行行政问责的过程当中，通过滥用权力从而影响管理的情况屡见不鲜，由于行政领导掌握着重大的权力，因此没有人可以挑战权威，久而久之就变成了没有人在秉公执法。另外，还有一种情况，即在问责的时候，下级没有办法向上级问责，往往只有上级问责下级的权力，而没有下级问责上级的权力，这就导致高校出现权力失衡的情况。其中最明显的表现就是：一旦出现了严重的问题，那么下级不可避免地被高校免职，而上级却并没有什么影响，因此，这样的情况就会使问责失去意义。一般来说，行政逻辑是一种比较倾向于管理方面的逻辑，这样的问责方式也就更倾向于上级管理下级，更容易产生独断专行的情况。往往管理者有着极大的权力，而被管理者只有接受批评建议的权力而没有向上级提出建议的权力。这样一来，下级管理部门就常常因为问责的情况而忙得焦头烂额。不过从另一方面来看，这样的问责方式效率也是比较高的，只不过有着一定的缺陷，即非常容易在高校当中产生恶性竞争问题，这样一来问责对象变成了具象化的个体，而其他个体为了能够持续维持高校的优秀评价，从而衍生出一系列的恶性行为。

行政科层式问责带来效率的同时也构筑了问责壁垒。有效的高校问责不仅仅是自上而下的，同时也是自下而上的，问责不应该受到强权对弱权的限制，权力更不应该大于问责制度本身，要从自上问下的行政权力式问责走向双向民主色彩的制度式问责。

**（三）具有行动层面的逻辑**

从问责和高校问责的概念内涵来看，多数学者从责任、解释回应来强调高校应为、不为和其他为而失职行为，认为问责即追究分内应为之事。"应当""可以""许可""禁止"等概念属于道义逻辑的研究范畴，高校问责中的权责利义关系可以借助道义逻辑来加以解释："应当"对应的是责任与义务，即必为项；"可以""许可"对应权利，即可为也可不为项；"禁止"对应的是权力，更多体现的是权力的有限性，即权力不可滥用，属于不可为项。

20世纪60年代初，冯·赖特（Von Wright）把关于行动名称的逻辑作了改进，引入基本的行动语句类型构建行动逻辑，具体可表述为：主体a在场合o做了某件事情p，符号表达式为：p（a，o），a是agent，指当事人或者主体，是主动行动或被动行为的发出主体；o是occasion，是主体实施行动的环境或场合，是行动得以发生的外在客观或主观的条件因素；p是主体在一定场合实施的结果性或过程性的行动本身，行动和主体、场合三者构成了某种事件状态 state of affairs。在高校问责中，以上三个要素分别对应的是：agent指高校或高校内部的组成成员，即主动自愿问责或被动问责的各主体，occasion主要是指高校问责得以发生的内外部条件、环境和场因素，action或者activity对应于高校问责这一行动。不以承担责任为终极,而要以改进为目的,救济与改进也是属于高校问责程序中的终极重要一环。可以说,高校问责始于问责启动,终于改进。

高校问责以教育教学质量为重心,高校教育教学质量的提升是高校问责行动的核心目标。根据新制度主义理论,高校是制度场域中的理性行动者,总是寻求更趋满意的结果。持续提高教育教学质量,为社会培养合格人才,是高校内在的愿景。高校认识到问责有利于自身组织朝着既定的目标发展,则会积极响应问责的号召,采取积极的应对和保障措施。

## 第二节　高校教学质量问责反馈机制存在的问题

现如今,我国的各大高校的教学质量问责机制以及问题反馈机制还有很多需要完善的地方,不论是问责理念还是问责实践方面,想要顺利实施都不可避免地会遇到一些问题。根据相关研究结果分析,大致分为以下几个方面的问题。

### 一、缺乏构建教学质量问责反馈机制的意识

从高校的教育体制上来看,高校的教学问责往往是根据传统的问责方式进行的,其管理方式也往往是上级管理下级的方式,这就使得高校缺少自由的学术研究、讨论的条件,于是高校的教学质量自然无法快速提高。一般来说,高校的教学质量问责被人们视为控制以及评估机制,其重点在于面向国家教育部门的问责进行回应。这就使得高校的教学问责往往是上级指派下级,缺少在教学质量、方式上的全面改革。在进行问责的时候,高校往往遵循科学化的问责方式,因此问责就成了考察各个岗位人员是否工作的标准,而并非各个岗位人员的工作质量标准。这样的过程,不仅从程序上跨越了反馈环节,更是在最终的考核结果上实现了极度简化。由于反馈能够将问责的流程"复杂化",这就非常容易导致问责的效率无法提升。至于政策方面,依照《国家中长期教育改革和发展规划纲要(2010—2020年)》的相关标准可知,应当全面强化教育监督管理的能力,全面完善教育问责机制,将工作重心放到教育事业以及科学发展方面,并以此作为政府部门进行政绩考核的重要环节,深化考核机制以及问

责机制。准确来讲，政府部门强调的教育问责机制重点在于考察行政部门的教育管理情况，这就导致一定程度上缺少高校教学改革方面以及教学质量方面的改革。通过以上分析，我们可以发现，在没有外部压力、缺少内部动力的状态下，高校的教学质量必然会缺少相应的变革意识，这样一来高校的教学质量就无法稳步提升。

## 二、问责反馈主体单一

国内高校的教学质量问责通常是指由教务处发起并组织的，学生对任课教师的网上评教活动，整合统计后将结果笼统地反馈给各院系教师，缺乏来自教师自身的反馈和同事的平级反馈。同时，在高校改革发展进程中，用人单位对高校教学质量越来越关注，他们的建议也越来越受到社会的重视。因此，这种由单一反馈主体——教务处执行的教学质量问责反馈忽略了其他相关主体的反馈能力和效用，不易客观全面地发现教学质量问题。

## 三、问责反馈对象定位不恰当

传统的高校教学质量问责易将其主要反馈对象定位为监管部门。然而，教学活动的主体是教师和学生而非监管部门，因此，这种定位无疑会导致教学活动目标的偏离及教学质量评价体系制定的不合理。问责的主要目的是为高校教学系统的有效改革提供信息和策略。监管部门无法深入了解教学双方的想法和困惑，也无法有效激发师生提高教学质量的内生动力，所以高校将监管部门作为主要反馈对象是不恰当的。

## 四、问责反馈内容单一

高校教学质量问责反馈内容单一源于两个方面：一是高校教学质量问责反馈主体单一。每个主体关注的内容不可能全面，也因其精力有限，所以反馈主体的单一必然导致反馈内容的单。二是大多数高校缺少相应的教学服务机构，没有独立设置相关部门协助教师进行教学质量评估，教师不能通过便捷的方式搜集教学质量信息。因费时费力，效率低下，时间一长，教师会疲于进行教学质量信息搜集与分析，不能根据教学发展需要及时更新和丰富反馈内容。

### 五、反馈渠道不畅通

由学生网上评教得到的教学质量反馈信息基本上是由教务处搜集、整合、分析之后将信息反馈至各院系，院系各级领导经商讨对信息进行适当"处理"后反馈给教学管理人员，最后再传送给教师本人。经过这种反馈渠道的信息传递极有可能带来以下后果：教师本人接收到的信息与学生实际评教结果有较大偏差，学生反映的真实情况大打折扣。因此，大部分教师在该过程中接收不到任何有效反馈，多层过滤的反馈机制阻碍了有效问责结果的传递，不利于问责系统实效性的发挥。

## 第三节 高校教学质量问责反馈机制的构建

基于生物学中的反馈调节机制以及经济学中的信息不对称理论，本书在把握高校教学质量问责实践和各行为主体职责权限基础上，将反馈机制纳入问责程序，并根据反馈主体的不同将其划分为多个反馈子系统。

如图4-1所示，整个闭环回路就是完整的问责程序，虚线框涵括的是问责反馈运行机制。问责程序是指问责如何组织实施，包括问责启动、搜集信息、信息评估、问责结果整理、问责反馈、问责后果处理6个环节。问责反馈机制主要包括反馈主体、反馈对象，通过各种问责渠道获得的反馈内容，其运行机理是反馈主体将问责主体在一定的问责方式下得到的教学质量信息适时反馈给反馈对象，反馈对象再从不同维度提出教学质量改进建议，供自身或相关主体采纳。需要说明的是，反馈机制中的反馈主体和问责主体不必完全重合，但是反馈主体一定要能够掌握问责结果信息。

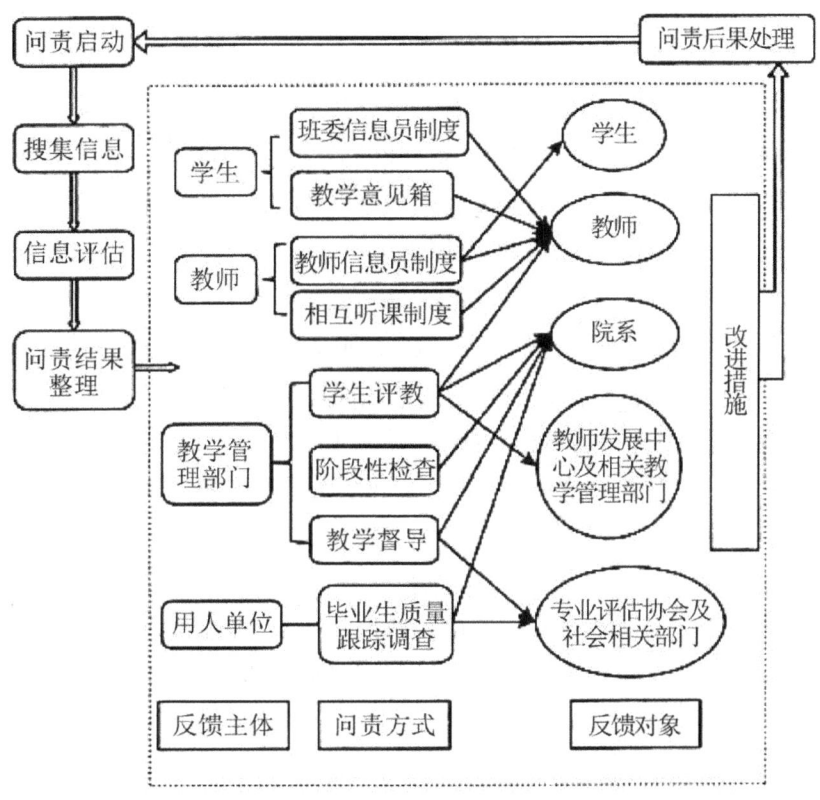

图4-1 高校教学质量问责反馈机制

## 一、问责反馈机制构成

根据反馈主体的不同，作者将问责反馈机制划分为4个子系统，各子系统相互协调、合作，产生合力效应，共同助推教学质量的提高。

### （一）以学生为主体的反馈子系统

就教学质量问责而言，以学生为主体的问责产生结果的可信度值得商榷，原因有二：一方面，那些表现比较差的学生可能会对负责任的教师进行"报复"，恶意搞坏教师声誉。此外一部分学生因察觉到教师看不到个人单独的评价信息，而懒散应付评教，甚至不读题目直接给分，虚假的数字大大弱化了评教结果的可信度。另一方面，因评教题目事先拟定，一些教师为了得到较好的评价结果，倾向于只重视列出的问题或是功利性地讨好学生。因此，不负责任的教师从学生那里得到较高评价的现象屡有发生。尽管如此，这些不足以否定以学生为主体的问责反馈的必要性。学生作为教学过程中学的主体，对教师的教学态度、教学水平、课堂效果等信息有着最直接、真实、全面的考量。因此，各学院应积极建立更加合理的以学生为主体的教学质量反馈渠道，促使学生形成教学质量问责的自觉，对自己负责，对教师负责，共同促进教学质量的提高。

### （二）以教师为主体的反馈子系统

以教师为主体的反馈子系统可实现两方面的反馈：一是任课教师对其所教学生"学习"情况的问责反馈；二是教师对同行"教学"情况的问责反馈。以学生为主体的问责反馈，通常将教学问题片面地指向教师方较少去反省自身原因。教师处在教学第一线，可通过很多方式（如课堂提问、课下交流、定期考试等）获得学生的学习质量信息，及时发现学生学习困惑，调整专业培养方案，并对学生因材施教。同时，教师同行作为"教"和"学"主体之外的反馈主体，对教学质量的衡量比任课教师和学生更具客观性和专业性。同行之间的教学质量问责反馈，既可以加强教师之间的团队协作，营造活跃的分享氛围，也能促使教师形成自我监督和互相监督意识，不断提高教学效果，在同行之间形成良性竞争。

### （三）以教学管理部门为主体的反馈子系统

教学管理部门可采取许多方式跟踪教师的教学活动，搜集大量可靠信息。教学管理职能部门可把搜集到的有效信息反馈给诸如教师发展中心、专业评估委员会等机构以及有需求的社会相关单位，和这些单位一起协同提高教学质量。

### （四）以用人单位为主体的反馈子系统

对高校教学质量问责，具有话语权的还有用人单位。为了尽快适应高速发展的现代化进程，用人单位开始以一种战略的眼光看待人力资源，他们更加看重人才的综合素质及专业技能，参与高校的教学评价及监督的积极性也越来越高。

所以，高校教学质量问责反馈主体不能局限于学校内部的师生及部门，而应变封闭性问责为开放性问责，给用人单位提供畅通的反馈渠道，鼓励他们如实反映毕业生情况，提出宝贵建议，以此帮助高校提高教育质量及社会声誉。

## 二、问责反馈机制中各子系统的运行

在上述四个问责反馈子系统存在合理性的基础上，结合高校教学现状及部门设置，可以看出，这几个子系统有各自的运行逻辑。

### （一）来自学生的反馈子系统的运行

一种是设立班委信息员制度。班委信息员制度是指在班委中选拔一名有公信力、号召力，做事认真负责的学生担任班级信息员，各院系在学期初对这些信息员进行有针对性的集中培训，目的是让他们熟知教师工作基本规范及师生的职责权限。其他班委在信息员带领下通过开展周期性的班会，或是编制教学评价表并组织班内学生填写，归纳任课教师教学过程中出现的问题以及学生的改进建议，进行信息整合，采取定期和各任课教师会面的方式，将统计结果反馈给他们。教师可根据学生反馈结果适当调整教学方案。另一种是在班级内设教学意见箱作为班委信息员制度的补充，教学意见箱给班内所有学生提供了日常教学质量问责途径，反馈方式与班委信息员制度相似。

### （二）来自教师的反馈子系统的运行

类似班委信息员制度，各院系也可以建立教师信息员制度。学生信息员制度主要是便于学生对教师的"教"进行问责，教师信息员制度则是为了教师对学生的"学"进行问责，通过选拔一些课堂教学经验丰富的教师对选中的课堂不定期观摩，并记录学生课堂学习情况。将最终整理的信息反馈给班委、任课老师和班主任。需要说明的是，这里的"学"既包括学生个人的课堂学习，也包括整个班级的学风。

此外，各院系可以形成教师间相互听课制度。作为反馈主体的教师除可对学生的"学"进行问责外，还可对同行的"教"进行专业性问责。各院系根据制度安排，规定好教师之间听课秩序以及同行教师之间每学期听课的节数，引导听课教师将关注重点定位在任课教师的专业研究能力课堂教学氛围上。为了突出问责重点，听课之前，任课教师还可以根据自身教学经验，向同事表达自己教学过程中想了解的特定信息，这样听课教师就可以带着问题有针对性地记录相关教学信息。同行间的问责结果只反馈至任课教师，既能缓解教师的压力也可防止信息失真。

### （三）来自教学管理部门的反馈子系统的运行

来自教学管理部门的反馈子系统的运行可以从学生评教、教学检查、教学督导三个层面进行分析考察。

第一，学生评教。高校教务处在每学期期末组织学生进行网上评教，采取计分制（一般为1至5分）。学生登录指定网站给自己的任课教师评分，评分结果送至教务处端口。教务处通常根据评教结果，找出"安全线"以下的教师，对其进行警告或处罚。但是因大部分教师得到的评分都能达到"安全线"，教务处也不向教师作详细反馈，信息的不对称导致学生评教很难推动教学质量的改进。因此，教务处作为掌握评教结果的主体，除将各教师的总结果反馈给个别分数低的教师之外，还应把这些结果进行分类整合，将包含学生建议的详细信息反馈到各院系，再由各院系把结果反馈给教师个人。同时，院系可把从教务处得到的总结果反馈给院系内的教师发展中心及相关教学管理部门，以便协助教师制订更加合理的教学方案及对其职业生涯规划重新审视。

第二，教学阶段性检查。教学管理职能部门，如教务处教学部（或教研室）可在每学期期初、期中、期末进行系统的教学阶段性检查，包括对教师课堂教学的抽查、学生考试、组织专业竞技活动等，统计结果反馈给各院系。

第三，教学督导。教学督导部门是高校成立的专门进行教学质量问责的部门。该部门在职责履行上要集中体现权威性、可信性和相对独立性的特点。教学督导组可深入教学第一线，获得一手、全面的质量信息。如何将这些信息及时反馈到院系和由校内外专家组成的专业评估协会，避免信息流失和衰减，是这个反馈子系统运行的关键。因此，教学督导部门应选择恰当的反馈方式和内容与各院系、专业评估协会和社会相关部门之间建立畅通的反馈渠道。在保证高校基本利益不受损害的前提下，积极进行教学质量问责，力求通过有效反馈，从内部促进教学质量改进，形成良好的学术风气。

### （四）来自社会的反馈子系统的运行

高校可将毕业生的通信方式及就业去向进行统计，并通过网络工具找出用人单位的联系方式，将这几项信息进行整理，由校友会牵头负责与用人单位联络。就业指导中心则可周期性地向用人单位发放毕业生就业质量跟踪调查问卷以此持续收集来自用人单位的反馈信息，或直接派专人有选择性地到一些用人单位进行实地考察，深入了解本校毕业生在单位的工作情况以及单位领导对该生专业技能、综合素质等方面的评价。就业指导中心对其获知的信息进行记录、统计、分析并将结果提交给各院系和专业评估协会或者社会相关部门，为各院系专业教学方案的制订以及人才培养提供依据。

### 三、提出教学质量改进措施

反馈对象在接收到相关信息后，需在自己的职责权限范围内，对教学质量改进提出可行措施。如教师可根据来自不同反馈主体的意见和建议，反省自己教学工作中的不足，分析原因，适当时也可以向其他教师或所在院系寻求一定的帮助，探求解决问题的办法，并在下一个问责周期内付诸实践；教师发展中心以及专业协会更是可以通过对反馈信息的分析和整理，既从宏观意义上把握高校整体教学质量，也从教师个人角度出发提出专业的建议，协助教师树立正确的教学观，激励他们努力提高教学质量。

### 四、反馈方式的选择原则

反馈主体在选择反馈方式时应注意把握好发展性原则。问责反馈主要反映过去存在的问题，不能出现问题就对教师直接进行严厉的批评或惩罚。反馈主体要信任教师，给师生充分的鼓励，主要进行正强化，使教师不会因为暂时的不足失去信心。反馈方式有很多种，但不论哪种形式的反馈，其最终目的是让反馈对象理解反馈主体想要传达的信息。只有既能让教师充分了解反馈信息，又不打消其继续努力工作的积极性的反馈，才是恰如其分的反馈方式。反馈主体要把握一点，即问责只是手段，其目的是发现问题，改进教学质量，而不是对教师进行惩罚。

## 第四节　高校教学质量问责反馈机制的优化措施

目前来看，构建高校教学质量问责反馈机制有一定的实践基础，但整体上还没有达到系统、完善的状态。因此，需结合高校在教学质量问责反馈过程中存在的问题，采取有力措施来进一步完善这一机制。

## 一、增强高校构建教学质量问责反馈机制的意识

在高校去行政化①浪潮中，高校教学质量问责也应该逐渐去行政化。这里的去行政化包含两层含义：一层是对外去行政化，即突出高校主体地位，改变高校和政府问责关系中的二元对立，积极探索出一条高校与政府协同治理的合作道路；另一层含义是对内去行政化，即在高校自身建构上去行政化。摆脱行政问责的路径依赖，使问责驱动力源自各反馈主体及客体的主动思变而不是被动应付。科学实证主义的问责范式忽略了高校的学术组织属性，失去对学术发展的柔性关照。教学有其自身的特殊性，不是简单的生产过程。高校教学质量问责的最终目标不仅仅是解释说明，更要改进提高。此外，国家在高等教育质量问责政策制定上，不能一味重视行政部门的教育政绩，应更多引导高校确立教育性质量问责目标，给其自由空间，使其主动思变的意识增强。

## 二、实现反馈主体多元化

问责反馈主体多元化有助于实现反馈形式的多样性和反馈内容的全面性。相关主体必须把与教师教学活动相关的信息全面传达给反馈对象，才能从更深更广的角度发现教学问题，找出问题根源，提出解决办法。因此，高校应搭建以学生、教师、教学管理部门、用人单位为主体的多个反馈了系统，而不只是强调教务处的反馈主体地位。

## 三、反馈对象应以教师和教学管理部门为主

教学质量问责的实践动因不仅仅在于追责，更重要的是通过问责确定各主体的教学责任，提供一种确保各教学主体权责平衡或权利与义务对等的管理制度，以引导、监督、激励各相关教学主体不断改进教学发展方式，提高教学质量。教学质量的提高需要学生、教师、教学管理部门的共同努力，而不是仅仅靠监管部门的监督检查与负强化。因此，高校教学质量问责反馈对象应以与教师教学直接相关的教师本人及专门负责教学管理的职能部门为主。

---

① 高校去行政化是指高校要推进政校分开，管办分离，逐步取消实际存在的行政级别和行政化管理模式，是推进高校管理体制改革的措施之一。

## 四、丰富问责反馈内容

问责反馈主体的多元化会带来反馈内容的丰富化。同时高校应建立专门的教学服务机构协助教师、学生进行教学质量评估和信息搜集，提高教职工整理教学反馈信息的主动性和积极性。此外，反馈形式应灵活多样，如书面反馈和口头反馈相结合，根据需要既可定量反馈也可定性反馈。

## 五、疏通问责反馈渠道

疏通问责反馈渠道首先要求教学管理部门协助精简每一个反馈子系统的程序，减少信息失真。另外，如果没有简便易得的反馈工具，即便反馈机制被搭建起来，反馈主体的积极性也不会很高，他们会疲于反馈内容的整理和传递，效率低下。所以，便捷可行的教学质量反馈工具的开发也很有必要。目前，我国高校的教学质量问责反馈机制还不够完善，严重影响了问责实效性的发挥。为了积极响应国家构建高等教育问责制度的号召，增强高校的自我改进能力，高校应鼓励各相关主体协调合作，构建畅通的问责反馈渠道，争取实现问责效用最大化，从而有力保障和提高教学质量。

# 第五章　高校教育教学质量监控体系的
# 构成与模式探究

随着高等教育由精英教育向大众化教育转变，高等教育质量滑坡、教育经费不足等问题引起了社会各界的极大关注，在全球范围内引发了一场高等教育质量监控和保障运动。如何保障和提高高等教育质量成了许多国家高等教育改革与发展的热点议题，越来越多的国家认识到高等教育质量监控的重要性和必要性，高等教育研究学者和管理人员也纷纷进行理论研究和实践探索，构建和完善一个适合各自特点的高等教育教学质量监控体系和运行机制。本章主要带领读者探索高校教育教学质量监控体系的构造，并对其运行模式进行分析。

## 第一节　高校教育教学质量监控体系的构成

高等教育教学的监控体系分为内部与外部，外部质量监控体系的运行与评估已经在第一章进行过阐述，本节将着重讨论高校内部教学质量监控体系。

高校教学质量的内部监控指的是，高校利用各种方法与手段，遵照规律与先进理念的指导，科学合理地对高校教学的质量进行检测、管理、监督，以此来保证教育质量保持在一个水平上并有所提高。因此高校教学质量的内部监控体系，是高校为了能够更好地监控教学质量、提升教学水平而设立的一种校内机构体系。

迄今为止，对于高等院校本科教学质量内部监控体系的构成要素，各高校尚没有形成一个统一的认识。

教育部在《教育部2019—2023年普通高等学校本科教育教学工作评估专

家委员会章程》和《普通高等学校本科教学工作合格评估结论审议办法》中，对普通高校本科教学质量内部监控体系的组成作了如下说明：教学质量监控体系包括目标的确定、各主要教学环节质量标准的建立、信息的收集整理与分析（统计与测量）评估、信息反馈、调控等环节。依据教育部的《评估方案》高等院校内部教学质量监控体系需具备决策与指挥、管理与控制、检查与监督、评价与诊断、反馈与调控等相对独立又互相联系的功能。因此，一个有效的高校内部教学质量监控体系一般应由以下5个有着内在联系的子系统构建而成，并且通过教学信息的不断反馈，形成一个不断改进、发展的闭环系统（见图5-1）。

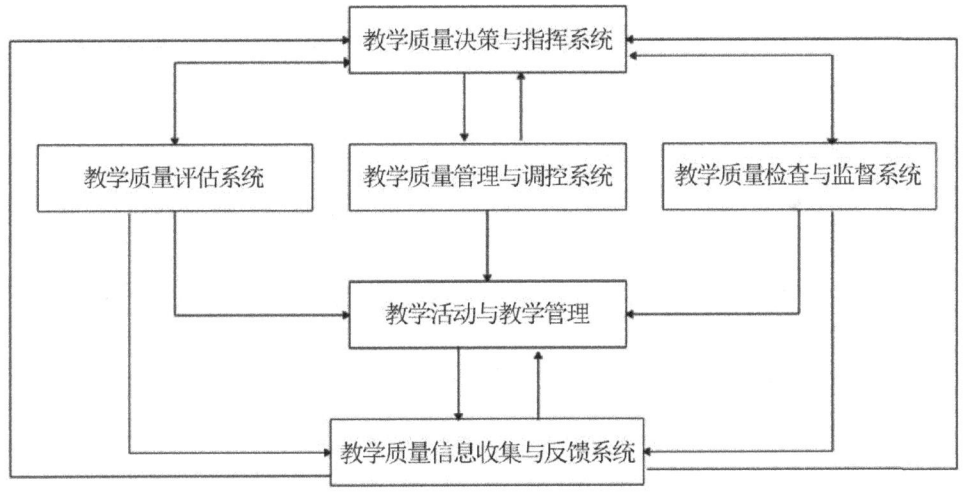

**图5-1 高等院校内部质量监控体系的构成**

## 一、教学质量决策与指挥系统

由图5-1可见，教学质量决策与指挥系统发挥着重要的作用，它作为监控体系的核心，承担着管理与操控任务。教学活动的目的是为满足社会所需，进行的人才培育活动，教学质量与决策指挥系统为教学设立目标，并制定管理方式与目标。立足于科学合理的理论基础指导，按照高校的实际情况与高校特色、专业的培养要求，来为各个教学活动的内容与质量进行指标设定。对高校内各种各样的教学质量评价与管理活动进行规整与协调。为教学管理活动制定管理标准、帮助高校完善教学质量管理体系，从而保障高校的教学水平与质量保持一个良好状态，并稳定提升。

教学质量决策和指挥系统一般由分管教学的校长负责，由学校教学工作委员会、学术委员会负责人，教务处、科研处、人事处、学生处、财务处等主要职能部门领导和各院系领导以及部分资深教授组成。

在校领导的带领下，决策指挥系统基于高校的发展建设与高校教学改革的需要，在调配好高校内各个组织关系的同时，还要统一好校内子系统的运作关系，使得各个部门与系统之间能够和谐共处，通力合作，和谐运用校内资源，保障教学质量，将高校的改革与创新理念运用到实际行动中。

## 二、教学质量管理与调控系统

教学质量管理与调控系统为整个监控系统的高效运行提供保障。其核心机构是教学运行管理部门，一般是教务处以及其他相关的教学管理部门，如学生处、研究生部以及教学资源的管理部门等。教学质量管理和调控系统的运作模式主要是校、院系和教学部（或教研室）三级运作模式。

教学质量管理和调控系统的运行主要依托于高校内的规定与制度，通常情况下会规定某一时间进行检查或直接突击检查，主要是对教学活动中的各种内容与方式方法等进行检查与管理，从而保证课堂的高效与教学活动正常运行，实时对教学活动进行监测，从而及时反馈教学活动中产生的问题，并及时进行改进与调整。

教务处作为高校组织，在教学质量管理活动中发挥着重要的作用。教务处是高校内部的职能部门，是一种专门对教学质量与教学活动进行管理的组织机构。教务处的主要职责有：对高校内各专业课程进行调配，代表高校行使管理职责，拟定关于教学质量管理的计划，监督教学计划的执行，监督教学目标的达成情况，对教师进行疏导教育、培训与指导。同时教务处还根据高校的管理规定，着眼于控制教学计划、控制教学实施过程、控制教学实施后控制三个教学环节的管控。高校内最基层的管理单位与监督教学实施的单位是教学部（或教研室）。它不仅是基层教学管理组织，还是最贴近教学活动实施的职能部门，因此不仅要对各个专业各个学科的教学质量进行监督、管控和评价，还要掌握教学活动中教学质量的指标，并组织教师群体进行研究讨论，深入探究教学活动并进行教学优化改革，同时还要关注学生的学习活动，为其提供培训与辅导等帮助。

## 三、教学质量检查与监督系统

教学质量检查与监督系统是整个质量监控系统有效运行不可或缺的组成部分。其核心机构是教学质量督导部门，如教学督导委员会，其主要职责是对高校教育教学中的教学、管理环节进行监控，以检查、反馈、指导为主。

教学质量督导部门应该是在校长直接领导下，与教务处、学生处等部门平行的、具有独立工作职能的机构。这是因为教学质量监控不仅包含对教师授课质量和学生学习质量的监控，还包含对教学管理部门、学术部门、学生管理部门和保障教学条件的后勤部门管理质量的监控。教学督导一般由富有管理、教学以及科研经验的专家组成。他们通过有针对性的专项检查，深入调查研究，检查学校的教学、管理等方面的情况，然后为学校的发展决策提出意见和建议，对监控的对象进行指导，提供整改建议。

## 四、教学质量评估系统

在整个教学质量监控体系中，质量评估系统是重要核心，同时也是教学评价活动的信息来源。负责教学质量评估的组织机构是校内质量评估办公室，或校、院（系）两级教学委员会，主要负责对所属部门的教学工作进行统计、评价和咨询。具体内容有对教师的专业能力、课堂质量、课程内容调配、学生学习效果、课堂教学管理情况等要素进行评估，统计教学过程中与教学管理中的各种情况与问题，从而一一进行反馈，为更好地进行高校管理提供问题解决对策与依据。

通常高校中都有一套教学评价指标来对教学质量进行评价，大多运用调查问卷、随堂听讲、专家座谈、在学生间进行调查采访等方式来多方面、多角度、多主体地对教师的课堂质量进行评价，从而能够得出客观合理、具有综合性的结果，将结果进行统计分析，反馈给上级部门、其他系统和教师，一一对症下药，从而达到提升课堂质量的目的。

## 五、教学质量信息收集与反馈系统

教学质量信息收集与反馈系统是整个监控体系能否有效运行的关键。有效的教学质量信息收集与反馈是教学质量监控的基础，它为制定各项整改措施提供依据，使教师和教学管理人员及时发现教学过程中出现的偏差，采取有效措施加以修正，从而使学校的教学活动符合既定的质量标准。高等院校教学质量内部监控体系如果缺乏教学质量信息收集与反馈这一子系统，就不能成为一个可循环的体系，教学质量就难以持续地改进。

因评价主体不同，教学质量的信息反馈也是一个有着多方面多角度的开放性系统，这个信息系统通常由教师、学生、督导员、信息员、领导组织等成员构成，通常使用调查问卷、检验教学目标完成情况等调查方式，同时还大量统计教学活动中的数据与信息、调查毕业生就业创业情况、与实习或就业公司进行交流反馈、统计社会发展需求等，以此来检验教学质量的优劣，并进行有效反馈。

教学质量信息收集和反馈系统在收集到有关教学质量的信息之后，对其进行整理、归类、分析，最后形成结论，及时向教学决策和指挥系统反馈。教学决策和指挥系统在得到这些反馈信息后，及时对教学目标作出调整和修正，不断完善人才培养方案。此外，教学质量信息收集和反馈系统还需通过教学工作会议、反馈会、个别谈话等形式将收集到的有关信息分别反馈给教学管理者、教师和学生。管理部门和教学单位在得到这些反馈信息后，采取有效措施，如调整课程设置和教学内容等，从而保证教学质量。

高校内教学质量保障子系统通常由教学质量的决策系统、教学质量的保障系统、教学质量的标准运行系统、教学质量评估系统、教学质量信息反馈系统五类子系统构成（子系统具体内容详见第六章）。这些子系统发挥着提升教学质量与保障教学水平的作用，在各自的岗位上有着各自的职责，对教学活动进行全方面的检测与监控，能够高效可持续性地运行，从而在高校内部形成全校人员共同参与其中的体系，以达到提升教学质量、改善教学水平、提升教师教学能力与学生学习效果的目的。

# 第二节　高等院校外部及内部质量监控运行模式概述

## 一、外部质量监控运行模式

由于历史文化和高等教育体制方面的差异，世界各国对其高等院校进行外部质量监控时所采取的做法也各具特色。归纳起来，主要有三种模式，即上级主管部门的宏观监控模式、政府委托第三方的质量监控模式和政府与社会评价的监控模式。

### （一）上级主管部门的宏观监控模式

#### 1．该模式的实施过程

高校的上级主管部门大多为政府部门机构，主要包括教育部、省级教育厅和市级教育厅，这些机构有着制定法律法规的权力，且能够对教育活动的所需经费进行调配、对高校的教育方向与教学理念、培养目标等给予一定的指导，同时也承担着评估高校教学工作的任务，能够对高校的教学活动与教学质量进行宏观上的监控与调整，站在国家、社会的层面来对高校教学质量提出要求与期望。

这之中政府部门等机构制定的相关优惠政策与法律法规有助于高校明确社会需求与发展方向，从而制订办学目标、确立办学理念、保证办学软硬件设施完备、为教学活动的顺利进行招聘质量与数量适当的教师团队、进行招生活动等，且政府的相关规定也明确了高校办学中不同环节应当遵循的不同准则。政府层面的指导与监控可以对高校起到宏观指引作用，能够在宏观角度提升教学质量。

通常情况下来看，政府机构层面的教学质量监督监控，主要通过对高校的教学质量进行统计、检测、评估等方式来进行，并规定确定的时期进行检测。进行对高校教学质量检测的人员，包括相关部门领导、教学质量方面的专业人士等，他们依据一定的评估标准与体系，有组织地进行合理、客观的教学质量评估，从而保证教学评估活动的有效性与科学性。以下，作者将以高校中本科的教学质量评估为例进行对相关过程的阐述：

（1）政府层面的上级主管部门在进行对教学质量的监控与评估活动中，需要确立一个明晰的评估方案。这个方案需要包含明确的评价指标体系与等级划分标准、教学评估标准以及不同教学评估层面，对于教学评估的实施过程也应当有相关的详细叙述，对于具体评估过程也应当有一个明确的叙述。对我国高校的本科教学评估来说，评估活动主要以我国法律为指导，因各类高校的教学情况与学校类型不同，因此教学评估活动需要分次分批进行。

应当明确指出，教学评价的活动领导部门是教育部，实施部门是专门负责本科教育质量评估专家委员会的常设机构，高校内主管部门与当地的政府部门应当对高校的评估工作给予积极的支持与配合。教育部主导的评估有着一套明晰的评估指标体系，这之中包含指标等级划分（一、二级）等，指标体系中明确了对高校办学理念的指导，对教师团队、教学资源的使用，对高校专业的规划与教学模式改革，管理教学效果与思想风气，同时还对这些考查内容进行了指标规定与参考，对评估、考查、人员构成方面也作出了相关规定。

（2）在对教学质量与教学活动进行监测与管理时，应当规划好各个部门的具体分工与相应的权责。譬如，对高校本科的教学质量评估方案规定了对具体评估活动的过程，要求评估人员依据规定进行考查、评估活动。通常的方式包括：提前对要评估的内容进行信息方面的收集、咨询、调查相关材料等，同时参加评估的高校应当提前一个月向评估方递交高校内部的自评结果。评估专家小组要在对自交材料进行评估的同时，派遣人员实地进行考查、评估，从而全面分析高校教学效果，最终形成结论。被评估的高校需要递交未来一年的改进方案，与此同时评估专家组织还会在高校寒暑假期间（通常是1月或7月）召开会议，对考查评估结果进行讨论与审议，将评估结果上交教育部。

从以上流程规定中能发现，高校的评估工作要在完备的事前准备下，按照一定的流程规律有针对性地进行，同时还要全方位、客观地对教学质量作出评价并提交上级主管部门。对于政府机构对高校的监控来说，若想要能产生有效的监控结果，应当在各个监控步骤方面都遵照相应的准则与原则。

（3）以上级主管部门为监控主体的监控评估应当综合使用不同的监控手段，对高校的教学进行相应的评估与指导。譬如，为了能够准确客观进行评估，应当规定评估人员在进行教学评估前接受相关的培训，明确教学评估的内容、规则、内涵、指标等要素，并且要对高校上交的自评材料进行认真研读，以此为基础，确立考查高校教学质量的评估重点与方向，罗列好详尽的评估计划与手段，合理划分评估人员的权责。对于评估人员的评估活动也要进行要求：在进行评估活动中，要注重立足实际，运用实际听课、多方面采访、查阅相关评估资料、发放问卷调查等方式来进行多角度全方面的评估，从而使得评估结果更加科学可靠。

这之中实际听课是指评估人员要深入教学环境，选取多种专业、多种类型的课程来考查教师的课堂教学效果。多方面采访指的是，评估人员对被评估高校的各个院（系、部）以及相关的用人企业、学生进行采访，以便深入了解高校的师资力量、教学水平、教育环境、软硬件设施条件等。查阅相关评估资料指的是，评估人员对相应的各个专业教学状况、学生能力条件、学习质量、学生毕业论文等进行查阅。发放调查问卷主要面向高校内学生，注重了解学校的强项专业领域、招生量较多专业与新兴专业领域的整体情况。这些评估手段有助于评估人员对高校进行全方位的分析，能够使评价结果从多角度公平地考虑到多种因素，因此评价结果的准确性、科学性能够得到提升。

鉴于上述分析，我们能够得出教育部、政府等上级主管部门进行的教学质量评估与监控具有一定的力度，能够在宏观上多角度有效地促进教学水平与质量的提升。同时在监控过程中，为了确保监控的有效进行，应当综合性地从多种角度给予监控与评估。

**2．该模式的优势与局限性**

从前文可知，因上级主管部门进行的监控与评估具有很强的行政力度，因此发挥着非比寻常的监督性，能够从宏观上很好地推动高校教学水平与质量的提升。尤其是评估结果通常与高校对于教学活动的重视程度、投入、师资力量、教学制度、招生政策等方面有关，因此评价结果能够从多种因素、多种角度引起高校的重视，从而督促高校提升教学质量与水平，加强对教学各个方面的监控。

上级主管部门的评估与监控尽管具有宏观性等方面的优势，但是也并非完全没有缺陷。有些专家学者认为，上级主管部门的评估尽管让高校对教学问题更加重视，确保了教学活动在高校中处在一个核心位置，积极推动了高校教育体制优化改革，但同时，也在一定程度上产生了弊端。譬如，权利的集中化、形式主义、官僚主义等不正之风有了增长倾向。戴炜栋[①]同志认为，有些对高

---

① 戴炜栋教授、博士生导师。曾任上海外国语大学校长、党委书记，现任教育部高等学校外语专业教学指导委员会主任委员、国务院学位委员会外语学科评议组组长、教育部社科委员会学部委员暨语言文学学部召集人。

校教学质量评估的方案与方式出现了一定的不足。譬如，在各个不同的高校评估同样一种专业时使用同种评估方案，没有按照不同的高校重新拟定评价计划，而是用了统一的计划来进行，这就导致了教育评价忽略了各个不同学校间的办学特色、教学模式等存在差异，用同样的标准衡量不同的学校会产生不公平、不客观的情况。再者就是评价活动持续时间段，很难深入进行全面了解与分析，且评估的高校数量多、专业范围广，很难抓住评估重点。

因此，当前上级主管部门对高校的评估与监控方面存在着缺乏对不同高校不同特色的重视，统一评价方式、指标的设置单一、没有突出重点、评价范围广、缺乏效率、评估方式没有因地制宜、实际运用种类较少、不良之风兴起等问题。同时，因教育部等上级主管部门负责高校多、范围广、评估人员人手相对少、在时间上难以保证时长，且需要进行的流程多，难以得到公正客观的结果，评估后的反馈意见也并非十分有效，对高校教育的评估产生了消极影响。

同时，因上级主管部门评估存在一定特殊性，导致有些高校会因畏惧压力，在汇报评估成果与进行总结活动时会夸大事实、避重就轻、伪造虚假信息等。因此有些专家学者基于此问题，提出了对高校的教学质量评估分层执行，从而保证评估客观科学有效。也有专家认为，应当对高校进行有针对性的调查与突击检查，对高校中新专业进行重点评估，不论采用什么样的评估手段，都应当让评估结果保证科学性、有效性。评估过程应当遵循一定的程序，追求对高校教育质量的客观评价，而不是介入高校对自己教学质量的管理。

### （二）政府委托第三方的质量监控模式

#### 1. 该模式的实施过程

在欧美国家，对高校的教育质量评估工作不仅由国家专门设立的机构来执行，还有相关配套的条文与法律来保障实施。除此之外，还成立了相应的教学评估机构，按照不同的评价指标，将评价结果向全社会公示，从而有效促进了高校积极处理教学问题，提升了教学质量。张继平[1]同志认为，从20世纪末英国成立了QAA（The Quality Assurance Agency for Higher Education，高等教育

---

[1] 张继平，北京大学数学科学学院教授、中国科学院院士。现任北京国际数学研究中心副主任、数学及其应用教育部重点实验室主任、北京数学会理事长。现为《Asia-European J.Math》和《数学学报》副主编，以及《Communications in Algebra》等 5 种重要期刊编委。主要从事代数学研究。

质量保障局），就让英国的高校教学质量评估体系正规起来。在高校外部质量监控体系中，政府会对第三方组织发出评估委托，而第三方得出的委托结果一定是客观具有导向性的，同时其他外部教育质量监控组织也以第三方的评价结果为指标进行评价与参考。因此可以看出，第三方组织的评估，在外部监控中发挥着巨大作用。

在我国，一直以来教学评估与教学质量监控都由上级主管部门来完成，形式上来看不具有多元化特征。而第三方监控组织参与进高校评估体系中，有助于在人才培育方面给予学校建设性的建议，也能更好地将高校生毕业后的就业、创业等信息状况反馈给学校，从而传递社会需要的人才信息，为高校的培养道路指明方向。与此同时，第三方的监控与评估结果的公示具有一定的社会性质，能够让公众对学校教学、教学水平、教学环境、人才培养方向、办学特色与理念等方面有更多的了解，从而能够对高校的教学质量有更深刻的了解。

第三方组织监控具有众多优势，但是这个组织一定要具有一定的专业性与独立性，所运用的教学质量监控手段以评估教学质量为主。从这点来看，我们可以从英国的做法中得到灵感。QAA作为英国政府主要委托的社会第三方组织，主要由董事会进行监督管理，QAA的评估小组均来源于各学术界的精英。而董事会中的成员多由英国的高等教育委员会进行指派，同时也有来自工业与商业的业界精英。从我国的国情来看，我国的第三方质量监控评估组织应当由具有相应评价资格的法人组成，除了应当使评价小组成员来自相应学术界领域外，还要从高校、企业、社会组织等不同领域的精英学者挑选成员。

政府委派的第三方教学质量评估组织的主要工作内容在于组织协调评估活动的进行：认证各种高校教学质量；对评估从业人员的资格考核、许可；对教学评估指标进行设定、研究评估方案与方式、制订评估计划、准备评估工具；为评估的活动流程与评估标准进行规定；开办关于高校教育教学质量评估培训与对相关课题的研究，积极推进省内高校间、国际高校间对教学质量评估的沟通与交流；为各类高校提供评估信息咨询，在社会上公示高校教学质量评估信息等。这类第三方教学评估机构，通常能够与国际上类似的教育评估机构保持沟通协作关系，从而能够在国际范围内交流先进评估经验，从而提升评估的合理性与科学性，提升评估的影响力。

通常来看，上级主管部门委托第三方对高校进行教育质量评估，并且委托第三方为教学质量评估结果制作清单与签订评估协议。评估协议的内容有，教学评估的对象（高校）、提出委托的队形（上级主管部门）、评估使用者等，以及委托第三方进行教育质量评估的目的、对评估的预算、评估持续时间、评估的类型与手段、评估的标准（评估人员权责、评估基本要求、评估指标标准）等。具体的内容可以由评估的对象与相关目标来进行讨论，内容应当详尽，具有针对性，同时对人员分配的任务要明确，权责分明。第三方教学质量评估组织在进行评估时可以使用多种手段来对高校教学教育状况进行信息收集与统计，可以对已有数据进行科学合理的定量分析，最后再对评估结果进行阐释，将结果列为评估报告等。

评估的结果需要具有科学性、合理性、可用性、有效性，因此应当在明确评估内容与评估方向的同时不断优化评估体系与评估过程。以对高校教学质量的评估为例，第三方评估组织应当充分听取专家建议，将评估方面覆盖到各个层次，尤其是对高校教师团队的质量、高校生的水平、高校内部的特色和社会需求的影响等。可以借鉴英国的做法，对高校教学质量评估与高校学术性评估分别进行打分。

对于高校教育质量的评估，主要可以划分为六个方面：教师对课程的内容调配与活动组织；教师对学生学习活动的引导与支持；教师对学习资源的运用与准备；教师对课堂质量的管理情况；对课堂教学方式、学习状态、互动情况的评估；教学后学生的掌握情况。

对于高校学术性的评估，主要可以划分为三个方面：高校内的学术标准；对学术标准的质量考核与学术管理；学生的学习机会是否公平与学习质量。分开来讲，学术标准包括：适当的预习效果、对教学课程的设计与对评估的安排效果、学生学习效果。高校对学术标准的质量考核与学术管理包括：对课程的调配与对课程评估活动的安排、保证学术的纯洁性与信用的体系与机制、估学术性的评估流程安排。学习机会是否公平与学习质量包括：学生在教学活动中是否获得了足够的教学资源，是否得到了教师在学术方面的支持与帮助。

因此，对高校的教学质量进行评估，其主要在于对教学软硬件条件、教学活动的过程、教学的质量进行监控的过程。具体评估方面有：学生的学习成果、课堂内容的调配、教学资源的准备情况、科研项目指标等。同时第三方对教育质量进行评估时，需要听取各个专业领域专家的建议，对不同类型的高校设立不同的评估标准。同时特殊的专业学科，如文学专业、工商专业、艺术专业等也都进行不同的设定，从而提升评估的针对性与客观性，立足于实际制作出稳定、科学的评估与反馈。

**2．该模式的优势与局限性**

因政府委托的第三方质量监控组织具有的特殊性质，所以第三方的质量监控评估具有相对的优势：因第三方组织来自社会，因此对于社会、对于人才、对于教育的需求情况更加了解，因此能够具有针对性地对高校培养与教育方面的相关问题进行评估。对于高校生的就业与招生方面的评估尤为重要，第三方组织能够较为科学合理地为高校设计与其对应的评估准则、指标，从而有效评估高校的教学质量并使其得到提高。但是由上级主管部门委托的第三方监控并不是完全没有弊端的，它同时也具有局限性。

一是，第三方主要的监控手段以整体、宏观的外部评估为主，因此对于高校内部的评估就稍显不足，对于指标的制定方面也有待完善，同时，虽然具有相对独立性，但其权威性还无法得到社会的广泛认同。二是，有些非官方的第三方监控组织缺乏资金保障，时间等方面的因素也受到很大限制。因此，对于第三方监控的独立自主方面还需要完善相关政策，使其能够健康发展。

总而言之，上级主管部门在委托第三方监控机构的同时，应当为其设立一些相应的法律法规来保障它们的健康成长，同时要积极地给予导向与支持，从而调动它们在监控活动中的积极性，使高校评估的主体能够从多方面多角度来进行选择，从而提升监控活动的效果。

**（三）社会评价的监控模式**

**1．该模式的实施过程**

现如今，我国高等教育正蓬勃发展，已经逐步开始面向大众，保障公平，让所有人都有受到高等教育的机会，高校已经不单纯是封闭的、面向少数精英的高等学府了。而对于高校的教育质量监控，除了上级主管部门等进行的权威性宏观监控，以及专业进行高校教育质量评估的第三方监控组织，社会与市场层面也开始加入了高校教学质量监控体系中，成为监控主体中的一员。除了高校内部监控体系外，外部主要由政府为指导、第三方监控体系为主力、其他社会群体积极参与。对于其他社会群体参与高校质量监控，通常使用的手段为发放问卷进行调查。主要调查内容为高校对于专业、课程、学科等方面的配置是否合理，与高校人才输出的情况与质量（如人才水平、就业创业情况）等因素。

积极调动社会群体参与高校教学质量监控是有着积极意义的。一是，有助于高校倾听社会声音了解社会发展需求与对人才的要求，从而能够使高校完善教学计划、修正人才培育方案、合理调配专业与课程设置、强化教学质量与管理等。使社会群体参与其中能够推动高校通过评价结果调整办学方式与教育政策，也有助于社会企业等进行人才选拔活动。

社会组织的监控与评价主要来源于社会上的各个行业、学术组织、各个平台媒体等多种社会组织来进行。对于具有的专业性质需要职业资格的评估（如评估高校教学质量与培育计划等），可以由专业的行业协会与教学方面的学术组织来合理进行评估。譬如英国高校的医学专业的教育质量、教育计划与资格证书，需要经过国家健康服务中心来进行专业化的考察。在我国也有类似的监控手段，如法律资格证书、会计资格证书、消防资格证书、翻译资格证书等专业都需要接受各自的行业协会与学术组织的监控，同时这些组织还可以对高校的课程、专业方面的设置提出建议。

通常情况下，对于社会各个平台的媒体监控来说，他们对高校教学质量的监控是通过给高校进行排名来体现的，这种排名通常能够吸引公众对高校办学质量的注意力，从而有助于帮助想要挑选学校进行深造的学生，按照自己的兴趣与能力来挑选相适配的高校。大多由网络或现场发放调查问卷、随机对高校生或社会某些群体进行采访、通过专业评估手段等方式来进行评估，且评估后的结果会在各自平台媒体上进行公示，从而体现调查与评估的透明性与公平性。譬如英国《The Times》①报纸，每年都会通过高校入学标准、高校师资力量与学生人数比例、高校教学质量评估、高校学术性研究质量评估、教学环境软硬件设施数量（图书馆资源与计算机等电子设备）、教学活动中辅助工具数量（教学用具、仪器等）、高校生毕业后的就业率、毕业时拥有双学位的比例、完成毕业活动所用的时间等对高校进行评估。

美国的《U.S. News & World Report》②同样也会每年为高校进行评估与排名，在对各个高校进行排名时，评估的因素包括：各个高校间的管理着对于其

---

① 《泰晤士报》（The Times）是英国的一张综合性全国发行的日报，是一张对全世界政治、经济、文化发挥着巨大影响的报纸。
② 《美国新闻与世界报道》简称美新周刊，美国第三大新闻杂志。

他高校的评价、各个高校间毕业情况对比、毕业生对学校的捐赠情况、录取标准与比例、统计全国性标准考试的分数等。

美国的《Forbes》[①]杂志则更加关注教学成果也就是学生的质量，通过学生能力、高校生毕业后成就、教育质量三方面来对各个高校进行评估。

相较于欧美国家，我国社会方面的教育质量监控虽然起步较晚，但已经有所发展。譬如"中国校友会网大学评价课题组"是由校友会网与《21世纪人才报》等多个媒体组织与众多著名高等教育方面的专家学者联合创办的。主要面向高校进行评估活动，基于我国的社会发展情况、高校发展状况、时代发展需求来进行对高校教学质量的评估活动。高校主要有两方面的任务：一方面是对人才的培养任务；另一方面是学术性研究任务。因此对于高校的评价也应当从这两方面入手，注重高校的学术性与人才培养能力，将高校历史贡献与当今时代下的贡献结合作为综合评价标准。另外值得注意的是，对于公立学校与民办院校两者的评价应当采用两种标准分别进行。

**2．该模式的优势与局限性**

对于高校的教学质量评估的评价主体应当来自社会上的各个行业与群体。从社会上的学术团体、各行各业的协会组织、多种平台的媒体来进行相应的高校教学质量监控，因涉及的主体具有大量、广泛的优势，因此对于高校的教学质量能够有一个较为全面、客观、合理的评价，从而保证了评价的公平性、科学性、专业性。如此得出的评价结果，不仅能为上级主管部门与企业等单位提供了一定的了解与参照、对比标准，还能够面向社会，为学生等群体对高校等提供选择参考。与此同时，社会对于高校的评价也是高校改进自身的动力，高校可以通过相应的评价结果与反馈对自身的问题与不足有更深刻的了解，从而查缺补漏对问题进行改进，从而提升教学质量。

当前我国面向社会的高校教学质量评价机制还不够完善，大多机构的评价标准与方式还存在问题。有些组织对高校教育质量的评估缺乏专业性，导致评价结果不够科学缺乏权威性，且在对高校进行评估的过程中没有注重保证监测的连续，导致评估结果不够科学合理，且评估过程不够规范化等问题都为评估

---

① 《福布斯》（Forbes）是美国福布斯公司的商业杂志。该杂志每两周发行一次，以金融、工业、投资和营销等主题的原创文章著称。福布斯还报道技术、通信、科学和法律等领域的内容。

成果带来了负面性影响，使得监控活动浮于表面流于形式。因此，社会组织的评价应当同上级主管部门对高校的宏观监控、第三方组织的专业性监控相结合，从而能够提升自身评价结果的专业性、科学性、权威性。

## 二、内部质量监控运行模式

各高校在实施内部质量监控时由于在文化传统、管理理念等方面的差异以及对教学质量内涵理解的不同，在具体的教学质量监控运行中会产生一些差异，呈现一些模式特征。目前高等教育质量监控模式中比较有代表性的有：学术专家治校监控模式、内外评估相结合的监控模式和由管理者推动的行政监控模式。

### （一）学术专家治校的监控模式

学术专家治校的教学质量监控模式，是高等院校教学质量监控模式中一个较有代表性的模式。它最初是由英国的埃尔顿（Lewis Elton）提出来的。该模式是一个以学术专家的意见和作用为起始，以"顾客"为终极裁定者，并反馈至初始目标和标准的封闭系统。

对于学术专家治校来说，其运行情况大体为：（1）按照社会发展需求与高校生自我发展的需求，对教学活动的目标与课程调配等方面作出相应的规划与方案。（2）按照计划的教学质量评估标准来进行评估活动与监控活动，站在教师角度与学校角度来进行教学质量的自我评估，从而对教学环境与课堂状况进行一个大体上的评估。通过同行教师的教学评价与高校关于自身课程配置、教学管理、教学资源情况等方面进行自我评估。（3）按照教师自评与高校自评的评估结果，对教师与高校内相应的问题与不足加以改进，譬如对教师进行专业化训练、合理制订教学计划与课程配置、合理调配、利用教学资源等。（4）坚持外部质量监控与内部质量监控同时进行。同时进行同行评估以确保评估结果的客观性，根据评估结果重新制订教学计划与办学目标，使教师在进行过培训后，教学能力与专业性都得到稳步增长。

按照这种模式，能够使教学活动中产生的问题得到改进，教学质量得到提升，体现了高校在拥有学术自治的前提下，充分注重保障教学活动的质量，对教学活动所涉及的所有方面进行全方面合理有效的监控，体现了严谨、高质量的办学目标，同时高校对于教学管理能够从多维度、多角度进行考虑，也体现了高校办学中注重全员参与注重教学过程的先进理念。

英国的部分高校的内部监控就体现出了这种模式的运作特性。那些高校通常都是使用自治机制，进行高校内部监控，从而为自身的教学质量与专业化学术水平负责。这些高校内部监控内容主要在于评估教学目标的完成情况与学生在课堂后的学习效果是否达到了教育的需求。这些高校的内部监控体系大多已经趋于完备，因此各个监控环节的负责人都能明确权责，各自进行各自的工作，且这些负责人都在相应的领域上有专业性技能。再者，这些高校为了保障教学的质量，还设立了专门的管理组织与团队。运用科学合理的评价指标，对教学活动进行专业化评估，最后对评价结果进行统计与分析，从而在重视对教学质量的评价同时，对教学质量、效果、目标配置等方面进行有针对性的改进，进而完善专业课程计划、不断改进教学效果。

### 1. 完善的教学质量监控组织体系

采用学术专家治校这种监控模式的学校大都有着一个严密的组织体系。通过目标分解，建立校、院、系多级教学质量监控和管理体系，明确各组织部门、广大师生员工的质量责任。强调全员参与，注重以自律为主的校园质量文化建设。如在美国、英国、澳大利亚等国的高等学校质量监控组织体系中，设有一个学术方面的，特别是质量和标准方面的最高机构（通常是校董会下设的教务委员会）进行统筹和决策，学校最高层董事会对教育质量和标准负最终责任；同时又设有一个代表最高行政管理的执行机构，在全校范围内指挥贯彻执行。如英国诺丁汉大学校部管理小组由常务副校长、其他副校长、注册主任和财务主管等组成，其中以负责质量与标准的副校长和负责学生事务的副校长二人为主，每周举行例会，研究解决有关部门的教学问题。

在院系、各行政管理和教学辅助机构层面，也设有与学校教务委员会相对应的各级委员会。院长对教与学的质量全面负责，有的学校在学院一级还成立学院质量保证小组，该小组会同院系一起，在院长的领导下，切实贯彻执行各项质量保证工作。系主任是一系之长，他要对专业质量负责，要考虑本系学科、规模等的特点和条件，确保校、院质量，保证程序得到充分贯彻执行；并主管全体教师包括新教师的进修和发展；重视收集学生、校友、毕业生雇主、校外专家学者对本系教与学的反馈意见，用于改进教学；系主任还要关心教学资源，如图书馆和计算机服务、实验室、宿舍、教室、财政问题，看它们是否满足教学要求。

### 2．专门的教学质量保证机构，确保监控工作的有序运行

采用学术专家治校这种监控模式的学校大多设有专门的教学质量保证机构如质量保证办公室，以确保质量监控工作的有序进行。这一机构的职责是策划、协调和监控等，采取一系列的措施，以加强教与学；负责开展校内质量审计、确保学校达到外部质量保证体系所提出的各项质量要求。如英国的沃里克大学①设有学术质量和标准委员会（AQSC），全面负责监督大学的教学和质量战略的实施、审批课程提议、审阅各院系的年度审查报告和定期评估报告。该委员会由一个助理副校长任主席，由各学院、研究生院、终身学习委员会、学术人员发展和评价委员会中的高级学术成员和学生代表组成。

这些大学还专门设有学术委员会，负责对教师教学、学生学习进行监控和评估。该机构下设有教学委员会、学位授予委员会、教学服务等其他各种控制教育质量的委员会。另外，在院系和研究所层面上，也有相应的院务委员会、教学委员会、教师和学生代表小组和教育发展小组等委员会，保证相应的教学质量和标准问题。各机构分工负责、职责明确，有效地保证了教学质量。

### 3．专业和课程设置的进一步完善

英国许多高校非常重视课程的建设。首先，课程的设置是由系教授委员会组织制定，任何一门课都成立一个三人以上的课程指导小组，类似一个课题组。在课程教授完毕之后，注意对课程进行反思评价。一方面通过问卷形式，收集学生对课程的设计、内容、组织等方面的反馈意见，以修改课程或提出新的课程。此外还对课程进行定期的评估和年度评价。年度评价一般以系为主体反思过去一年的教学情况，并及时针对市场的变化进行调整，密切关注课程的建设。课程年度评价主要由课程负责人负责组织和实施。课程负责人召集所有与该课程有关的教员以及部分学生开会，针对课程方面的反馈信息进行讨论。这些反馈信息主要来自学生反馈或问卷调查结果、考试成绩、校外督察员的报告、外部专业团体的学科认证报告、雇主的反馈或其他利益相关者定期参与课程设计

---

① 沃里克大学又称华威大学（The University of Warwick），1965 年创立于英国沃里克郡和考文垂市的交界处，是誉满全球的顶尖高等学府，为罗素大学集团和 M5 大学联盟成员。华威大学在工、商、政、学各界均享有卓越口碑，以其严苛的招生标准和优秀的教学及科研质量著称。旗下华威商学院被誉为英国最顶尖的商学院之一，其强劲实力使之在各大主流排行榜中稳居英国前五、世界前三十，并处于持续上升的势头。

的评估等。学校通过校内的课程检查与年度报告，不断地反馈教学信息与改进教学质量，从而形成一个覆盖全过程、各方面、循环改进的质量监控的环路。

**4．全面的质量监控和评估内容**

实施教学质量监控，是为了发现教学活动进行过程中偏离教学目标的偏差，并对其采取有效措施进行改进，确保教学活动能够按照教学目标与计划的轨迹进行。因此，对于教学质量的监控，不仅仅是对教师进行授课活动的监控，也是在教学管理方面的监控。在英国，许多高校教学质量评估的目的是进一步发挥学校和教师的自觉性，把质量责任真正落实到高等院校身上。英国许多大学在对其内部教学质量实施评估时，使用的评价指标体系内容较为全面，方法比较客观。既实行经常的监控，又对专业实行周期性的审查。一些学校还聘请校外督察员，他们都是来自其他学校的学术专家，或来自相关领域的专业人士，主要任务是对大学学生是否达到学校的学业标准进行动态的评估；检查学校在给予学生成绩和学位时是否严格依据学校订立的标准，对学生的评价是否有效和公平。

此外，学生作为教学质量监控的主体之一充分参与教学过程的管理。许多英国高校建有学生教学信息反馈小组和毕业生信息反馈小组，以便及时掌握第一手信息，作为调节教学过程、调整教学内容和聘用教师的重要依据。

**（二）内外评估相结合的监控模式**

内外评估相结合的监控模式是高等院校教学质量监控模式中的另一个较有代表性的模式。该模式主要采用的是校外认证和校内自我评估相结合的方法。美国大部分大学采用这种监控模式。在美国大学中，质量监控主要由院校研究办公室来实施。评估工作分为校外认证、对学院（系）的定期评估和对学生、教师的评估等。

校外认证主要是由所在区域的院校协会来认证，主要是检查被评的学校是否达到了最基本的办学资质。如美国西部院校协会（WASC）认证标准主要是围绕学校能力和教育效率这两个核心要求，其主要标准是：明确教学目标，确保教育目的的实现；通过核心职能实现教育目的；开发、应用资源和保证组织结构，促进教学目标和教育目的的完成；创建致力于学习和发展的组织。美国高等院校各个专业的认证标准一般由通用标准和专门标准组成。

美国大学对学院（系）学术评估的主要内容是学院（系）的学术发展情况，

包括本科生和研究生的培养和对与学术发展相关的各种软件和硬件的评估。学术评估的重点是该学院（系）的未来学术发展，目的是帮助该学院（系）完善学术规划。评估专家来自同一学术水平的大学，是该学术领域中的知名教授。该评估不仅涉及人才培养，还包括科研等，是一个综合评价的过程。

在美国大学中，内部质量监控体系中的一项基础性工作是对教师的评估和对学生的评估。评估工作一般由院校研究办公室主持。对教师的评估包括资格调查、教师调查、学校氛围调查、课程评价、学生评教等。针对学生的评估内容包括学生产出、调查研究、校友调查、考试成绩、基本技能、就业情况、学习成果等。美国大学通过问卷调查收集学生从入学到毕业、就业等个体信息，进行分析调查，对学校人才培养对象的"个体"培养状况实施监控。评估涉及学生个体的家庭状况、入学前的学习情况、学生学习过程、毕业情况、就业情况以及校友情况等的分项评估和综合评估。美国大学校内评估的大量工作是针对学生个体的评估，体现了美国大学重视学生个体从而达到人才培养目标的特点。

**（三）由管理者推动的行政监控模式**

由管理者推动的教学质量行政监控模式是目前我国许多高校采取的监控模式。如今，我国许多高校都先后开始重视对其内部教学质量进行监控。一些学校还设立了专门的评估机构和质量管理办公室，实行校、院（系）两级教学质量监控，广泛运用教学督导、学生评教等形式，对教学各环节进行质量监控。但总体而言，我国许多高校的内部评估工作是基于上级主管部门的外部评估要求所做的应对性措施，尚未形成一种"内生型"的质量文化，因此，往往缺乏一个自发的内部监控机制，缺乏长效的、规范的、常规的内部质量监控机制。

这种监控模式的运行情况大致是：首先，由学校分管教学的校长和教务处有关领导作出教学规划和决策；接着，由教务处代表学校组织执行学校的教学任务。由学校教务处对各教学单位的教学工作进行检测评价，对教学质量进行宏观控制；建立院系领导及督导的听课制度，采用学生评教、学生座谈会等形式来了解课堂教学情况；建立日常教学工作的检查制度，发现问题并及时处理，确保教学工作正常进行；由学校教务处对各教学单位的教学工作进行检测评价，对教学质量进行宏观控制。

采用这一监控模式的高校在其教学质量管理体系中往往缺乏一个严密完

善、分工明确的组织系统。其组织系统中，教学督导和教学评估部门往往是设在学校的教务处，教务处往往集教学管理、教学督导和教学评价于一身。此外，教学质量信息反馈主要是依靠行政管理系统的自我反馈，没有一个专门的反馈机构，因此，教学部（或教研室）、学生和用人单位的反馈意见往往被忽视，而且往往是正面反馈多于负面反馈，不利于内部质量监控系统的不断完善，不利于教学质量的不断提高。

# 第六章　高校教学质量内部监控体系问题研究

高等院校教学质量内部监控的问题表征主要围绕高等院校教学质量内部监控的基本现状、存在的问题以及问题的成因三个方面展开。其中，高等院校教学质量内部监控的基本现状主要从组织建设、制度建设和活动开展三个方面进行论述；高等院校教学质量内部监控存在的问题主要从教师与学生、评价标准、监督与反馈、监控系统的构建四个层面来进行分析；高等院校教学质量内部监控问题的成因主要包括监控理念落后、缺位和失衡现象凸显等。通过对国外高校教学质量内部监控体系的研究提出了相应的解决对策，也就是构建教学质量监控长效运行机制与高校教学质量保障子系统。

## 第一节　高校教学质量内部监控的基本现状

### 一、组织建设现状

尽管我国对高校教学质量的内部监控体系建设起步较晚，但经过了多年的实践与探索，大部分高校都已经建立了一套适合自身发展需求、符合自身办学特色的教学质量内部监控体系，已拥有相对完善的教学管理方法，对于评价的反馈比较迅速，这些都为高校的教育活动与培养活动奠定了顺利运行的基础。

当前来看，大多高校的内部监控组织有三级划分：首先是校级监控机构，其次是院（系、部）监控机构，最后是教学部（或教研室）。

（1）校级监控机构主要是由校长、教务处、教学质量指导委员会三部分构成，校级监控机构是学校监控活动的"大脑"，一切监控活动都需要以校级监控机构为基准，这些组成部分之中，教务处是最具有代表性的组织，它代表着学校管理着校园内的教学质量，作用重大。校级监控机构主要行使着对全校教学活动的质量进行监督与指导的职能，主要工作内容包括制订对高校教学质量管理的计划与方案、对高校的教学质量进行监管、评估各个院系的教学状况与管理状况、对高校教学状况进行调查。

（2）院（系、部）级的监控机构主要由校内专业指导委员会系主任与教学副主任构成。通常院（系、部）监控机构是高校内最活跃的教学质量内部监控组织，他们主要负责管理自己负责的专业、制订该专业的教学方案、对课程与教学环节等教学要素进行调配、对教学质量与课堂状况等进行统一监管、对各自负责的专业教材进行审核、对教师的教学方案进行审核。

（3）教学部（教研室）是最小单位的教学内部质量监控机构，因此与师生距离最近，具有灵活、机动性强的特性。教学部或教研室的主要职能包括，以教学活动的方案与计划为指导，对教学活动的各个环节进行质量上的监控，并将评价信息进行统计分析，最后进行总结与反馈，用于提升教学质量，指导师生更好地共同进行教学活动。

我国高校的教学质量内部监控组织的特点包括以下四个方面：

（1）我国高校教学质量内部监控组织具有三层。通过教学评价得到的教学信息，需要多层传递，由于三层对于信息的传递来说过长，且在传递过程中难以保证信息质量或内容依旧完整，这种低效率的传递方式自然而然会为监控活动的实施带来消极影响。

（2）许多高校没有单独为教学质量监控活动设立单独的机构组织，这使得这项活动通常由位于教务处下的某组织、科室负责进行。教务处承担着教学质量监控活动的主要负责任务，然而各个院（系、部）主动进行教学质量监控活动的观念还没有树立起来，仅仅由教务处带动进行机械化的监控，使得教学质量监控活动具有机械、被动的缺陷。

（3）师生对教学质量监控活动缺乏认知，配合度不足，积极性不高。高校教学活动的主体是教师与学生，同时他们也是推动教学活动发展的主要因素，因此若是得不到师生的积极配合，那么教学质量监控体系就会是残缺的，当前师生对于教学质量监控活动的必要性还没有足够的了解。

（4）教学质量内部监控组织的运行具有开放性、单项传递的特性。当前我国高校内部监控组织运行的信息大多是以校长—教务处—院（系、部）教学主任—教学部（或教研室）来进行传递。

## 二、制度建设现状

高校教学质量内部监控的制度建设主要包括常规教学制度建设、教学督导制度建设和教学信息反馈制度建设。

### （一）常规教学制度建设

这种制度大多用来对高校的教学活动进行规范，通常分为对教学活动的基本要求与教学活动的实施方式两种类型文件。通常大多高校对教学质量的监管与规划重点都在课堂活动或教师培养方面，忽略了让学生参与到教学质量监管中去，同时也缺乏对教学辅导人员与教学管理人员的权责进行合理规划。同时，尽管有些高校制定了较为详细的规章制度与体系，但却未能实现各个部门之间的协调与合作，仅仅由职能部门来进行教学管理而院系负责教学活动，这就割裂了教学监管活动，使得院系自身无法解决自己内部的问题需要上级职能部门进行管理，且职能部门可能会出现与院系观点不一致的可能，且职能部门不了解院系实际教学情况，导致处理可能会出现失误，因此造成了解决问题的效率低下。

### （二）教学督导制度建设

现如今，尽管我国发展教学督导制度的时间不长，但大多数高校因了解了教学督导的重要性，因而在内部都设立了教学督导制度，因此，为教学督导活动配备相应的督导方案与督导制度能够更好地使督导活动有效开展。有些高校已经依据自身办学特色与教学情况建立了相应的教学督导体系，同时也对教学督导活动的实施做出了相关的工作准则，以规章制度的方式明确教学督导活动进行的督导理念与工作方向，明确了教学督导工作要依照的准则与办法、对教学督导人员的聘用标准，明确督导人员权责，明确教学督导组织的构成与对内部人员的评价、奖惩、考核制度。目的在于利用教学督导活动来有效推动教学活动的高效化，从而使教学质量得到提升。通常情况下，大多高校的教学督导人员都是因年龄原因从一线教学活动离开的退休教师，他们工作认真负责，但大多以进入课堂听课为主要手段，这种督导方式缺乏多元化，且会使被督导教师对自身能力产生怀疑，从而产生紧张感与压力。基于这种问题，作者认为在教学督导活动中，督导者可以使用更加灵活多变的手段来进行教学督导活动，避免仅仅利用随堂听课手段来进行督导。

### （三）教学信息反馈制度建设

现如今，我国高校已经逐步认识到了教学评价对于提升高校教学质量是十分必要的，而若想将教学评价的效用发挥到最大，就少不了对教学评价信息的反馈。因此，构建出完善的教学信息反馈制度是具有重大意义的。

高校内常用的信息反馈机制有调查问卷整理信息反馈、开办交流会等，借助这些反馈手段来与被评价教师共同研讨，认真听取教师对课堂教学方面的反思与想法，从而在讨论中共同帮助教师改进课堂教学质量，提升教师的课堂效率。与此同时，在当今社会科技不断发展的今天，收集信息的手段也更加多种多样，高校可以利用先进的科技手段来对反馈的评价信息进行收集，通常来讲，利用网络调查问卷来进行的评教活动，能够较为便利地对信息进行回收与整理。但不论是利用现代科技手段进行的评价还是利用传统方法进行的评价，都需要分析反馈信息的可用性、有效性、真实性，以便将评价信息的效用发挥到最大，让其能够更好地辅助教师改进教学活动，最终能够提升教师的课堂教学质量。

## 三、活动开展现状

高校教学质量内部监控的活动开展相对丰富和多样，具体而言，主要包括教学检查活动、教学评议活动和课堂听课活动。

### （一）教学检查活动

教学检查活动的检查方式有：

（1）在开学期间、期中、期末进行按照时间段来划分的阶段性检查。开学期间检查通常倾向于检查教学前的准备事项；期中各个院系与教学部（教研室）对教学目标与教学计划的完成程度、对教学任务的完成程度、教师课堂教学表现与效果、课堂教学的设备配置是否合理、学生的学习情况等进行检查；学期末主要对各个院系与教学部（教研室）是否完成教学计划与目标进行考察、通过考试对学生的学习成果进行检验。

（2）结合高校的实际教学情况与教学计划，针对不同时期的不同目标来进行随机性检查。尽管随机检查有着极大的灵活性，但它并非随意进行的，随机检查通常会根据教学安排与情况进行有针对性的调研，对课堂教学效果、教师教案准备、学生考试成绩、学生课堂状态、学生作业完成情况来进行多方面有针对、有侧重的检查。

（3）除了以上两点，还有些高校为了能够更好地落实教学检查活动，针对各个学院、系、部的特点，制定了切合各自发展的检查制度。从而使每学期的检查活动能够更好地贴合院系部的自身发展，全方面监控教学活动质量，了解教学情况。

### （二）教学评议活动

教学评议活动在高校教学质量监控体系中发挥着巨大作用，它主要对高校的管理情况、教师的课堂教学活动、学生的学习情况进行评议，这三方面的评议能够更好地帮助高校对教学活动与教学效果进行监控，从而能够有效掌握高校课堂教学质量情况。教学评议的方式也不一而足，譬如教师自评、学生评教、同行评教、社会评教等（详见第二章）。评教活动通常由高校内专门负责教学质量监控的人员来组织进行，但也可以通过院系部来小规模进行。评教活动具有灵活的特性，能够在不同时间段的不同教学时期开展。有些高校设有学生评教信息监管员与教师评教信息监管员，以便让评教活动更公平有效地开展。通常情况下，评教的结果会划分等级或进行评分，一般设立有优秀、良好、中等、合格、不合格五种等级划分，高校会对优秀教师进行表彰与奖励，同时责令不合格教师改进教学效果，并实施相应的惩罚措施。

### （三）课堂听课活动

现如今，在高校内部教学质量监控体系中，由上级领导、相关评教人士、同行组织等进行课堂听课已经成为一种重要监控手段。这种听课活动能够很好地保障教学质量的提升，且能够激发教师改进自身的动力。同时，领导、专业人士、同行组织的听课活动，不仅能帮助管理者深入教学课堂中对教学情况进行检查，还能帮助专业人士检验课堂教学的质量与教学方式，同时还能辅助新教师的学习，培养新教师的教学经验。因此，各个高校都有着自己一套听课机制，对听课的方式、时机、评价指标都进行了系统的规定，按照不同学科的不同教学特点，制定具有针对性的课堂听课方式。

## 第二节　高校教学质量内部监控存在的问题及原因

### 一、存在的问题

#### （一）教师层面与学生层面

尽管当前各个高校都对本校教学活动情况与课堂教学质量给予极高的重视，但是在关系到教师的人事晋升活动时，考核标准依然停留在对教师科研水平与科研能力的评价上，导致了教师更加注重自身科研成果而忽略了提升自身教学能力与提升课堂教学水平。在这种环境之中，许多高校的教学质量与教学文化都因此而被削弱，教师也在提升自身教学水平与进行科研活动中左右为难，难以平衡好处理二者关系的时间。现如今，许多高校依然以科研结果、专著与核心论文的发表数量来对教师进行考核，而对教师的教学情况与教学效果的评价却没有完备的体系来支撑，导致教学评价标准与指标的设定十分缺乏合理性。在这种环境下，年轻的新人教师在工资与职称的压力下不得不牺牲提升自我教学能力的时间，来从事科研活动。因此，教师中容易产生功利化行为，严重影响了高校的教学质量。

教师是教学活动的主要实施者，因此对于教学计划、教学内容的制订方面，最应当有提出建议的权利。然而，因当前的高校教学质量监控体系尚不完善，教师的建议与要求难以直接与监督人员对接，这就导致了教师只能接受来自各方的评价却难以提出自身的要求。学生是教学活动的主要接受者，因此对于教学的质量与教学方法有着最直接的认识，他们所作的课堂质量评价与提出的意见大多有实施与改进的价值。但当前的教学质量监控体系对于学生监控的方面也有待完善，这就导致学生的建议不受到监控，难以公平客观地反映给教师。教师与学生的建议活动无法得到保障，使得这二者在教学质量管理中缺位，导致教学质量管理体系难以发挥出应有的效用。

在高校课堂教学中，教师作为传授者，学生是最主要的接受者，因此学生的评价应当作为教学监控的主体，在教学质量监控体系中占据重要地位。但事实上，正因为学生与课堂有着紧密联系，会因教师严厉或散漫，因个人对教师教学、人格魅力的喜好来进行随意评教。这种主观性很强的评教结果就不能称之为公平有效的评教，导致学生对教师的评价与专家对教师的评价结果截然相反，使学生评教活动失去其应有作用，难以将学生的评价结果用于高校监控质量评价中。这种随意现象主要来自学生对评教活动的重视程度不够，因此使结果缺乏有效性，难以为教师改进教学质量提供有效依据。

**（二）教学质量评价标准层面**

现如今高校对于课堂教学质量的评价指标，在制定方面还有待完善。一是，指标过于追求同一性，为了使指标能够量化导致指标没有遵照定性定量原则，缺乏科学性。而设定统一的评价指标又缺乏对不同学科的不同教学特点进行有针对性的评价，使得评价结果缺乏公平性，不够客观。二是，在进行教学评价活动中，学生同专家使用相同的评价表，这会导致学生与专家的评价结果产生差异。学生与专家的立场不同，因此对于课堂评价的侧重点也不同，用同一张评价表会导致双方难以公平、客观地对教师的教学活动进行评价。三是，对于课堂质量的评价更加注重对教师的管理，而忽视了对教师自身能力的提高，评价结束后缺乏有效的信息反馈制度，因此教师难以通过评价结果找出自身的教学问题加以改进。现如今，知识的力量越来越为人们所重视，因此教师作为一种社会资源自然会在未来产生激烈的竞争，高校缺乏公平的评价指标设定与评价方法，会导致年轻教师的潜力难以发挥、无法挽留有发展的优秀教师，使高校的教学质量与整体发展受到消极影响。

传统的教学质量观把学生的考试成绩作为衡量教学质量的唯一标准，重知识传授轻能力培养，扼杀了大批有创造才能的学生。知名管理咨询公司麦肯锡①在一份研究报告中称：每年几百万中国大学毕业生中，能够胜任外企工作的大学毕业生只占毕业生总数的十分之一左右，而这一比重在印度则为四分之一左右。该研究报告指出，中国的大学教育与行业需求的结合不够紧密，中国许多大学采用偏重理论、依赖书本教材和导师传授的教学模式。以工程类学生为例，他们很少有参加项目实践和团队合作的机会，缺乏应用技能，英语水平较差。因此，加快高等教育教学改革，转变人才培养观念，加强高校内部教学质量监控，培养适应社会、行业和企业发展需要的应用型人才，使我国高校

---

① 麦肯锡公司是世界级领先的全球管理咨询公司，由美国芝加哥大学商学院教授詹姆斯·麦肯锡（James O'McKinsey）于1926年在美国创建。自1926年成立以来，公司的使命就是帮助领先的企业机构实现显著、持久的经营业绩改善，打造能够吸引、培育和激励杰出人才的优秀组织机构。

毕业生在全球范围内的人才竞争中赢得一席之地，是当前教育科学研究的主要课题。

**（三）监控的督导与反馈层面**

评价高等院校的人才培养质量，在于是否得到了社会、行业和企业的认可，能否为它们创造财富，而不是学校档次的高低和学校自己的标榜。国内高校普遍缺乏积极主动的自我约束机制，对教学质量的监控存在较大的随意性和形式化，制度形同虚设。因为每个教师都有自己的教学特色，往往缺乏可比性，而且教师也怕因给别人的评价低而招来"报复"，从而弱化了教学质量监控的效能。此外，很多高校实施的教学质量监控，也偏重于对教师课堂教学活动的监控，而对大纲执行、案例设计、实践环节以及学生的学习情况则很少监控。在教学质量监控过程中，对教学质量的评价过多、监控不够，甚至将对教师教学的评价等同于对教学质量的监控，对产生结果的过程缺乏监督和引导。

现如今，我国的教学督导活动还缺乏一个系统有效的机制来约束，大多高校的督导活动都展现出一种自发的状态。总而言之，许多高校的督导团队设置结构不科学，缺乏有效的建设。大多督导人员由退休的优秀教师组成，尽管这个优秀团体有着较长的教龄，在教学活动监督方面较有发言权，但受到年龄与思维方式的限制，老教师缺乏创新性，对当前使用的新型教学方式难以适应，同时对教学督导的专业性知识了解较少，对督导活动的重要性不够了解。再者，因每个督导团体的人数有限，因此督导人员难以对每个专业进行有针对性的督导，导致督导活动中发挥作用的主要是监督，而较少引导教师更好地提升课堂质量。

教师与学生间缺乏沟通与反馈，因高校课堂具有的特征，导致高校课上与课后学生与教师的互动较少，缺少良好的师生交流，因此双方难以对彼此的要求与建议有及时的了解。同时还存在教学评价的反馈目的产生变质的问题，教学评价本应当是学生帮助教师更好地进行教学活动，进而改善教师教学方式，提升教学质量，但很多高校将教学评价作为教师考核的标准，使得评价的真正作用受到了一定程度的限制，也极大影响了教师对积极吸取评价结果、改进自身教学的积极性。

**（四）监控系统的构建层面**

监控系统构建层面的问题主要表现在：

（1）缺少对教学质量目标体系和标准的研究，只重视对学生理论知识和课堂表现的考核，缺乏对学生应用能力和基本素质的考核，同时忽视教学基础设施、学术环境和文化建设的质量。

（2）学院尚未建立相应的教学质量监控与保障机制，缺乏与教学质量保障有关的一系列制度体系的建设。

（3）教学运行和保障系统存在教学资源不足、新增设专业师资缺乏、确保学生全面发展的人文与自然科学课程数量不足等问题。

（4）没有将竞争机制引入教师授课中，职称激励不灵活，缺乏对优秀教师的激励和培养机制，未能有效调动教师投入教学的积极性，使得监控没有起到应有的作用。

（5）对实习、实训、实验课等一些重要的实践教学环节缺乏有效监控，导致监控体系只关注主要教学环节，缺乏全面性。

（6）教学质量监控体系的信息反馈系统尚需完善。

## 二、问题产生的原因

高校教学质量内部监控问题的成因主要包括以下三个方面：高校教学质量内部监控的理念落后、教学质量内部监控存在缺位和失衡，以及教学质量内部监控缺乏长效机制。

### （一）教学质量内部监控的理念落后

我国部分高校的教育质量观念比较陈旧，教学管理理念和方法也并未伴随高等教育规模的扩张而发生相应的更新和改变，从而使得教学质量内部监控体系不能及时改进和优化，导致教学质量内部监控体系问题频发。具体而言，首先，高校对教学质量内部监控工作的重视程度不够，只求其有，不求其质。有些高校仅仅开展了常规性的教学评价工作，而且评价程序欠缺规范性，评价方式较为单一。由于缺乏系统性的评价组织和专业化的信息处理工具，导致评价数据缺乏科学性，教学质量内部监控和评价的作用不能真正发挥。其次，高校缺乏教学质量内部监控意识，对教学质量的评价多、监控少。目前，虽然高校在教学活动的多个环节设置了相应的评价手段，但却鲜有合理的监控举措。监控是评价的基础，在缺乏监控制度和体系的前提下，评价信息的搜集难度加大，而信息的处理周期却被拉长，教学评价变得被动、间断和烦琐，无法形成常态化和制度化的评价体系。再次，高校盲目套用普通高等教育机构的评价模式，没有考虑自身的办学特色和监控特点，缺乏贴合高等教育实际的监控和评价。

**（二）教学质量内部监控存在缺位和失衡**

目前，高校的教学质量内部监控体系存在严重的缺位和失衡现象。缺位现象主要表现为制度缺位和机构缺位。

一方面，制度缺位主要是指高校根据教育主管部门的规定或学校的实际情况制定了一系列的规章制度，但在学院（系）层面却敷衍了事，只是用于应付检查，并未具体落实相关制度，更没有按照学院（系）的教学实际制定提升教学质量的举措。此外，制度的执行掺杂太多人为因素的影响，对违反规章制度者采取就人论事的处理方法，教学质量内部监控的规章制度沦为一纸空文，并未有效发挥制度的约束作用。

另一方面，机构缺位主要是指缺乏专业化的、职能健全的组织机构，以及科学可行的、具有机构特色的教学质量内部监控指标体系。具体而言，高校的各个职能部门并未有效发挥教学质量内部监控的作用。如学院（系）是高校的教学基层部门，学院（系）的教学组织、教学实施和教学管理在保障高等教育质量的过程中发挥十分关键的作用。建立学院（系）层面的教学质量内部监控与教学评价机构，能够从微观层面对教师的教学质量进行更加全面的监控和更加准确的评价。然而，现实中很少有高校建立学院（系）层级的教学质量监控与教学评价机构。

高校教学质量内部监控的失衡现象主要包括：第一，对理论教学环节的监控较为重视，而对实践教学环节则缺乏必要的监控活动；第二，对课堂教学环节的监控较为重视，而对其他教学环节和教学过程的监控力度不够，教学检查也存在不到位的现象；第三，对教师课堂教学情况的监控较为严格，而对学生学习情况的监控相对较少；第四，对教师教学水平、教学效果的监控较为重视，而对教师综合素质和整体能力的监控相对较少等。

**（三）教学质量内部监控缺乏长效机制**

高校教学质量内部监控缺乏长效机制主要表现在管理职责分工不明确和对监控效果的反馈相对滞后两个方面。就管理职责分工不明确而言，首先，高校职能部门的管理人员没有很好地履行教学质量内部监控的职责。学校各级领导大都忙于应付日常的工作安排，用于教学质量内部监控的时间相对较少，疏于对教学质量内部监控工作的研究。高校职能部门的管理人员大都认为教学质量由教师决定，管理者只是起辅助作用，发挥的作用不大。这种认识上的误区也使得管理者在学校教学质量内部监控中容易出现怠慢。总之，高校职能部门管理人员的素质结构、水平以及他们的教育思想观念影响着他们对教学质量内部监控职责的履行。

其次，学校与各学院（系）之间的关系没有完全理顺，各学院（系）在教学质量内部监控中的主体性、独立性并未完全体现。由于一些高校的职能部门既抓宏观调控，又兼顾具体事务，使得各学院（系）在教学质量内部监控中缺乏积极性和主动性，阻碍了各学院（系）独立自主地开展教学质量内部监控，影响了教学质量的提升。就监控效果的反馈相对滞后而言，高校对教学质量内部监控过程中发现的问题缺乏及时反馈、跟踪验证和应对策略，经常出现上一年度检查和评估出现的问题在下一年度依然存在的弊端。高校运用教学质量内部监控体系的目的往往只停留在发现问题的层面，却很少关注引发问题的原因以及解决问题的策略。不但没有及时反馈问题，使问题延续周期较长，而且缺乏对问题的跟踪验证，甚至将问题束之高阁。此外，高校缺乏极具针对性的解决措施，无法将问题落实到具体单位和个人，相应的责任也难以追究。由此导致教学质量内部监控的效果不明显，随着高校日常事务的开展，对教学质量内部监控活动的重视程度也在逐渐降低。

## 第三节　国外高校教学质量内部监控体系的建设及启示

研究国外高等教育教学质量内部监控体系具有重要的借鉴意义，能够为我国高校教学质量内部监控体系的构建提供参考和建议。本章主要选取英国、德国、澳大利亚和日本四个国家作为研究对象，分别从教学质量内部监控的内容、程序和特点三个方面考察各个国家高等教育教学质量内部监控体系的建设情况，并基于此归纳和总结了对我国高校教学质量内部监控体系建设的启示。

### 一、英国的建设及启示

20世纪90年代初，英国通过立法的形式将教育标准局（Office for Standards

in Education）从教育部独立出来，教育标准局遂成为英国政府对整个国家的教育质量进行监控的权威机构。教育标准局制定了"共同评价框架"（the Common Inspection Framework），以此作为高等教育教学质量内部监控和外部监控的评价标准。由此可见，英国高等教育教学质量内部监控与外部监控，在评价标准上具有统一性。所谓教学质量外部监控，主要指建立完善的职业资格证书监控体系和实施独立的第三方评估制度。其中，第三方评估是指英国政府设立专门机构、组织专门人员对各高等教育机构的教学质量进行监督、检查和评估，以促进高等教育教学质量的提升，同时将评估结果作为划拨款项和社会宣传的依据。所谓教学质量内部监控，是指各高等教育机构构建了"高于外部评估标准、过程与结果并重"的内部教学质量保障体系。各高等教育机构通过设置专门部门，组织专业人员对本校教学情况进行监督、检查和评估等，改进教学方法，提升教学质量。教学质量内部监控的评价标准、评价内容和评价方法都将在职业院校、行业和社会上公开，评价结果将作为教学质量外部监控的佐证材料教学质量内部监控体系的建设已成为英国高等教育机构的一项日常管理活动，借此实现自我监控、自我改进和自我发展。这种"以外促内"的高等教育教学。质量监控模式不仅保障了高等教育机构的自主权和自治权，而且促进了教学质量内部监控和外部监控的有效对接与优势互补，并进一步推动了英国高等教育的发展和高等教育质量的提升。

**（一）建设**

**1. 英国高等教育教学质量内部监控的内容**

英国高等教育教学质量内部监控主要包括四个方面，分别为：总体效能、学习成果、评价质量和管理效能。

具体而言，总体效能的监控依据主要是指职业院校在满足学生和用人单位需求方面的有效性。学习成果的监控依据是学生学习目标实现的情况、进步程度、经济和福利改善状况以及对社区的贡献等。评价质量的监控依据主要包括教与学的实施状况与效果、教学手段的运用、为学生提供指导的有效性以及学生需求的满足程度等。管理效能的监控依据主要包括安全保卫、平等与多样化和资源管理等。

在教学质量内部监控的四个方面中，每一方面的监控标准都由三部分构成：指导性问题、价性陈述和评定的等级特征描述。每一方面的监控结果都划分为"优秀""良好""需要改进""不合格"四个等级，每一个等级的描述都要遵循细致合理、条理清晰、重点突出等原则，以确保具有较强的可操作性和可行性，从而可以为教学质量内部监控的顺利开展提供明确指导。教学质量内部监控不仅需要按照四个评定等级给出结论，而且需要形成内部监控报告。内部监控报告是对学校内部监控过程的总结，需要清楚地反映每一项证据的来源应用于哪项评价指标以及应采取的改进措施等内容。

内部监控报告一般包括导言（自评院校概况介绍）、总的等级汇总表、等级评定表、课堂观察活动等级评定情况记录，以及"学习成果""评价质量""管理效能"三方面等级评定情况记录等。具体而言，内部监控报告主要包括《自我评估报告》和《质量改进计划》。

其中，《自我评估报告》是指高等教育机构每年对每位教职员工进行一次绩效考核。考核指标有成功率、出勤率及其他附加值。同时，高等教育机构每年对每位教师进行一次教学情况（含专业教学和其他学习活动）的视察和评分，其结果作为教师绩效考核的依据之一。具体而言，成功率是指学生保有率完成学业的学生人数占入学人数的比例）乘以通过率（通过职业资格考核的学生人数占入学人数的比例），成功率一般按专业计算，通过与国家平均水平对比即可得出任课教师的评估结果。出勤率是指上课（或参加其他学习活动）的学生人数占总人数的比例。附加值是对每位学生与起点（取得成就之前相比进展情况的考核，学生和雇主的反馈信息也作为绩效考核的重要依据之一。

《质量改进计划》是指根据自我评估报告中指出的问题，拟定提高绩效所采取的行动方案。一份完整的《质量改进计划》必须包括明确的行动细则和时间表。

**2. 英国高等教育教学质量内部监控的程序**

英国高等教育教学质量内部监控注重连续的过程性评价，合理的数据收集和分析是教学质量内部监控的重要基础。收集的证据应符合相关性、有效性、真实性、充分性、连贯性和可靠性等要求。收集证据的过程紧紧围绕五个关键问题进行：

（1）学习者学业成就如何；

（2）教学和培训效果如何；

（3）教学项目和教学活动是否符合学习者的利益和需求；

（4）学习者获得指导和帮助的状况如何；

（5）在提升学业成就和帮助学习者方面的领导和管理效度如何。

教学质量监控报告的内容也必须涉及以上五个关键问题，且务必要求对每一个关键问题作出评价与判断。

具体而言，英国高等教育教学质量内部监控程序主要包括：相关证据和数据的收集与分析、评价等级的确定、评价后的信息反馈工作、自我评价报告的撰写、改进行动方案的制订和评价后改进工作等。教育质量内部监控的具体实施步骤主要包括：

第一步，启动教学质量内部监控并决定如何开展监控。由校长主动采取行动，任命高级管理人员对教学质量内部监控进行协调，建立教学质量内部监控小组，并对小组成员进行所需监控技能的培训。制定教学质量内部监控的指导性原则，确定具体的监控方法和监控日程安排表。

第二步，收集证据并作出评价判断。主要由信息管理系统和其他人员向监控小组提供信息，监控人员在收集证据的基础之上对证据作出评价，通过评价判断来评定等级。

第三步，撰写小组自评报告并进行验证。小组自评报告的撰写主要包括评价结果的客观描述和行动改进方案的撰写，验证主要涉及评价判断和评定等级的协调与验证。

第四步，教学质量内部监控最终报告。通过对各领域的自评报告和总的自评报告进行校对，并送呈协调小组、学术委员会审核，形成教学质量内部监控最终报告。

第五步，批准自评报告并改进行动方案。教学质量内部监控最重要的目的不是评价，而是改进自评报告经教学质量管理小组或学校各个委员会批准之后，实施行动方案，与院校发展战略和其他计划相联系，对行动方案进行评价和修订。

改进方案重点关注需要改进的领域，并根据事情的优先程度落实各项行动。行动方案的制订应具体化，针对每一项行动，必须明确"哪些需要做""由谁去做""何时完成""需要哪些资源"等问题。

**3. 英国高等教育教学质量内部监控的特点**

（1）标准统一，强调监控结果的可比性

英国教育质量标准局制定了"共同评价框架"，以此作为高等教育教学质量的监控标准和监控依据。框架中的每一方面都囊括了指导性的问题，并对不同等级进行了具体的特征性描述。这既有利于监控人员在监控标准的指导下开展监控工作，也有利于高等教育机构找到工作的重点和努力的方向。英国的高等教育监控标准将能力改进作为单独的一项指标，突出了监控的重点，有利于高等教育机构实施改进行动。英国的高等教育监控标准除了分项评价指标外，还有总的效能评价指标，系统地反映了高等教育机构的基本教学资源、教学管理状态、教学质量水平、改进能力以及教学效果等。由于教学质量内部监控与外部监控依据的是同一套评价标准，评价的内容和评定等级的参考标准具有统一性，因而教学质量内部监控的结论具有可比性。对内部监控和外部监控结论的对比分析可以判断高等教育机构内部监控结论的准确性，从而有利于提升高等教育机构的教学质量内部监控水平。

（2）以生为本，重视对学生学习效果的监控

学生发展是教育质量的根本体现，是一切教育活动的终极目标。英国高等教育教学质量内部监控充分体现了以学生为本的理念。教学质量内部监控标准的制定以"学生发展与成就"为核心，遵循学习者利益最大化的原则，比如"学生的安全感"这一方面的等级评定往往对总体效能的等级评定产生直接影响；被评院校是否贯彻学生利益最大化原则是影响"管理效能"等级评定的重要指标。"学习成果"也是质量评价的一项重要指标。学生是教育质量提高的直接受益者，对高等教育机构的办学状况具有切身体验，学生的观点和意见历来是教学质量内部监控的主要证据来源之一。

英国高等教育教学质量内部监控十分关注学生的需求和利益，紧紧围绕共同评价框架中的关键议题展开。每一个议题的设计皆在以学生为中心，针对学生的学习效果、学生在学习过程中得到的指导与帮助、教学活动对学生利益与需求的满足情况等开展教学质量内部监控。内部监控工作的整个过程倡导以学习者为中心，无论在内部监控实施前，还是在实施过程中都重视听取学生的观点或建议。英国在"共同评价框架"意见征询稿中明确指出，教学质量内部监控应重点关注对学生学习成果产生重大影响的方面，对教学的监控应该更加细致，要提高教与学监控的标准。

（3）程序透明，确保监控过程的独立性和权威性

英国高等教育教学质量内部监控的结果和报告在监控结束后按照规定的

期限公开发布在网上。所有对教育质量感兴趣的组织和个人都可以从国家教育标准局的官方网站上获得特定高等教育机构的监控报告。教学质量内部监控活动采取全纳的方法，有关教学质量内部监控的通知会提前告知全体教职员工、学生和相关雇主，确保监控程序的透明性。以"教职员工发展日"为例，为了使高等教育机构的教职员工主动融入教学质量内部监控活动中，专门的培训机构在"教职员工发展日"这天对教职员工开展培训，以增强他们的监控意识，促进监控活动的有效开展。

　　另一方面，教育标准局是英国教育质量监测的权威机构。该机构直接对议会负责，具有较大自主权。教育标准局所需的经费由相关部门拨付，保证了教育监控的中立和公正。教育标准局主要负责评价框架的制定和修改、评价政策的修订以及对评价机构和评价人员的质量进行监控。这种机制既保证了监控活动的独立性，又维护了监控的权威性，确保了教学质量内部监控的高质量。为增强监控的有效性，教育标准局在督学的招聘和选任方面设立了一套严格的程序和制度。监控任务公布之后，在全国范围内招聘注册督学。注册督学成功竞标后将与标准局签订合同，全面负责组织和管理监控督导活动。督学的招聘与选任在一定程度上保证了教学质量内部监控的公开性和公平性。

　　（二）启示

　　高校教学质量内部监控体系的指标设立应当体现对教师提升自我能力的激励与对教师教学工作的引导。当前尽管我国高校的监控评价指标已经在逐步完善，但还没能设立综合性的指标，并且对于指标的等级划分与指标的指导作用还缺乏设计。教学质量监控指标的有效性、科学性、公平性还有待完善。同时还应当将教学质量同对教学的资金投入挂钩，对于教学效果、质量优秀的就加大资金投入力度，对于教学效果、质量差的应当减少资金投入力度。这样能够树立起高校注重教学质量的核心理念。在根据教学质量改变资金投入力度的同时，还应当鼓励社会上的行业与组织积极参与到高校教学质量监控中来，从而使得评价与监控的结果结合多方面因素，更具科学性与合理性。

　　高校应当在教学质量监控中完善自我评价的制度。因长时间以来，我国高校一直处在一个等待被评价的地位，主观能动性较弱，自我监控体系还没有相应的完善措施，对于自我评价的建设与规定也相对缺乏。因此高校应当树立起自觉主动进行自我评价的观念，加大对自我评价机制的建设力度。转变高校的被动观念，将等待被评价的过程转化为积极主动地自己我评价过程。与此同时，将内外部教学质量监控联合起来，更有效、更全面地对教学质量与教学效果进行评价与监控。将自我评价机制作为高校建设中的一个重点工作来进行，在高校内形成一种自我评价的优良风气。

需要注意的是，自我评价过程不仅要有全体教职员工的积极参与，还要有行业、用人单位等的参与，这样才能保证评价结论更加符合实际情况，自我评价报告反映的情况更加真实，从而更加有利于教学质量内部监控体系的构建。

教学质量与教学效果究竟达到怎样的程度，还要从学生身上来体现，高校内应当确立起以学生的学习为核心的教学思想。进行高校教学质量监控与提升教学质量，其最终目的都是高校能够为国家培育出更优秀的高质量人才。而学生的学习成果通常与教学效果、考试成绩、课堂状态有着密不可分的关系。因此，也可以说学生与课堂教学质量是分不开的，是课堂教学质量提升后的最大受益者。因此，高校的内部质量监控体系应当更加注重学生的核心地位，将学生的核心地位理念贯穿于监控活动的始终。通过对英国高校内部监控体系制度的借鉴，将不同阶段的学生学习情况进行整理与记录，并将其作为支持监控结论的理论依据，进而逐步将高校内部监控体系中的学生评价体系建设好，在进行对学生的评价活动与学习状态分析时，也应当注重学生的核心地位。

对于高校内部教学质量监控来说，监控结果的有效性、精准性、即时性、专业性能够有效地保证监控结果具有合理性与科学性。同时高校对自身教学质量的评价结果、监控记录、自我分析，也能作为有效的材料来辅助上级主管部门对高校的教学质量进行评定与分析。通常上级主管部门会在官方网站上贴出图表，利用这种方式来对数据进行分析与整理，使数据能够更为直观、清晰地展现出来。上级主管部门同时还会更新网页的数据以便进行查阅，同时也为高校之间提供了相互竞争、交流、讨论与相互提升的平台。为了能够确保教学质量监督数据具有科学性与可用性，高校应当加强对评价结果平台信息化的建设，通过建立数据平台，来将评价结果与指标纳入信息库中。并遵照监控体系的原则与规定，将高校的教学活动与情况记录进信息库中，进而生成一个完整的高校教学质量信息库。利用现代科技，进一步辅助高校进行教学质量内部监控活动，不仅能够方便查阅，还能够提升高校的信息化水准，从而保障监控活动的效率与合理性。

## 二、德国的建设及启示

通过对德国高等教育发展模式的考察，可以发现，坚持严格的质量观是其获得成功的关键因素。德国高等教育的高质量观，与其教学质量内部监控体系的建设密切相关。

### （一）建设

#### 1. 德国高等教育教学质量内部监控体系的内容

德国高等教育教学质量内部监控体系通过制度设计、组织设置和标准制定等举措，保障高等教育机构教学质量内部监控体系的有效运行。正确理解并准确把握德国高等教育教学质量内部监控体系的内容，可从监控制度体系、监控组织体系和监控标准体系三个方面进行分析。

（1）教学质量内部监控的制度体系

1998年，德国对教育体制进行了相对全面的改革，将三百余种职业的教育培训进行细化，在取消学科制的同时创建"学习领域"制，从法律层面对高等教育进行约束和规定，从而使德国高等教育机构的职责日趋明确，高等教育教学质量内部监控体系的运行机制也日趋清晰。一方面《州学校法》规范了高等教育机构的办学行为，涵盖了学校的使命与任务、举办者及其法律地位、学校教育分类与学校类型结构、学校各法律关系主体及其权利、学校人事和财务以及国家对学校的监督等。另一方面，针对各专业制定《框架教学计划》，保证高等教育机构各专业教学的正常实施。德国各州文教部长联席会议（KMK）颁发的手册中包含了高等教育机构的教学任务指示，高等教育机构的教学活动基于具体的职业行动及相应的思想活动，注重由反馈所引起的行动计划设计行动计划实施及行动计划结果，从而有助于提高学生的思维能力和加强学生的个性发展。通过引导学生对相关职业领域工作任务的深入思考，使学生具备运用已有知识研究问题和解决问题的工作能力，促进学生的全面发展。

（2）教学质量内部监控的组织体系

为了保障教学质量内部监控工具的有效性和可靠性，德国的高等教育机构不仅对学校内部人员在工具开发方面作了要求，而且吸收了校外专业人员的参与。因此，德国高等教育教学质量内部监控体系的组织保障不仅包括高等教育机构，而且还涉及校外的机构。

具体而言，一是基于高等教育机构自治的学校内部自我评价与监控。它注重教学质量的内部适应性，即与学校教育目标的吻合度，关注生源的输入和教学过程的运作，强调以绩效为本的学校自治，在保持学校发展特色的同时追求学校的效益与效率。二是州政府委托的专业权威评价机构，通常是由同行专家为主构成的各种专业组织，兼顾过程监控和结果评价，形成了州政府、高等教育机构和社会三方协调的运行模式。三是民间评价机构，包括媒体社会机构或个人，通常以结果评价为主，注重教学质量的外部适应性，即社会对学校教学成果的满意程度。外部的教学质量监控机构促使高等教育机构通过相互协商和互动合作的方式提升教学质量，从而加强了高等教育机构与外界的交流与沟通，明确了高等教育机构改进教学质量的努力方向和目标，并引导和激励学校付诸实践。

（3）教学质量内部监控的标准体系

无规矩不成方圆，无标准何谈质量。在高等教育教学质量内部监控体系中，质量标准体系在高等教育教学活动中发挥纲领性的作用。德国双元制高等教育质量标准是教育活动的一种操作规范和参照，是德国双元制①教育之纲。参照ISO9000系列标准，融入全面性、过程性的高等教育质量要求，教学质量监控的标准体系分为输入和输出两类。输入类标准体系是指为了确保资源的优化配置而设置的标准体系。输入是过程质量观中系统活动的基础，输入类标准包括人员标准、资金投入标准、硬件设施标准、培训场所标准、课程认证标准和能力框架标准。只有遵循输入类标准的要求才能使它们发挥各自的作用，最后达到输出的效果。在德国高等教育体系的长期发展过程中，学校、企业、行业协会、主管部门在双元制体系框架内加强各种输入类标准的互动，形成了相互关联、相互作用的过程网络，有效规避了只顾局部而不顾整体导致的消极影响。输出类标准体系是指为了向企业输送合格的人才而设置的标准体系。通过高质量的输入活动，德国的高等教育为社会和企业输送了大批高素质人才。在课程

---

① 双元制是源于德国的一种职业培训模式，所谓双元，是指职业培训要求参加培训的人员必须经过两个场所的培训，一元是指学校，其主要职能是传授与职业有关的专业知识；另一元是指企业或公共事业单位等校外实训场所，其主要职能是让学生在企业里接受职业技能方面的专业培训。这种模式在德国的企业中应用很广，近几年也被我国的一些企业借鉴或采用。

学习完成之后，学生要参加由高等教育机构、工会代表和雇主组织的毕业考试，来检验其是否具备了从事某种职业所必备的职业资格和能力。考试内容是与工作实际紧密结合的理论知识和操作技能；考试时间根据职业性质而定，少则几小时，多则十几天。考试合格的学生将获得由行业协会颁发的职业资格证书，它是从事某种特定职业的凭证。因此，双元制教育体系培养出来的学生具备充足的知识，能够独立分析问题、解决问题，有较强的实践能力，能够完成完整的工作过程以及具备完成跨企业工作任务的能力。

**2. 德国高等教育教学质量内部监控体系的程序**

德国高等教育教学质量内部监控是一个持续改进的过程。具体而言，主要包括五个步骤，分别为：

（1）分析教学活动的总体现状

当高等教育机构希望了解自身的优势和劣势、检验学校的教学质量，或者检验外部评价提出的改进措施是否有效时，会对学校的总体现状进行分析。现状分析通常采用多种工具收集数据，如使用外部评价框架设计的调查问卷等。在对数据进行解释的基础上，定义教学质量内部监控目标并设计相应的方案，反过来也对数据的有效性进行评价。

（2）定义目标并确定监控指标

分析总体现状之后需要定义目标并确定测量和观测指标以便检验目标达成的程度。定义目标时要格外注意目标的合法性和科学性。对定义目标的理论基础达成共识是教学质量内部监控的核心。不同的目标，例如有形的目标（什么应该被实现？具体应追求哪些教学质量？）和时间的目标（什么时候应该结束？）是相互依赖和相互影响的。只有对目标有了清晰的认知，才能明白目标指的是什么，如何才能实现以及系统如何有效运行。

（3）设计教学质量内部监控方案

除了明确的目标定义外，对教学质量内部监控方案的设计也非常有意义。监控方案的设计需要明确涉及的相关人员有哪些，哪些人员能够提供信息和帮助。明确了所有的前提条件之后，需要在项目计划中澄清时间节点和监控项目的负责人，即谁在什么时间完成何种任务。教学质量内部监控的所有流程均要根据系统化的过程控制方式加以设计，通过制定清晰的结构和明确相关人员的责任，推动教学质量内部监控的顺利进行。

（4）执行教学质量内部监控的方案

监控方案设计时考虑愈周全，愈能在执行方案过程中避免出现问题。然而，现实中的任何计划也无法消除应然和实然之间的偏差。造成偏差的原因可能是计划方案与现实情况之间存在脱节，如：每个步骤执行的时间过短，某个步骤未能按照计划实施，方案执行主体出现动机缺失等心理问题。所以在实施教学质量内部监控时，必须采取系统控制的方法，通过细致地比较实际和期望的状况，采取相应的纠正措施。如：对目标定义进行微调，对执行过程进行必要的干预，吸引其他相关人员的加入以及激发方案执行主体的动机等举措。需要注意的是，在执行方案时，学校领导主要承担整体的协调任务。对于规模较大的高等教育机构而言，建立协调组或控制组是很有必要且十分重要的，这些小组由学校领导授权共同承担教学质量内部监控的工作。

（5）检验教学质量内部监控目标的完成情况

通过执行教学质量内部监控方案就能够获知教学质量是否得到了改善，并在何种程度上得到了改善。

（二）启示

**1. 加强内部自我评价机制建设**

在教学质量内部监控活动中，德国的高等教育机构把机构的自我评价作为评定学校教学状况的准则。我国的高等教育机构应遵循"自我评价为主，以外促内"的原则，完善内部自我评价机制建设，充分发挥自我评价机制的反馈和改进作用。一方面，可以设置单独的内部评价机构，独立行使评价和监控功能；构建常规化的内部质量标准体系，结合国家标准和社会需求，明确人才培养和办学定位，并据此设定教学的各项工作要求，规定教职员工的职责、制度和规范等。另一方面，建立高等教育机构自我评价制度。依据国家质量评价标准，制订学校的自我评价标准和方案，并向社会公布评价结果。建立校内外质量评价体系，校外评价以毕业生追踪调查、与用人单位交流反馈、人才市场需求等调查结果为基础，校内评价以教学检查制度、教师听课制度、教学督导制度等各类制度、文件为基础，兼顾教师评学、学生评教、教学评优及教学观摩等结果。除此之外，高等教育机构还应组织专人进行校外调查，以便对学校发展状况作出客观判断。

**2. 充分发挥第三方评价机构在教学质量内部监控中的作用**

为了保证教学质量内部监控的客观性和公开性，提高教学质量内部监控的权威和影响力，使教学质量内部监控工作更加规范化和专业化，应该设置独立的、不依附于教育行政部门的第三方评价机构。第三方评价机构的主要职责包括：负责学校外部质量评价标准开发、外部评价专家的资质认定与培训、年度教学质量报告的编撰与发布等。虽然第三方评价机构的主要职责都与教学质量外部评价有关，但是只有建立健全教学质量外部评价体系，才能为教学质量内部监控提供参考和保障，进而才能促进教学质量内部监控的有效开展，即通过第三方评价机构检验高等教育机构的办学绩效和学生质量，为学校改进教学方案提供参考。第三方评价机构不仅可以保障教学质量内部监控结果的公正和透明，而且能够调动社会各方力量，充分发挥社会对高等教育机构教学质量的监控职能。

**3．充分调动行业企业参与教学质量内部监控的积极性**

首先，对行业企业在高等教育中的责任和义务进行明确界定，促进行业企业加大投入，形成教育经费多方合作投入体制，确保高等教育经费投入的稳定增长。其次，创新行业企业参与教学质量内部监控的形式。具体而言，一方面可以通过行业协会协调高等教育机构与企业的沟通交流，促进高等教育机构的教学活动更加贴合社会经济和产业结构调整的要求贴合企业的人才需求。另一方面，政府在赋予行业企业参与高等教育机构发展权利的同时，还应给予行业企业一定的职责和义务，并从国家法律层面制定有关其责任和义务的明确依据。国家法律政策的制定还应满足企业自身的发展需要，切实保障企业的利益，如通过调整税收政策、明确相关激励政策等，充分调动企业参与高等教育教学质量内部监控的积极性。

加强我国高等教育教学质量内部监控体系的建设，是促进我国高等教育质量提升的必由之路。充分借鉴德国高等教育教学质量监控的优秀经验，充分发挥教学质量监控的改进与问责功能，将质量监控内化为高等教育机构改进教学标准、提高教学质量的管理机制，营造教学质量内部监控的良好氛围，以此促进高等教育机构的可持续发展。

## 三、日本的建设及启示

全球化竞争的不断加剧加速了日本的技术革新和传统企业的淘汰。为了发展新的经济增长领域，日本亟须解决由适龄劳动力急剧减少所带来的产业结构与劳动力市场变化的矛盾问题。最近，企业内的基础教育训练逐渐被压缩，在企业人才培育机能逐渐减弱的情况下，国家迫切需要在学校教育中扩充发展高等教育为新的经济增长领域输送高质量的技术技能型人才。日本的高等教育机构类型多样，主要包括短期大学、高等专门学校等。为了提高高等教育的国际适用性和信赖性，自20世纪90年代，日本开始建设高等教育教学质量外部监控体系，并通过制度建设引导规范高等教育机构逐渐完善教学质量内部监控体系。

2016年，中央教育审议会大学分科会大学教育部会发布了《毕业认定学位授予方针、教育课程编制实施方针和入学者申请入学方针的制定及其运用的方针》[①]，要求高等教育机构围绕教育内部质量监控的招生、课程和毕业三个核心问题，分别制定方针，并对方针制定单位及其注意事项相互关系等问题提出建议。此项举措的目的在于更为深入具体地指导和规范高等教育机构，以便配合外部质量评价自主构建内部质量监控体系。

## （一）建设

### 1. 日本高等教育教学质量内部监控体系的内容

大学评价与学位授予机构认为所谓的"教学内部质量"，是指高等教育机构有责任对自身的各种活动进行检查评价，并以检查结果为依据，不断进行自我改进，以保证其质量。归根结底，教学质量内部监控是指对教学体系的监督、评价及支持的过程，它由明确的校内政策、程序和体制等构成，能够持续保障教学质量。

《教育内部质量体系构建的准则》提供了高等教育机构教学质量内部监控体系构建的框架指南，建议高等教育机构从八个方面构建教学质量内部监控体系：

一是内部质量监控的全校性方针和责任体制，即高等教育机构应规定教学质量内部监控的方针，明确责任体制，并将之作为全校性的方针。

二是教育计划的认可、定期检查与改善，即高等教育机构需要设置对新教育计划进行认可、定期检查和持续改善的体制和程序方法。尤其需要从确保学生学习效果的视角出发，对教学措施和教学内容以及授予的学位进行检查和评价。

---

① 以下简称《方针》。

三是教职员工的监控能力提升，即高等教育机构的教职员工应具备适当的教学质量内部监控能力，高等教育机构应制定提升教职员工教学质量内部监控能力办法、持续实施的体制和程序。

四是学生学习环境的检查与改善，即高等教育机构应对学生的学习环境以及相关的配套支持策略进行检查与评价，并设置持续改善的体制和程序。

五是高等教育机构教学目标的检查与改善，即高等教育机构应明确短期和长期的教学目标与计划，以便把握教学活动的状况进度和完成情况，持续改善教学质量内部监控的体制和程序。

六是学生和外部人士参与教学质量内部监控，即在上述各种教学质量内部监控基础之上，高等教育机构需要吸收学生和外部利益相关者的参与，或者设置听取利益相关者意见的体制和程序。

七是教育信息的收集与分析，即高等教育机构需要充分收集有关教学活动的实际数据和资料，并开发数据积累、分析和利用的程序。

八是教育信息的公开，即高等教育机构需要从教学质量监控和消费者保护的视角出发，针对潜在生源、在校生和家长等利益相关者定期发布相关信息。

需要注意的是，《教育内部质量体系构建的准则》不仅从教学质量内部监控的体制、程序、愿景、目标和资源等要素入手，提出高等教育机构教学质量内部监控体系框架，还从实践者的角度对每个要素的具体操作要求进行了详细说明，使框架指南具有可操作性。

**2．日本高等教育教学质量内部监控体系的程序**

日本高等教育教学质量内部监控体系旨在保证"PDCA"循环的高效运行。该循环包括以下四个要素构成：教育目标（Plan）、教学计划的实施（Do）、教育成果的目标达成度评价（Check）和评价结果的改善（Act）。"PDCA"循环程序是持续性地分析、监控、反馈和改善教育计划的质量管理过程。教学质量内部监控系统的构建能够有效保证"PDCA"循环程序处于良性循环状态。具体而言，高等教育教学质量内部监控体系是个复杂的工程，为了保证教学质量内部监控贯穿学生入学到毕业的整个过程，日本在国家制度层面对内部监控体系过程性管理进行了重点部署。《方针》对高等教育机构教学质量内部监控体系构建中的招生、课程和毕业这三个核心质量管理环节提出建议，概述了制定每项方针的内容、原则及其注意事项。

首先，明确《方针》中"三个方针"的具体内容。各高等教育机构在制定毕业学位认定授予方针时，应与教学理念相匹配，确定毕业生应掌握什么样的能力，据此制定学位授予的基本方针，明确学生结业成果目标。各高等教育机构在编制课程实施方针时，应明确与毕业证书相匹配的课程，以及与之相对应的教学内容、教学方法和学习评价的基本方针。各高等教育机构在制定学生入学方针时，应以上述两大方针为依据，确定与之相适应的招生基本方针，从知识、技能与思考力、判断力、表现力等诸多方面衡量所招学生的学习成果，以及主体性和与他人合作的学习态度。

其次，明确《方针》中"三个方针"的制定原则。第一条原则为整体性。各高等教育机构应从宏观视角出发，从整体上制定"三个方针"，以确保各方针之间的协调统一。第二条原则为基于调查研究。各高等教育机构以《我国高等教育的未来像》为依据，以校长为中心研讨推动准则制定，以学生为中心确立学位目标。搜集分析有关教育、研究和财务等的资料，以调查研究为依据，明确获得的知识和能力及其课程体系。第三条原则为一贯性。各高等教育机构应力求学位授予准则和教学计划准则的一体化和整合性，明确规定学生毕业所应掌握的能力水平和所应具备的素质结构，并据此开发具体的课程及学习成果评价的要求。

最后，明确《方针》中"三个方针"的注意事项。《方针》不仅对制定每一个方针的具体注意事项进行了阐释，而且对每一个方针在"PDCA"循环过程中的注意事项也作了具体说明。《方针》指出，为了促进利益相关者更加深入地了解高等教育机构，各高等教育机构应加强与不同利益相关者的合作，以《方针》为基础努力提高教学实效性，公开教学信息。各高等教育机构应采取多种方式和手段，根据已经确定的教学理念对教学活动、教学环境和学生的学习效果进行改进，并将这些信息和"三个方针"的注意事项公之于众。

## （二）启示

### 1. 构建一体化的教学质量内外部监控制度体系

建立健全高等教育教学质量监控体系，制度建设是关键。科学、可行和健全的制度体系能够调动高等教育机构教学质量监控的积极性，形成自我约束、自我完善、自我发展的内部监控机制。理性借鉴日本的经验，可以从下述三个方面构建一体化的教学质量内外部监控制度体系。

一是系统构建制度内容体系。日本的高等教育质量监控制度体系，既包括国家层面宏观的教学质量监控制度，也包括学校层面微观的教学质量监控制度。其中，宏观的教学质量监控制度主要是指针对不同高等教育机构制定的"设置基准"、"评价基准"、"职业能力评价制度"《准则》和《方针》等；微观的教学质量监控制度主要是指高等教育机构的各种规章以及授课规定等。具体而言，主要包括学习成绩评价、升级以及毕业认定规则、选修课程规则、校外实习进修相关规则、其他学校学习学分认定注意事项、外国留学注意事项、校外实习单位以及其他高等学校学习学分认定、学生生活规则、各种设备设施规则、住宿规则等。翔实的制度内容体系使日本高等教育机构的教学质量内部和外部监控制度形成了互补。

对于我国而言，要以完善国家、地方教育行政主管部门宏观层面的教学质量外部监控制度体系为先导，对过程性管理、结果管理环节提出指导性意见和建议，有效引导高等教育机构从评价主体与标准、评价目标与内容、评价方法与程序以及评价结果与分析等方面自主完善教学质量内部监控制度体系。

二是国家从教育行政管理的角度，以一体化为原则建设高等教育与技术本科教育相互衔接的质量监控制度体系。日本从高等专门学校短期大学和大学教育衔接的角度出发，依据不同的专业领域和教育类型，有针对性地完善监控机构，制定高等教育和技术本科教育相互衔接的评价基准不同评价机构以国际教育标准、国家教育标准、国家资格标准等标准为依据，制定"监控基准"，并经过中央政府行政机关的认证，确认标准的专业性和可行性。以"监控基准"为核心的标准制度体系的建立，有助于实现资格互换和学分互换。

三是持续更新教学质量监控理念，不断修订教学质量监控制度体系，保持监控制度的先进性和国际共通性。1947年，日本颁布了《学校教育法》，并把它作为教学质量内部监控制度的基础，之后不断对该法案进行修订使之适应国内外教育发展的要求。与此同时，在研究调查的基础之上，不断制定并修正"设置基准""评价基准"等，对教学质量内部监控制度进行持续改进。

**2．建立促进教学质量内部监控体系有效运行的保障机制**

高等教育需求导向型的办学特点决定了高等教育机构需要吸引多元主体，特别是作为直接利益相关者的行业企业，应该深度参与高等教育教学质量内部监控。为了促进多元主体在深度参与过程中的互动合作，需要在国家层面和学校层面建立促进多元主体互动合作的运行保障机制，其核心是产学官合作式互动评价机制。具体而言，首先要了解并明确参与教学质量内部监控的校外人士的专业监控素质。为了增强信誉度，高等教育机构应面向社会公开学校的教学信息，招揽校外专业人士参与，并对他们的相关资质做出要求。其次要不断提升教职员工的教学质量监控能力。《教育内部质量体系构建的准则》从体系建设的角度，对教职员工的教学质量监控能力以及能力的开发进行了规定，不仅要求教职员工具有恰当的检查和评价能力，而且制定了提高教职员工监控能力的培养办法和程序。再次要构建校外专业人士特别是企业相关人员参与教学质量监控活动的体制并组织相应的实施方案，建立有社会人士参与的实践性职业能力学习评价系统，持续提升高等教育在实践性上的国际通用质量。

理性借鉴日本的经验，我国应以促进学生学习和促进综合职业能力发展为理念，以教学质量外部监控带动教学质量内部监控体系的完善，以规范的制度设计约束高等教育机构参与教学质量外部监控，主动履行教学质量外部监控的责任，使教学质量内部和外部监控体系形成良性循环的状态。随着教学质量监控体系的不断运行，教育质量监控体系建设自然会形成一种质量文化，并对高等教育机构的教学质量管理产生积极的作用。

## 第四节　高校教学质量内部监控运行模式差异分析

各高等院校在管理理念、管理经验以及对教育教学质量内涵认识等方面存在差异，因此，在具体对学校的教学质量实施监控时，会在监控的主体和客体、监控的范围、对教师教学质量评价方面存在差异。

### 一、监控的主体和客体

不同的教学管理理念左右和影响着管理者对自身角色的界定、对管理方式的选择、对管理模式的选择以及对管理结果的评价等。现代管理理念强调"以人为本"，主张管理要依靠人、尊重人、凝聚人的合力，实现人的潜能的充分挖掘，实现人的全面发展，最终实现组织的目标。

英国许多高校所采用的学术专家治校的监控模式充分体现了以人为本的现代质量管理理念。首先，这些学校意识到教学质量是学校的生命线，因此，极其注重校园的质量文化建设，注重培养全体师生员工的质量意识，使质量成为学校师生员工共同信奉的价值，成为其内在的追求，将提高教学质量作为其一种自觉的活动。如英国的剑桥大学在数百年的发展中形成了独特的质量文化，它通过创造一种自我调节的气氛，来充分调动全体师生员工的积极性。它的一个副校长曾说过："创造一种自我调节的气氛，而不是永无休止地强制，因为这将更具有激励性、建设性和较低的运行成本。"其次，英国许多高校意识到学校的主体是教师和学生，要提升学校的教学质量，需要全体师生的积极参与，他们是学校内部质量监控的重要主体。英国很多高校负责教学质量监控评估的机构成员由各学科专家和学生代表组成，如大学评议会[①]（University Senate）教学委员会等。在院系层面，也是由学术人员组成的机构进行管理和监督。每年对每门课程的评估由系主任、教师和学生代表组成的教学委员会进行。此外，学校领导和管理者的角色不仅仅是布置检查工作，而是协助教师将教学工作做得更好。对教师的评价不仅仅是出于奖惩和晋升的需要，更重要的是帮助教师提高教学和学术水平，从而提高教学质量。

美国高校的内外评估相结合的监控模式也充分体现了以学生发展为本、服务学生的管理理念。美国高校非常重视针对学生个体的评估，其目的就是要提供一切可能的机会促进每一个学生的潜能得以充分发挥。

我国许多高校已经开始重视教学质量的内部监控。但是由于才刚刚起步，理论实践经验均不足，因此，部分高校的教学管理理念依然比较保守落后，主要表现在教学管理中官本位思想严重，过于强调领导的权威，忽视专家、学者、教师和学生在教学质量管理中的主体作用。由于师生在整个过程中主要处于被

---

① 大学评议会是指某些高等学校的校级管理组织之一。其职权与组成在不同国家、不同学校不尽相同。有的是最高学术权力机构（如英国、德国、意大利等欧洲国家和美国的一些大学），有的是审议、咨询机构（如日本的国立大学）。主要职责为议决或审议学校的学术性事务，如学校的有关政策和重要的规章制度、系科专业设置、课程设置及教学计划、招生和学位授予、学生管理、学校重要设施的使用与管理、人事制度与管理（主要是教师与研究人员的聘任与晋升）等，有的还审议学校预算等有关财政事项（如日本国立大学）。

监控的地位，因此，往往积极性不高，缺乏自律，有时甚至还有抵触情绪。此外，有些学校领导的质量意识不够强，学校没有形成一种质量文化。由此，提高教学质量从根本上来说依然是由于一种外源性的推动，而不是出于学校和师生个人发展的一种内部需要。

另外，有些大学还没有树立适宜性的高等教育质量观。所谓适宜性的高等教育质量观是指高等教育所提供的教育服务应满足受教育者个人的程度，以及所培养的人才满足国家、社会和用人单位需要的程度。我国许多高校在教学质量监控和评价中，往往忽视社会各界、用人单位的意见以及专家的咨询。而英美许多高校在进行专业课程年度评估时，都非常重视毕业生、用人单位的反馈意见，及时调整课程内容，以满足社会和用人单位的需要。

## 二、教学质量监控的范畴

学校教学质量保障取决于诸多因素，如生源质量、教学计划及实施过程质量、教学过程质量、课堂教学质量教学辅助过程质量、教学条件质量及考试考核质量等。

芬兰的赫尔辛基大学①在其质量发展战略中明确指出，质量包括教育结果质量、过程质量、产生这些结果的活动的质量以及组织管理质量。教学质量是伴随教学过程所产生的结果。从教学任务输入到整体教学质量输出，需经历教师的教和学生的学这一基本教学过程和教学质量反映过程，再经历课程质量、学科专业质量，到最后的学校整体教学质量的过程。因此，大学的教学质量监控应贯穿于大学的所有工作之中。

英美高校在对其内部教学质量实施监控时，注重的是全方位的监控，监控涵盖面非常广泛，包括招生质量监控、课程质量监控、教学过程质量监控、学生学习质量监控、教学管理监控、毕业生分配质量监控和教学设施与服务质量监控等方面。

我国不少高校由于对教学质量外延的理解过于狭隘，仅仅将其理解为学生的学习质量和教师的教学质量，因此在具体的监控中也主要体现在对教师课堂

---

① 赫尔辛基大学（Helsingin Yliopisto）是位于芬兰首都赫尔辛基的一所世界顶尖一流大学，百强名校。于 1640 年创建于芬兰旧都图尔库，1828 年随都迁至赫尔辛基，是芬兰第一所大学及最高学府。全球广泛使用的 Linux 操作系统于 1991 年 10 月 5 日诞生于此。

教学的监控上，而对教学质量其他要素的监控，如课程质量、学科专业的质量、学生的学习质量和教学管理的质量等不够重视。

## 三、教师教学质量评价

美国著名的评价专家斯塔尔比姆（Daniel L. Stufflebeam）曾经指出，评价最重要的目的不是证明，而是诊断和改进。英国高校曾经将对教师的评价结果与教师的晋升、加薪、聘用等联系起来，结果引起教师的极大不满。1989年，英国开始对教师评价实施改革，实施形成性评价，结果深受广大教师的欢迎。美国在教师评价制度上也采用形成性评价，注重教师的自我发展。我国不少高校对教师教学质量评价具体的做法是：在学期结束前，学生对教师的教学情况作一次性终结性的评价，教师授课质量的评价方式主要由领导听课、专家听课和学生评教三部分组成，评价更多出于管理目的。

在教师评价指标体系方面，英美高校比较全面，基本涵盖了教学过程的各个环节：课前准备、课堂实施和课后辅导。英美大学的教学评价关注的是教学的全过程。评价的项目不仅检查教师的教学态度和行为，还充分了解学生通过教学对学科理论知识的理解和掌握、对所学课程的兴趣、学习独立性和创造性等方面所取得的收获。如哈佛大学在学生评教的问卷中包括这样的问题：教师的授课对你理解学科内容有帮助吗？教学过程是否使你提高了分析能力？课堂的谈论是否提高了你解决问题的能力？加州理工学院在教学评价中就学生的学习兴趣这样问道：你愿意上这门课吗？你希望在课后与教师一起讨论问题吗？针对学生学习独立性和创造性方面的收获，斯坦福大学的问题是：教师的教授能否使你对教学内容产生新的想法？教学内容是否可以引发你的创造性灵感？此外，美国大学教学评价专业针对性较强，不同的学科有不同的评价内容。

我国许多大学的评价内容相对比较狭隘，更多关注的是教师的课堂教学。评价指标体系基本包括教学态度、教学内容、教学方法和教学效果四个方面。此外，许多学校的情况基本是一张评价表适用于多个专业类型。

# 第五节 教学质量监控体系与长效运行机制构建要素分析

我们要确保建立起高校教学质量监控体系科学、长效的运行机制，因此应当构建出一个合理的教学质量监控体系。为了构建完善的教学质量监控体系，通常应当有权威组织机构与高素质管理队伍构建、科学评价体系与监控手段、完善的信息机制和畅通的教学信息反馈渠道、规范的管理制度机制与保障、完善的教学成果培育机制和激励与约束机制、完善的教学保障机制。

## 一、权威组织机构与高素质管理队伍构建

### （一）权威组织机构

高校内部是否设立了教学质量监控体系，且教学质量监控体系能否发挥应有效用，与是否设立了权威有效的组织机构有着密不可分的关系。权威组织机构能够单独行使对高校的监控权利，且作为高校职能部门与常设机构独立于教学系统之外，能够整合高校内部教学质量管理的数据，权威组织机构直接对校领导负责，同时设立高校教学质量管理办公小组，有利于清晰划分高校内教学与教学质量监控的关系，有利于构建教学质量监控长效机制。

对高校中教学活动进行质量监控并非一项简单工作，因此才需要权威机构的辅助，从而确保对教学质量的监控能够科学、有效地运行。权威机构组织之所以被称为权威，是因为组织具有高度的学术性与教学评价合理性的权威，且对教学监控活动具有绝对的执行权利。

### （二）高素质管理队伍

培育一支高素质的教学管理团队，能够有效保障教学质量监控活动的有效进行。高校具有极高的人才培养需求，肩负着为社会输送高质量人才的使命，因此高校内部需要一支专业的高素质教师团队，对于管理团队的要求也不能放松。管理团队直接影响高校教学质量监控的管理水平，而高校的教学质量能够直接影响高校的发展，因此管理团队的素质与能力对高校的发展也起着重要的作用。有研究表明，高质量、被社会各界所认同称赞的名校，无一例外都具有高素质的教学管理团队，且配备了高素质的评价专家与管理专家。

### （三）科学评价体系与监控手段

可以运用多种方式来构建科学的评价体系与监控手段，通常情况下可以从提问角度全面的评教表，从教学的计划、教学的手段、教学的目的、教学要达成的效果、教学的内容调配、教师的态度等多种方面来进行较为全面的评价，再将收集到的评教信息进行整理与科学分析，最后将评价结果反馈给被评价者，从而能够有效激励教师改进教学方面的不足，且能够为教师完善教学方法提供一定的指导。高校的教学评价机制是建立内部监控体系长效机制中的一环，它由教学质量的评价体系、评价方式、评价指标三方面构成。教学评价注重对高校的教学质量与学生质量进行评价，而学生的质量又与教学质量有着因果关联。

### （四）疏通信息反馈渠道

若想让高校内部教学质量监控机制能够保障长效运行，那么就要确保教学评价后的信息反馈渠道是畅通无阻的。高校监控中对信息的处理包括对信息进行收集；与对分析后的信息结果进行反馈两方面，而这两个过程又是首尾相连能够形成一个循环系统的。构建反馈体系的主要目的是能够及时掌握教学质量与教学状况的信息，从而能够让管理组织更迅速地对教学问题加以解决、制定相应的管理措施、改进教师教学情况、提升整体教学质量。因此可以看出，疏通信息的反馈渠道有利于整体教学质量监控系统的健康发展与长效运行。

### （五）规范的管理制度机制与保障

高校完善的制度机制包括：教学管理制度、教学质量监控工作制度和教学质量保障制度。学校教学管理制度是教学质量监控的根本依据，现在普遍实施的完善规范的教学管理制度体系一般都要包括如下内容：教育部教育厅政策性的转发文件、学校人才的总目标、学校教学工作规程、教学工作委员会条例、教学事故处理条例、专业设置条例、学科建设条例、课程建设方案、实践教学工作条例、考试管理条例、学生学籍管理细则、教师管理条例、学生管理条例、教材管理条例、教学事故处理条例等等。

### （六）教学成果培育机制和激励与约束机制

高校要注重对教学成果的培育，并积极激励教师进行对教学理论的研究与改革，通过高校与企业合作来将教学成果投入实际应用中。构建完善的成果培育机制，并通过有效的奖惩措施来激励教师进行研究与改革，从而提升教学质量。

### （七）通过政策完善教学条件

除了高校内部要对完善教学质量监控体系作出努力外，国家还可以通过制定法律法规与条例来规定高校的教学设施与办学条件的指标。譬如对教学设备、教学资金投入、学校操场与教室实验室等场地、教学辅助工具、实验仪器等进行标准规划。保障教学条件与教学质量是密不可分的，二者相辅相成、缺一不可。可以看出，高校的正常运行同这些硬件设备的保障也不无关系，因此，国家政策可以为办学条件与提升教学质量提供具有权威性的保障与支持。还需要注意的是，在注重完善教学硬件的同时，也不能忽略教学软件的配备。

## 二、内部质量保障体系结构

高校在构建内部质量保障体系的同时，需要理解其所包含的内容。高等教育质量保障具有输出、输入、过程、效率四方面的保障。其中输出保障主要保障的是高校为社会输送人才的质量（如高校毕业生的就业率等）与学生在校学习质量。输入质量主要保障的是高校师资力量、生源质量、高校教育目标等。过程保障的是教学过程中的教育质量、教学方法、师生互动情况与关系等。效率保障的是高校中教师与学生的比例、平均每位学生的培养投入、实践投入、综合培养效率等方面的问题。各个高校需要根据社会与自身的发展需要，结合当地经济的发展需求，采取相应的手段进行合理有效的规划。最终不断完善自身的质量保障体系。具体高校内部质量保障体系结构框图，如图6-1所示。

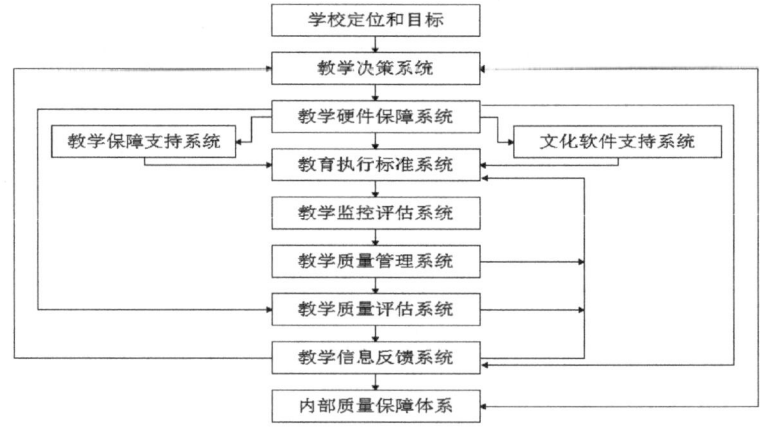

图6-1 高等院校内部质量保障体系结构框图

我们主要根据质量保障体系的特点，对质量保障体系的基本模型做出一个简单的设计，并对其各个系统进行简要的分析。

根据对高等教育内部质量保障体系的功能及其中构成保障体系的各要素进行分析，进一步对保障系统的运行过程进行解读，以高等院校内部质量保障体系的结构框架做出简要的模型结构图，如图6-2所示。

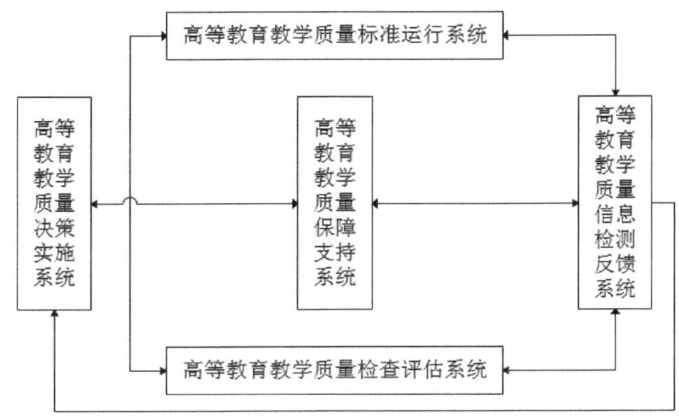

**图6-2 高等院校内部教学质量保障体系结构图**

可以看出教学质量保障支持系统是整个系统的中心环节，它与其他各个环节相互协调，相互作用。教育质量信息检测反馈系统作为整个系统过程中的最终处理环节，不仅对整个教育质量保障系统进行着反馈，同时还将作用于教育系统的决策实施系统，保证整个系统的循环性，可以持续长久地对教育质量进行保障。

# 第六节　高校教学质量保障体系子系统构建

鉴于上述问题层面与国外高校的启示，构建出科学有效的教学质量保障系统的子系统就显得尤为重要。

## 一、教学质量决策实施系统

高校可以对人才培养活动制订人才培养方案，并严格按照计划进行。培养方案是具有指导性的人才培养计划，其中包含了对教学活动的组织、制订教学目标与任务、确定教学内容等。人才培养方案的设置必须具有预见性与稳定性。要严格监控培养方案的制订，对方案要经过严密的推敲与论证，需要结合本校发展情况、社会需求、自身条件进行严密的计划。方案一经完成，就需要严格按照计划行事，如果确定需要对人才培养方案进行修正更改，那么就需要按照规范的流程来提出申请等待审批。

高等院校内部教学质量保障体系是一个开放的系统，它将输入保障系统的信息进行系统化的处理分析，并通过相关的组织部门对所反馈的问题进行分析总结，制定出新的保障措施，保障学校的教学质量和教学环节，为社会培养出更多的人才。因此可以将整个系统看作是一个投入运行和产出的保障体系，它的运行也将受到外部环境的影响，这样的系统运行机制模式，如图6-3所示。

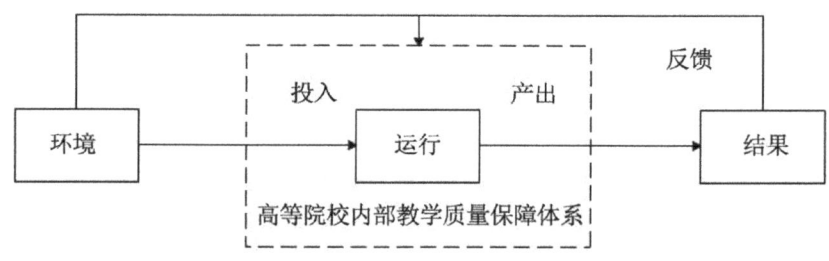

**图6-3 高校内部教学质量保障体系运行机制图**

**（一）环境**

高校的环境多种多样，不仅包含校内环境，还包括校外教育环境。学校需要根据不同阶段、不同的社会环境，与学校自身相结合，制订相关的教学目标，投入相关的教学管理工作，使学校培养出符合社会需求的人才。

**（二）投入**

高校内部教学质量保障体系的投入主要是对人、财、物三方面的投入。人方面的投入一般包括学生、教师、相关管理人员等方面的投入。财方面的投入主要指的是教学经费、科研经费和管理经费的投入。而物方面的投入主要指的是学校教学过程中所需的教学设备、教学设施、教材等资源的投入。这些方面的投入都将是内部质量保障体系得以运行的主要保障。

**（三）运行**

高校教学质量无法进行单独判定，需要通过教学活动来分析其好坏。通过教学质量保障体系的引导，对教学活动进行不停改进，从而使最初设立的教学目标得以达成，能够使教学活动进入下一目标。如此形成一个循环系统，保证教学活动的运行具有合理性与规范性。

### （四）产出

高校内部质量保障系统的产出主要分为人才的产出、学术成果的产出及科研成果的产出。高校教学的主要目的就是能够通过一系列的教学工作，为社会培养出社会所需要的人才，所以在大众化高等教育阶段，产出的质量将是学校教学质量的重要体现。

## 二、教学质量保障支持系统

要完善教育质量保障体系，首要任务是调配好各个保障主体之间的关系。全校师生都应当参与进高校教育质量保障体系中。在参与过程中设立多种组织辅助进行，最终达到共同提升教学质量的目标，需要注意的是在参与过程中，应当以专业的监督管理人员为主要力量。在进行对组织的构建过程中，要以教务处为核心，充分调配好教务处同其他职能部门间的关系，在进行有序的分工时还需要共同进行合作，从而使得教育保障工作能够合理高效地开展。要想实现这种状况需要完善好教学制度，通过合理的教学制度来对其进行规范，从而能够激发校内职工群体的积极性，能够更加积极主动地参与到教学质量保障活动中。同时，还要吸取校内学生群体的意见，将教育质量保障活动深入教学活动的每一个环节中去。

高校中教学质量保障体系在逐步完善的过程中，产生了外部保障与内部保障有机统一的形式。但外部保障与内部保障的侧重点有所不同，内部保障倾向于对教学质量的评价与改进，外部保障倾向于对整体教学水平与能力的评价。

完善教学保障体系主要分为四步：（1）基本确立内部教学质量保障体系的构成；（2）完善保障体系所需的理论支持；（3）为保障体系设立具体的保障目标；（4）运行保障体系。

为进一步加强该院校对教学工作的领导和管理，适应国家经济社会发展的需要；加强专业结构调整，深化教育教学课程改革，全面加强大学生素质和能力培养；加强教学评估，发挥教师提高教学质量的重要作用。内部教学质量保障体系由五个子系统构成：教学决策指挥系统、教学保障支持系统、教学执行标准系统、教学监控评估系统和教学信息反馈系统，这五大子系统全面体现了教学质量保障体系的结构、内涵、任务和功能，共同构成了相对完整和循环闭合性的质量保障体系。"内部教学质量保障体系"保障支持系统构成，如图6-4所示。

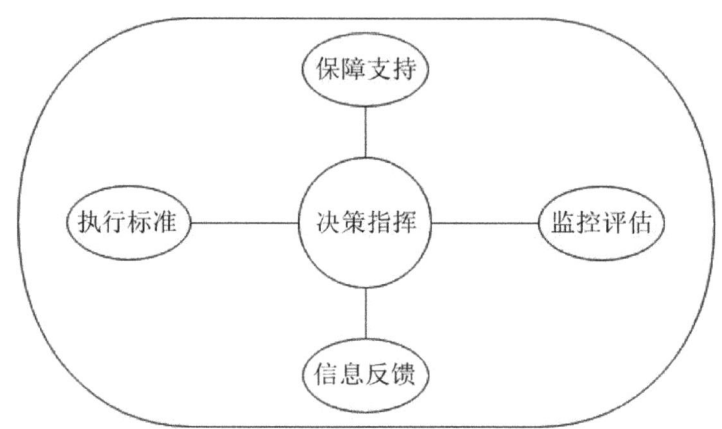

**图6-4 内部教学质量保障体系保障支持系统构成**

### （一）主要因素

以整个教学过程为例，其主要因素分别为：

（1）环境：包括课堂、教师以及学校。

（2）运行：运行过程中所监测的内容大致包括教学态度、教学内容、教学方法、教学效果。

（3）结果：对所保障的教学过程进行监测，所得到的结果大致分为优、良、及格、不及格四个等级（或设置五个等级划分）。

（4）反馈：通过教学质量保障系统将所得出的教学评估结果反映到保障系统。

我们所要建立的高等教育"内部教学质量保障体系"充分吸收和借鉴了高等教育质量管理的经验，将高等教育质量保障的研究成果系统运用于教学管理中，院校在具体建设中，应当在总结已有本科教学经验的基础上，全面完善教学评价体系，以此为基础建立全面的"内部教学质量保障体系"，并将这样的体系全面运用于教学管理实践中。

我们的工作技术路线：系统梳理和筛选本科教学评价的各种技术方法，尤其是高等教育质量保障体系建设的理论与方法；分析"内部教学质量保障体系"教学质量生成过程和关键质量控制点；通过技术组合形成教学评价的方法体系；在评价基础上构建教学质量保障的体系框架，并形成完善的质量保障与监控体系推动本科教学质量管理体系的完善；调查分析本科教学现状，梳理现有质量评价、管理的做法，从制度、程序、规范、文化等方面查找各质量控制点的质量管理漏洞；将这样的体系运用于教学管理，并不断完善这样的体系。

全面加强建立保证内部教学质量系统，如教师的评教系统和学生的学业预警系统，特色鲜明，可与兄弟院校开展交流，为教学改革提供客观数据，提高了教学效果，为教学改革提供了大量的可靠数据，推进了教育教学改革深入发展，提高了教师的教学优良率和学生学习的积极性。从理论和实践效果来看，学生培养的质量和教师授课的质量有效提升。另外，"内部教学质量保障体系"是一个长期不断完善的过程，其核心和关键在于将教学质量管理不断科学化、程序化、信息化，注重教学质量的全员参与、全过程管理监控，强调教育质量价值共识的形成。课题研究的成果有待进一步在理论、实践、应用、软件开发和文章专著上推广和提高。

### （二）校内支撑系统的机构

#### 1．党委、行政部门

校党委与校行政部门应当充分明确高校的办学理念与定位，树立高校教学质量为核心的观念，确保高效率地将人力、物力、财力有规划地投入教学活动中。校内应当制定相应的规章制度与保障体系，并构建起专业的管理团队与教学质量监控团队，并站在学校的宏观角度对影响全校教学质量的严重问题进行处理。

#### 2．教学指导委员会

该组织主要工作为站在学校角度，从宏观上对高校整体的教学质量与教学目标、方法、政策等进行统一管理，并提出相应的意见与指导。对教学质量的管理与指标等进行相应设定与规划，通过对教学质量评价信息的分析，对影响高校教学质量的各种因素进行处理，从宏观角度保障教学质量管理的工作有效开展。

#### 3．教务处（部）

该组织负责校内具体的教学质量管理工作，目的在于保障高校内的教学质量管理活动能够正常有效进行。其主要负责拟定人才培养方案与教学质量管理工作方针，或者制定一些给教学管理活动提供引导的文件。同时，教务处也是组织校内质量管理活动的中坚力量，通常组织对教学质量的管理与调查活动，组织教师间、职能部门间开展对教学活动与教学监控活动的交流。更具体的职能为：制定关于教学质量管理的规章制度，为各个教学质量监控的活动环节制定工作标准，组织教学质量监控活动的进行与评估，安排上级领导的听课评课活动时间，对教学评价信息进行整合分析最后进行反馈，进行监控体系与评价体系的信息储存工作，开办关于教学质量监控的研讨会，制定教学质量监控相关的调查问卷，对会议与调查内容进行总结与整理。

**4. 教学系**

教学系主要负责的工作内容为：在系内建立相关的教学质量保障体系，根据系内特色与教学模式，制订有针对性的工作计划与具有可行性的具体实施方案；保证学校下达的各项工作能够有效完成，按照要求与规定对系内教学活动进行教学质量监控，确保监控工作能够有效运行。同时，对本系的教学风气与学习风气进行建设，确保听课活动能够有效开展，监督完善关于教学质量监控评价的信息档案；积极沟通师生，组织开办教师与学生的座谈会等，双方收集关于教学质量的问题。对收集的信息进行整合统计，最后报告给上级部门并对教师进行信息反馈，引导教师改进自身不足，提升教学质量。

**5. 各相关职能部门**

相关的职能部门各司其职，应当努力保证本职工作能够有效进行，辅助好教学质量保障工作的进行。其中人事处主要负责对全校教师进行各方面的培养与对教师的职称、奖惩等进行评价。学工处与院团委主要职责为对全校学生的学习风气与学习状态进行监控与评价。其他相关部门对教学质量工作进行相应的研究调查与反馈。

**6. 教育教学督导委员会**

该部门主要由分校长进行领导，对全校的教学情况、秩序与质量、教师的课堂状态与工作情况进行监督、评价与指导。按照相应的管理方案进行督导，其主要职能包括：监督校内教学管理活动，辅助管理部门进行教学质量检查互动；进行深入听课活动，加强管理部门与教师之间的关联，从而帮助年轻的教师提升教学质量；一学期为一个周期，对院系（部）教师的教学质量进行评价，并根据教师的教学情况进行相应的讨论与交流。从而改进教学效果，提升高校人才输出的质量，对教学活动提出合理有建设性的意见，通过监督教学管理活动，督促教学管理更加有效规范地开展。

### 7. 学生信息员队伍

为了能够全面了解教学活动中的授课情况与学习状态，确保教学活动能够按照原定计划稳步执行，最终促进教学目标的达成。应当提高教学风气与学习风气的建设，挑选学生担任信息员职务。对学生信息员的挑选，应当选择学习成绩良好、品行端正诚实、有分析问题处理问题能力的学生来进行担任。信息员主要任务是根据教师上课情况与学生学习情况填写反馈表，从而及时将教学情况与效果进行反馈，并能够向教务处等部门提供自己的建议，以便教学监控活动能够更好地执行。

## 三、教学质量标准运行系统

高等学校应通过不断完善教学信息员制度、教学督导制度、教学考评制度等，使学校和广大教师及时发现教育教学实践工作中存在的问题，改进工作方法，从而提高教育质量。

通过"内部教学质量保障体系"，使教学管理透明化，把"课堂教学听查课""期中教学检查""最满意教师评比""青年教师导师制培养""教学观摩与交流""考风考纪检查""学籍管理"等情况及时在校园网上公布，起到教学监控的作用。

规范教学过程，使教学过程流程化、标准化。在"内部教学质量保障体系"中，把"课堂教学设计""备课""教学互动""考试""实验教学""观摩教学""讲课比赛"等教学环节以标准流程的形式，在校园网上共享，达到规范教学、提高教学质量的目的。

美国国家技术和标准研究院[①]（NIST）认为"云计算是一个提供便捷的可以通过网络访问一个可定制的计算资源共享池（计算资源包括网络、服务器、存储、应用软件和服务）能力的模式。这些资源能够快速部署，并只需要很少

---

① NIST 直属美国商务部，从事物理、生物和工程方面的基础和应用研究，测量技术和测试方法方面的研究，提供标准、标准参考数据及有关服务，在国际上享有很高的声誉。

的管理工作或与服务供应商很少交互"。"内部教学质量保障体系"在此背景下应运而生，如图6-5所示。

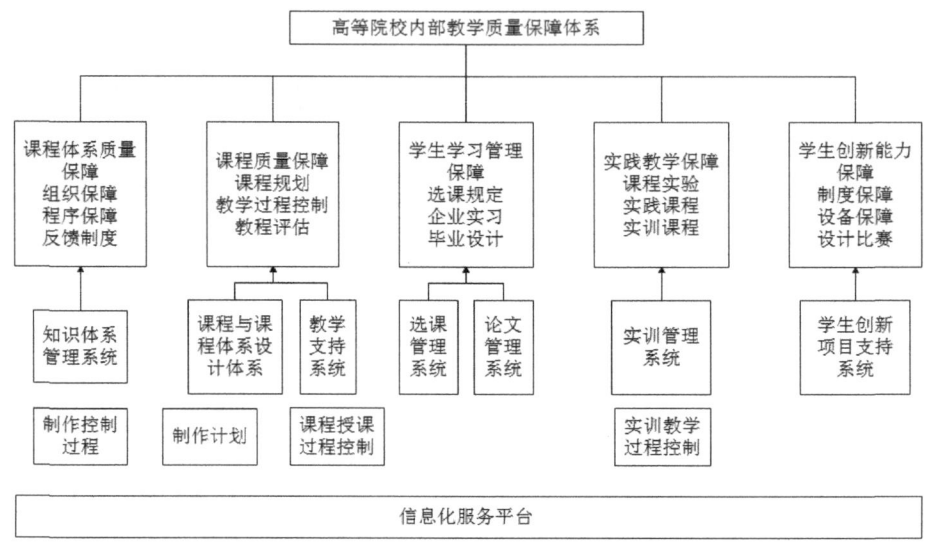

**图6-5 高校内部教学质量保障体系建设的信息化服务平台**

## 四、教学质量检查评估系统

高等院校评估的内容，也就是"评什么"的问题，概括地说，就是评价学校的办学思路和办学传统与特色，评价学校人力、物力、财力的投入及效果，评价学校的专业建设、教学改革及效果。教学质量的评估包括教学过程和教学效果两个方面。

高校内部应当在教育质量监控体系中添加自评系统。打造一支高素质的评估团队，能够合理科学地对高校教育质量进行评价，能够确保高校的教育质量在符合国家要求与社会发展需要的基础上，更能体现自身特色。而高素质的评估团队通常由品行端正、道德高尚、具有学术科研能力、常年奋战在教学活动第一线的优秀教师来担任。通过评估活动来保障教育质量，不仅仅是要对教学的情况与质量进行监控，还要推进教学与管理工作顺利开展。

高校应当通过各种手段适当激励教师的教学热情。譬如通过开展教学经验研讨会、教学能力小比赛等方式，激发教师的荣誉感与竞争意识，提高教师的教学能力与教学热情，使教师能够自主完善自身不足，提升自身教学能力，端正教学态度，在保证教学质量的前提下更好地开展教学活动。

高校应当根据自身情况来建立有效、合理、可操作的激励机制。现如今高校的教学活动大多以课堂教学为主，因此课堂教学情况直接影响到教学质量与教学目标的完成度；而教学质量又反过来能体现出课堂教学的进行情况与问题。基于这两者的特性，可以得出要维持良好教学质量，关键在于确保课堂教学活动的合理有效，而有效、科学的课堂教学活动是提升教学质量的保障。

由此可见，课堂教学情况也就是教学过程的好坏对教学质量起到决定性作用。因此，高校对教师的教学质量进行评价时也应当着重关注教师的课堂教学过程，但不能仅仅注重教师的课堂表现，还应当对教师教学的全过程进行监控与评价，从教学开始前的教学准备到教学结束后的考试、作业批改、答疑解惑等多方面进行综合评估。

## （一）学生信息

学生信息指的是学生群体对教学活动的意见反馈信息。应当为学生信息管理设立学生信息员，在学生中积极主动地收集学生对教学活动的意见与看法，并最终将教学信息反馈给教师与上级部门。以此来听取学生群体的要求，从而给教师对教学能力的改进指明方向，促进教师改善教学质量。

### 1．收集学生反馈信息

教学活动需要教师与学生双方来共同完成，因此学生在教学活动中占据着重要的地位，在教学评价活动中承担信息提供者的角色。学生信息员通过各种途径收集学生对教学信息的反馈，如通过调查问卷评教、校长与教务处的意见箱等途径进行收集整理，深入了解学生各方面对教学活动的意见与需求，从而能够全面地对教师的教学活动进行评价。

### 2．评价学生学习过程与结果

对学生的学习质量进行评价，主要是评价学生的学习情况与学习成果。了解学生的学习情况可以通过随堂听课，问询授课教师、导师、学院（系、部）管理人、教学辅导员等途径与手段，确保全方位科学地了解学生的学习情况，最终通过期末考试来确认学生的学习成果。

### 3．对毕业生进行调查

通常情况下，高校对毕业生的调查通过抽样与普遍调查两种方式进行，工作内容为跟踪调查毕业生的就业、创业情况。工作开展主要由各个院（系、部）配合校学生就业管理组织进行。在对学生进行调查后，应当及时撰写调查报告并向上级部门进行汇报，以便检验高校输出人才的质量，以此为依据调整人才培养方案中的计划，并对课程内容与结构进行调整，使高校输出的人才能更符合国家与社会发展的需要。

## （二）教学评估信息

教学评估信息即对教师课程教学质量评价反馈调控。科学设计评价方案，进一步加强教师课程教学质量评价结果的应用，充分发挥其正面导引作用，促进教师改进教学方法和手段，提高教学水平。

### 1．校院领导评价信息

校院领导深入教学管理部门、所相关联的教学系、课堂、教室、实验室以及教师和学生中，通过听课、座谈会等形式，全面了解教学运行状态信息，及时发现和解决教学中存在的问题，切实保证教学工作的正常运行。

### 2．教育教学督导员评价信息

校院教育教学督导员分若干学科组对每学期所有任课教师教学情况进行现场听课和评价，并填写听课记录表。还需了解授课教师，特别是青年教师教学的基本情况，积极进行指导，并向教育教学督导办公室反馈教学信息。另外，不定期对实验、实习、毕业论文（设计）等进行专项检查和督导，以了解收集教学基本状态的信息。

### 3．教师教学评价分析

教师教学评价对象为担任课程讲授的专兼职教师，评价在每学期期末举行。课堂教学质量评价主要包括教师的教学态度、教学基本技能、教学方法、教学内容和教学效果等。实验、实习教学评价从过程和结果两方面进行。如果评价不当还会挫败教师教学的积极性。

教师是教学的主导，通过有效的教师教学质量评价，尽可能以存在的问题为导向，产生正确的导向和激励作用，调动教师教学工作的积极性，促进教学内容和方法的改革，不断提高教学质量。

教师教学评估分别按优秀、良好、合格、不合格四个等级，其中：优秀为总分在90分以上，良好为总分在80～89分，合格为总分在60～79分，不合格为低于60分。

**4．高等教育教学质量评价指标体系的设计原则**

高等教育教学质量在评价指标体系设计和指标遴选上，始终坚持系统性、公正性、应用性和导向性四大原则。为保证公正、客观和系统地评价高校办学质量和各部门工作实绩，在一级、二级指标，主要观测点的遴选上，我们主要遵循以下四个原则：一是保证体系完整、重点突出的"系统性"原则；二是统筹兼顾、个体差别的"公正性"原则；三是遵循高等教育基本规律的"应用性"原则；四是强调内涵建设的"导向性"原则。

（1）系统性原则

由于各项评价的开展必须用若干指标进行衡量，因此我们在设计评价指标时，尽量保证各一级指标间既要相互关联，又要相互独立。为使评价者和受评者明确评价目的，我们在每个二级指标后面都列出了主要观察点，并给出了明确的内涵和科学的解释。在整个评价指标体系编制完成后还要进行指标遴选、指标权重设置，以保证整个评价体系的完整性和系统性。

（2）公正性原则

众所周知，如果一个评价指标体系缺少了公正性，即使它很系统也会失去评价的意义。因此，我们首先要保证被选择的各项一级指标对评价对象而言具有可比性，因为可比性是保证公正性的前提。符合可比性条件要求的指标必须通过严格的论证和横向的比较，确保评价指标在理论上站得住脚，同时又能反映受评者的客观实际情况。

（3）应用性原则

评价指标体系设计要遵循高等教育的基本规律，坚持理论与实践相结合、主观与客观相结合的应用性原则。评价指标体系的设计不是凭空想象的，一定要符合教育规律和客观实际，脱离现实的评价指标是空洞的，是经不起实践检验的，因此，指标的选择要简单、实用、易于操作、繁简适中。指标中涉及的评价数据既要容易获取又不易失真，评价过程既要容易操作又便于专家评分。

（4）导向性原则

一个评价指标实际上就是一把尺子，它不仅能够测量，还能够指引方向，因此，为确保被选择的指标具有持续性、导向性功能，我们在研究制定各项评价指标的时候，往往把导向放在首位，用发展的眼光看待评价指标的设置问题。评价的目的不是单纯评出名次及优劣的程度，更重要的是引导和鼓励被评部门向正确方向和目标发展，特别是向着"三个符合度"的方向和目标发展，以此体现并发挥评价工作对高校发展的导向功能。

通过四大原则设计的评价指标体系还需经过反复比较、多方论证、集体研讨，最后筛选出具有可视性可比性、可操作性、可持续性特征的评价指标，这为各项评价的开展打下了坚实的理论基础，也为受评部门的改进工作指明了方向。

从教育理论上看，在整个教学过程中，由学习者个人的需要所形成的动机，是促使一个人学习成功的一个十分重要的因素。高校课程中充分考虑学习者个人的志趣、爱好和职业志向，是保证高等教育质量的一个不容忽视的方面。随着市场经济体制的逐步确立和由此而产生的高等教育体制上的变革，学生自主择业、双向选择和自费上学的体制的逐步完善，也都会在相当程度上要求高校课程必须考虑学生的各种需要。

应当指出的是，推动高校课程改革的内部原因，这些新的研究成果使高校的课程编制者和广大教师对整个教学过程或其中的某些方面有了新的认识，从而在一定条件下会促使人们探索新的方式方法或建立新的课程目标。例如，心理学对人在无意识状态下学习的效果的研究，导致了暗示教学方法的探索；再如对传授知识和培养能力关系的进一步认识，导致了以能力培养为主旨的教学体系的尝试。在当代，随着教育学、心理学研究成果的增多和研究的不断深入，对课程改革的推动作用也会日益明显。

以上所说的推动高校课程改革的原因都是共通性的。对于每个国家、每所高校来说，引起课程改革的原因还有很多是该国、该校所特有的。例如，20世纪50年代苏联卫星上天引起的欧美一些国家的课程改革，60年代西方一些国家的大学生不满学校课程而引起的改革。当前我国的课程改革，则都是在特殊情况下开展起来的整个国家或一所高校的课程改革，常常是内外部因素、共同因素与特殊因素相互交织在一起而发生作用的，我们往往是既要解决共性问题，也要解决个性问题，既要跟上时代步伐，满足社会各方面的需要，又要遵循教育自身发展规律，按照自身逻辑作出改变。也正因如此，高等学校课程改革显得格外复杂和艰巨。同时，这也为高等教育理论研究展示了光明的前景，特别是高等学校课程研究，将会是一个大有作为的研究领域。

## 五、教学质量信息检测反馈系统

教育质量信息，是指教育教学实践中能反映教育质量的各种数据、报表和凭据。建立灵敏的教育信息反馈体系，以使高等学校及时收集和分析教育教学实践中各种信息，为学校决策者提供依据。

以日常教学检查与专项评估为契机，以教学督导、学生教学信息员及用人单位为依托，加大反馈和调控力度，不断改进教学工作，促进教育教学质量的提高。

常规教学检查反馈调控。及时查找和纠正教学工作中存在的问题，对问题开展研究，推动教学工作的持续改进。

专项评估反馈调控。坚持"以评促改、以评促建、以评促管、评建结合、重在建设"的方针，充分发挥各类专项评估的导向作用，进一步加大督促整改的力度，切实规范教学管理，提高教学质量。

人才培养质量反馈调控。了解用人单位对毕业生的看法以及社会对高校人才培养的意见和建议，及时调整人才培养方案，使高校各专业人才培养方案与社会需求保持动态的适应性。

对于教学质量专项评价或评估的结果，由学校或教务处以文件形式反馈给评价对象及有关领导和部门。评价结果作为评优、评先、奖励晋级的重要依据，以形成有效的激励和奖惩机制，比如学业预警。

由于现代社会的飞速发展，不断需要一批又一批具备较高知识水平与较高实践能力的人才来提供各方面的支持，必须提高高等教育的办学质量，以满足现代社会对高等人才越来越多的需求。可是与此同时也产生了一些问题，造成了一些麻烦，以前高校招生是通过各方面的严格要求，严格选拔，只有极少数学生能够达到要求，进入高等院校学习，接受高等教育成为高等精英人才，然而，这样培养出的高校学生数量太少，无法满足社会发展对人才的要求，高等学校必须通过扩大招生规模培养更多人才。而扩大招生规模则会使得高校学生的质量参差不齐。从21世纪开始，我国的高等教育已经从精英式教育逐步演化成大众化教育。这种变化自然有它的好处，但也存在着一些弊端，可以说这是一把双刃剑。一方面，这一举措提高了整体国民的教育素养，但是另一方面却造成了高校生源质量明显下降的现象，而生源下降则会导致许多棘手的问题。

例如：有一些学生在校学习过程中由于种种原因而导致自己不能完成学业。这不仅干扰了高校正常教学秩序，降低了高校的教学质量，更影响了学生自身的发展前途，同时也给自己与父母都带来了思想上、经济上的双重压力与负担。

学业预警是应对这一问题的较好解决办法，通过学生学业预警，学校可以随时跟踪了解在校学生的学业情况，作出相应的预警提示，并有针对性地采取相应的应对措施。通过学校、学生和家长的沟通与协作，帮助学生顺利完成学业。

由此，院校不仅可以随时得到每一名在校学生的学习状况，还可以根据相关数据对学生的各方面的情况进行全面综合的分析、预判，有利于及时应对各方面的问题，及时采取应对措施改善现状。不断优化高校学生学业水平质量，实现院校实力与学生能力的双重提高。

# 第七章　高校教学质量内部监控体系的
# 建构范式

高校教学质量内部监控体系的建构范式主要包括监控体系的组成结构和运行机制。其中，高校教学质量内部监控体系的组成结构主要包括以下三个体系：教学质量内部监控的目标体系、教学质量内部监控的组织体系和教学质量内部监控的制度体系。而高校教学质量内部监控体系的运行机制又依托于高校教学质量内部监控体系才得以顺利运转。

## 第一节　高校教学质量内部监控的目标体系

目标决定了行动的进行，同时也影响了行动的方向，如果没有明确的目标，那么行动就会出现误差，继而会导致一系列的问题出现。所以，不论是进行任何活动，都要事先制订相应的行动目标。

### 一、目标对教学质量的影响

当代教育研究以及心理研究发现：确立正确的教学目标对于学生个人的成长以及学生的学习都有着重要的作用，它影响学生的未来发展。一旦确定了正确的教学目标，那么学生就会自然而然地向着目标努力奋斗。有相关理论认为，目标的确立主要通过以下几种不同的方式：

首先，目标具备相应的引导能力。准确地说它就是为了时刻提醒个体注意目标的导向，明确自身的行为是符合目标方向的。另外，在引导个体向目标前进的同时，为个体清除与目标不相干的活动。

其次，目标具备相应的吸引力。一般来说，目标设立得越大，其对个人所造成的吸引力就越大，这样一来，个体就会付出更多的努力来实现目标。

最后，目标能够影响参与者的持久性。正确且具备实现意义的目标能够为参与者提供长久的动力，促使参与者能够坚持到目标完成。

学校的教学实践活动也从两个不同的角度对目标的定义进行了补充：教学目标就是整个教学活动当中的灵魂，为了能够保证学校走出的学生都能够满足企业制定的人才标准，那么就一定要设立正确而符合整体规划的教学目标，只有这样，教学活动才能够顺利地进行，并且所培养的人才才能够被大众所认可；若是仅仅通过理论考核的方式确定人才的培养方式，那么最后培养出的人才很可能无法适应社会的环境，达不到企业用人的标准，从而导致学生就业出现一系列的困难。

最近几年，各大高校都相继开始进行教学评估活动。在整体评估以后，往往会出现这样的情况，即某些高校的教学目标似乎与自身的教学水平不符，又或者是高校在制订教学目标的时候总有一定的缺陷。其中最主要的表现为：

第一，教学目标死板僵硬，不懂得与时俱进。教学目标与社会需求不符，这样就使得教学的整体目标缺少与现实接轨的条件，从而导致所培养出来的学生无法成为企业需要的人才，同时，对于未来的工作也没有与之相匹配的计划，这样的方式影响了学生的未来发展。

第二，教学目标过于单一。教学目标的单一化，导致学校在培养人才的同时，忽略了学生的身体素质、心理健康以及创业合作理念，甚至在就业、创业方面的能力也几乎没有任何的提高。

第三，教学目标和教学能力从一定程度上背离了社会标准，甚至有些教学目标让学生无法接受。

第四，教学目标无法脱离应试教育的束缚。在应试教育的影响下，教学目标以及教学活动完全围绕着应试教育进行。这就导致学生在学习的时候感觉枯燥、乏味并且缺少应用价值。如此一来，教学目标就失去了应有的作用，这样的情况，也导致学生的学习热情极大削减，并且对于学生的未来发展极为不利，与之相应的，学校的教育就会进入恶性循环。

## 二、建立科学的合作目标体系

应当使教学的目标符合科学发展规划，并且让教学目标能够实现相应的价值，这就需要教学工作者做好相应的工作。

首先，按照不同的需求制订符合科学规划的发展目标。教育就是为了能够培养更多的人才，并且变成企业需要的专业人才，这就是高等教育的初衷。所以，只有满足社会发展需要，符合学生自身的发展理念以及家庭对于学生的期望，这样的教学目标才是教学管理活动当中的重要环节。只有同时满足社会以及家庭的共同期望，才能够使教学目标具备明确的价值。一般来说，职业学院在进行教学目标规划以前，应当明确企业的用人标准，通过详细的分析、总结，了解地区的经济技术情况，再通过与全国其他行业经济技术标准相互对比，从中找出未来人才培养的方向，通过深入的讨论，明确教学目标，制订人才培养计划，通过准确地设定专业人才的能力要求以及职业发展规划，为学生设定符合社会标准的目标，从而培养更多能够服务于社会的优质人才。当然，这也需要学校与企业进行通力合作，进过学校与企业沟通后，意见达成一致，这样也能够方面双方进一步了解，通过学校与学生的目标整合，确定培养出符合企业标准的专业人才。

其次，通过设立正确的人才培养目标，从而规划合理的教学目标。在明确了企业用人标准以后，应当了解不同职业的能力形成过程以及影响能力形成的原因，通过深入了解不同的知识概念以及专业能力范围等与之相关的专业实际情况，并且将其作为目标制订的依据，而后通过与企业全方位的沟通、交流，研究企业的用人标准，以便进行教学内容的整体规划、布置，这样方便教学人员制订相应的教学目标。

从整体教学质量的管理分析，教学目标是一个大的框架，其中包含着通过整体教学目标逐一分解，最终形成的课程目标、阶段学习目标以及课时目标等三个不同层次。在确定教学的目标时，应当时刻关注教学目标的层次性，注意各个教学层次之间的关联性。准确地说，一个一级教学目标可以分为多个次一级的教学目标，而多个次一级教学目标也可以统称为一级教学目标。一级目标与次一级目标之间相互影响。一级目标影响着次一级目标的方向，而次一级目标则影响着一级目标的完成指标，因此，二者之间有着密切的联系。这时，教学人员就要针对教学目标进行细致的规划，通过准确的定义，使其成为完善的教学目标。

从侧面来看，教学目标具有多维度的特性，其中不仅包括了知识、技能、思想和情感，更是包含职业规划以及创业发展等多项内容，其中教学目标的多维度特性也使得学校在教学的时候还要兼顾人才培养的可持续性和多样性。这就需要学校所培养的人才具备相应的任职标准，同时还要符合人才、企业的职业规划，更有甚者还需要学校能够培养符合再就业、创业性人才。这样多元化且多维度的教学目标成为组成整体教学目标的关键。由此可见，这样的教学规划目标是符合科学发展规划且符合可持续发展规律的，这样的教学目标制订，能够同企业保持紧密合作，通过双方高效配合，协同合作，从而创建高校与企业强强联手的教学重要标准，这也为提升教学质量带来了巨大的帮助。

众所周知，高校的教学质量监控体系既是教学质量的重要监督者，同时也是高校教学质量的重要保障。所有的教学工作质量检查报告以及教学评估都需要根具高校的教学监督体系来确定评判的标准，教学质量监控体系工作时，首先应选择一个明确的、科学的发展目标，而这样的目标可以逐一分解，变成以下三种次一级的目标，即教学投入分目标、教学保障分目标以及教学质量分目标，如图7-1所示。

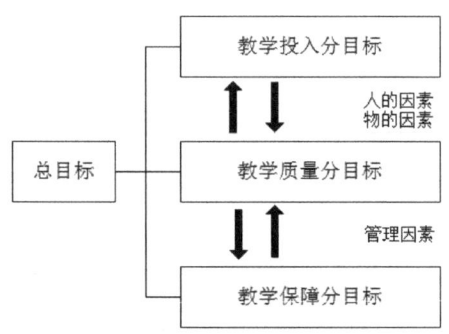

**图7-1 教学质量内部监控目标体系**

### 三、教学质量内部监控总目标

高校教学质量管理监控系统的总体目标决定了高校教学质量监控活动的整体方向，它起到了至关重要的带头作用，同时它也决定了高校的人才培养计划的方向。除此之外，高校的教学质量管理监控系统还受到高校成员的青睐，这样的监控管理系统不仅帮助高校全体成员明确发展目标，更为每一位高校成员确立了未来工作的方向，这样的监控系统更使得高校的教学质量得到前所未有的提高，这对于高校的教学质量来说，是极大的保障。为了能够使高校教学质量监督管理更加高效地进行，首先必须要全面建设高校教学质量管理的目标。通过教学质量管理目标的建立，准确分析教学管理总体目标与其他子目标之间的联系，这样就会使教学质量监控的目标体系更加明确，而在这样明确的目标下进行工作，必然会极大地提升高校教学质量，并且顺利完成每一个教学目标。

## 四、教学投入分目标

一般来说，高校的教学重点大致包括以下两方面内容：人物因素和物质因素。其中，人物因素具体是指高校当中参与教学活动的教师、学生以及相关教学管理人员等；至于物质因素则主要指的是高校进行教学活动时所要准备的教学物质，这也是教学活动所必备的条件。其中，教师、图书馆、宿舍和食堂等场所以及所需要的物资都属于物质因素。其中，教学投入的目标的实现，重点是指由人的因素与物质的因素从而达到教学管理的标准，一般来说，满足教学投入的因素主要有师资力量达到标准、师生比例达到标准以及学生数量达到标准等，诸如此类。当然，由于高校教育较为特殊，在人的因素影响下，高校在教学方面的投入大致包括"双师型"教师标准；至于物质因素，则明确地规定了实践基地的相关规则。当然，鉴于教学输入占据了整体教学环境的绝大部分，所以在对教学因素进行分析时，应当重点分析教学输入环节的影响因素。特别是在教学经费充足的情况下，应当正确处理这些影响教学的因素，尽量做到教学与实践相互结合，从而使教学投入能够达到相应的标准。

## 五、教学质量分目标

在教学质量监控的整个体系当中，对于教学质量的定义是至关重要的。一般来说，教学质量这一目标重点是指高校在进行教育教学阶段，所能够达到的预期教学水平。其中教学质量的重要含义以及重要作用大致表现在以下几个方面：首先，教学质量成为教学参与者了解学校并对学校予以评价的重要指标，其中，教学参与者包括学生、教师、教育管理者等，而教育质量能否达标也是诸多教育参与者最关心的问题。其次，教学质量考核不仅仅是对于教学方面的多重考核，更重要的还是为日后的教育教学工作提供了发展方向。另外，教学质量目标的制订从另一方面也大大加强了高校教育教学人员的工作积极性，使教育工作者能够以更加饱满的精神加入教育工作当中。当然，在制订相应的教学质量目标时，一定要分析教学目标设立是否合理，是否能够顺利进行，因此，教育目标一定要有一定的预见性。一般来说，教学质量目标包括相应的教育考核标准以及相应的评价标准，这一点可以从以下几个不同的角度进行分析：首先是教学质量的特殊性。通常教学质量主要包括界定学校教师队伍的质量、学生的个人素养以及课堂教学方面要求。当然，对于高校来说，最重要的往往是教学实践与所培养的人才对于企业的价值以及社会对于教育人才的定义等。其次则是通过与其他高校进行教学质量的对比，了解更多高校的教学质量。再次则是对于教学质量的改革，而这一系列改革也从侧面证明了高校教学质量进步，重点在于质量的改革。最后，教学质量目标具有实效性，并且教学质量的往往会与时间相互关联。

## 六、教学保障分目标

在各大高校的教育管理监督体系当中，教学保障具体指的是在进行教学时，针对不同的教学环节进行与之相匹配的调查、考核。并且，全面创建教学保障的关键在于选择合适的切入点进行教育教学的相关评价。总而言之，在评价教学质量时应当考虑到学生学习的标准切入点，这当中所涉及的作业完成率、考试通过率以及课堂出勤率等相关情况都需要逐一进行考虑、分析，至于对教师教学质量的研究主要集中在听课、授课以及评课的阶段，当然，也可能会出现在毕业论文指导以及课题修改等方面。

除此之外，还有一项特殊的切入点，这一切入点重点体现在课程评价以及专业评价方面，一方面它们作为保障教育教学的重要指标是不可或缺的，另一方面它们还是高校质量手册当中的重点内容，在对高校的优质教育以及教育宣传方面起到了不可忽视的作用。根据以上三种不同的目标的分析结果，我们可以发现以上三者之间是相互包容、相互融合的。在整体教学质量监控体系当中，教学投入、教学质量以及教学保证是相互依存且相互制约的。根据上文分析我们可以发现，教学投入当中大致包括个人因素和物质因素，而教学保障则包括管理因素，至于管理因素又恰好能够将个体因素与物质因素相互结合，从而使三者在教学质量监控活动当中共同作用；另外，以上三种不同类型的因素共同作用在教学活动当中，也使得教学质量能够稳步提升。

因此，每个分目标的达成会促进其他分目标的实现。高等院校在构建教学质量内部监控目标体系时，要结合学校自身特点和实际情况，在确定具体目标时可以借鉴管理学中"SMART"目标管理原则，此原则有利于制订更加具体的目标并能够更加清晰地表述目标。在"SMART"原则中，"S"是指"Specific"，即目标是相对具体的，而不是笼统的；"M"是指"Measurable"，即目标可以衡量，评价目标的信息或数据比较容易获取；"A"是指"Attainable"，即目标必须可以实现，避免设立的目标过高或过低；"R"是指"Realistic"，即目标是具真实性的，可以随时检验和监控；"T"是指"Time-based"，即目标的达成需要设定一个时限。

# 第二节　高校教学质量内部监控的组织体系

一般来说，高校的教学质量内部监控体系大致包括以下几个类型：一般教学质量监控、教学质量监督团队、教师团队以及学生团队。其中，教师团队和学生团队往往是根据质量管理标准当中的"全员参与"标准，而被纳入其中的，以上两种团队并没有相应的组织或固定团队，不过在进行教学质量监控的整个体系当中却有着不可忽视的作用。

## 一、常规教学质量内部监控组织

高等院校常规教学质量内部监控组织是指目前高等院校中普遍存在的校级教学质量监控机构、学院（系）教学质量监控机构和教学部（或教研室）。本书第五、六章在分析高校教学质量内部监控时有过较为详细的论述，故此处不再赘述。

## 二、教学质量督导团

对比一些常规的教学质量监督团队，教学督导团队可以说是一个具备一定特色且有着一定针对性的教学质量监控团队。而且，这样的教学质量管理团队还是一个相对独立的组织，在进行教学质量管理以及教学质量监控活动时，能够独立进行，往往并不依赖组织教学方面的活动。正如前文提到的，教学质量督导团队主要负责教学质量监控的主要责任，秉持着教学服务理念以及教学管理宗旨，以不断提升教学质量为主要目标，并且在整个教学质量监控活动当中有着重要的意义。因此，人们称其为有针对性的教学管理监督团队。另外，教学质量管理监督团队主要由相关领域的专家、教授组成，他们是各个专业领域的优秀人才，秉着无私奉献、公平公正、高质高效的工作理念，从事教学质量管理监督工作，其中他们的主要职责有以下几个方面：

首先，对于教学信息进行相应的反馈并制定相应的研究策略。一般来说，教学质量监督团队在对高校教学工作进行相关调查时，会针对教学工作当中的问题进行收集、整理，并且将整理后的信息上报给相关部门，而后相关部门再通过与高校教师团队进行沟通，确保人才培养机会能够进一步完善，并且教师的团队建设工作也能够正常进行。

其次，监督并且引导。教学质量监督管理团队通过参与课程宣讲以及教学实践等相关活动对教师以及学生进行整体了解，而后通过沟通协调，找出最符合科学规划的教学活动。

最后，针对问题提出相应的建设性意见以及基于教学成果以一定的评价。教学质量监督管理团队通过对于教师教学成果的评价、考核从而给出相应的评价结果，进而使教学活动能够有序进行。

## 三、教师组织

众所周知，在整个教学活动当中，教师的角色是至关重要的，并且能够决定整个教学活动的方向。另外，教师也是教学质量能否提升的重要因素。由此可见，教师团队在整个教学质量监督管理团队当中有着不可比拟的重要作用。教师团队的管理重点在于对学生学习质量的监督，至于教师监督的活动大致包括以下两个方面：

首先是教师之间相互研讨，根据具体情况进行分析，发表自己的意见，而后通过与其他教师讨论的方式，找出教学当中的问题，根据不同教师的意见进行教学质量的改进，从而保证学生能够更好地进行学习，提升自身的学习质量。

其次是教师通过教学规范确定自身的行为方式，严格按照教书育人的标准进行相应的教学工作，通过掌握学生的学习状况，并且与其他教师以及教学管理人员沟通的办法，促进教师的教学改革。教师在分析自身的教学方法并进行相应的改进措施时，还要对学生的学习方式进行实时追踪，了解学生如何学习。只有重视教学方式的同时，重视学生的学习方法，才能够在学生学习的过程中更好地监督学生的学习质量，并且有根据地提升学生的学习质量，进而培养出优秀的、实践能力强的人才。

## 四、学生组织

在教学活动当中，学生不仅仅是教学活动的被管理者，同时也是教学活动的重要参与者。就眼下高校的教师质量管理监督活动来看，学生团队往往包括学生会以及各个社团、班级组织。而学生团队的教学监督管理活动主要表现在对教师进行教学方式评价以及教学内容评价等，除此之外还可以根据教师的教学方式提出合理的改进意见；当然，还可以在管理活动当中发表自己对于课程、学习内容以及教材方面的意见，从而帮助教学管理监督团队更好地了解教学质量方面的问题，以便于进一步改进计划。

学生对教学、教师的评价活动不仅可以加大教师投入教学改革的热情，同时也能够加强教师对于教学活动的参与程度；从另一方面来看，这样的教学质量管理活动还能够使学生积极地参与到教学活动当中。当然，在这里要了解的是，学生对教学质量评价的时候应当注重以下三个方面的问题：

首先，树立正确的教师评价理念，学生应当积极地、准确地对待教师教学评价的活动，秉持着公平、公正的原则进行评价；

其次，建立科学的、公平的评价标准；

最后，应当正视教育教学评价结果，全面提升教学评价标准并且完善教学服务的能力。

## 五、扁平化监控组织的构建

从全面质量管理的理论学说来看，应当尽力满足"客户"的需求，保证让客户满意。在创建高校教学质量管理监督团队的时候，应当重视组织的组成成分，尽量简化组织管理程序，构建简化组织以便于透明化管理。众所周知，组织管理学说当中有两项至关重要的理念，分别是"跨度管理""组织层次"。其中，对于跨度管理的定义是一个管理部门与管辖的下属部门之间的联系；至于组织层次则是指管理团队的不同层次。若是整个管理团队的规模相对稳定，那么管理活动的跨度就会增大，而其中的管理层次就会越少，反之亦然。

在高校教学管理监督组织当中，若是管理的跨度比较小，那么相对的管理层次就会大幅度增加，整体呈现树状扩散；当然，若是情况正好相反，管理跨度大，其中的管理层次就会大幅度减少，整个团队就会呈现扁平化管理形式。在树状结构当中，由于管理的层次过多，这就导致信息的传递需要更长的时间，同时也需要更多的层次，这样经过层层传递的消息最后是否准确，也就未知了。当然，纵使信息是真实的，但是经过一系列流程的传递以后，信息就失去了实效性，最终未必能够符合团队的规划标准。

由于信息的运行效率过低并且极容易失去真实性，从而导致教学质量监控出现一系列的问题，这样不仅会导致教学质量无法有效提升，更严重的还会使高校的教学质量监督团队无法正常工作。相对来说，扁平化管理更适用于教育管理工作者。首先，在进行消息传递的时候，不仅极大程度地避免了信息的失真，更是保证了信息的时效性，更重要的是，这样的管理方式对于高校教学质量管理的监督活动能够顺利开展，有着极大的帮助。所以，高校在建设扁平化管理机制的时候，应当如何进行创建？在此，笔者为大家介绍以下两种国外高校的教育质量管理方式，以供教育工作者参考。

第一种方式就是通过减少管理部门的层次以及数量来解决问题。国外一些高校在教学质量管理监督活动当中取消了许多相关管理部门，最终由校长直接面向教学部门下发教学改革指令，总体流程就是教师通过收集教学信息，反馈给教学部门，而后教学部门整理信息以后，将信息上传给校长，由校长进行直接审批。

第二种方式就是减少副职位。在进行教学质量监督工作时，国外高校的管理部门往往只有正职而没有副职。从实际情况来看，尽管副职的出现并没有增加组织的层次，但是从另一方面来看却增加了管理负担。因此，在无法减少管理层次的时候，首先就要减少副职。

# 第三节　高校教学质量内部监控的制度体系

高等院校教学质量内部监控的目标体系和组织体系需要制度来连接、界定和规范。构建教学质量内部监控制度体系的重点在于编制一套完备的教学质量内部监控体系文件，并不断完善该文件。教学质量内部监控体系文件作为高等院校各个部门开展教学质量内部监控活动的"标尺"，其作用十分突出。借鉴全面质量管理理论和ISO9000族标准，高等院校教学质量内部监控体系文件可以划分为五个层次：

第一个层次是教学质量方针，第二个层次是教学质量手册，第三个层次是教学程序文件，第四个层次是教学作业文件，第五个层次是教学质量记录，如图7-2所示。

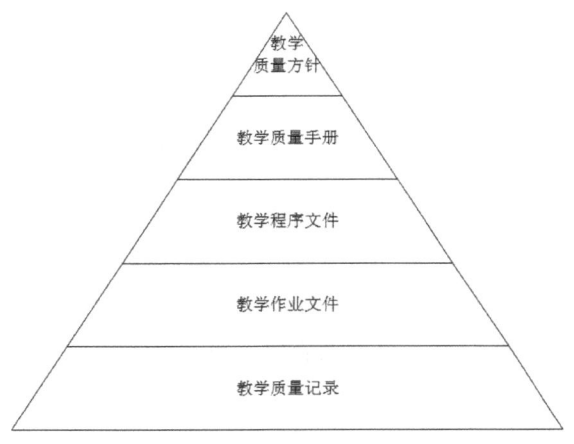

**图7-2 教学质量内部监控体系文件**

## 一、教学质量方针

教学质量的发展方向作为高校全体人员的行动目标，是每一个校园工作者必须要遵守的规范。一方面，教学质量发展方向展现了高校工作者的管理理念，而另一方面则组成了高校发展的总目标。其中，教学质量的发展方向大致包括以下三个方面：

首先是质量为主。这一理念不仅表现了高校对于教学质量的重视以及针对教学质量进行监督的态度。除此之外，对于注重教育质量的相关人员来说，这也是保障高校声誉的重要方式，只有优秀的教学才能够赢得更多的口碑。

其次是质量的方向。质量反向重点表现在教学目标的创建方面，创建正确的目标正是质量方向的重要含义。

最后则是教学质量与高校教学总目标的关系。教学质量作为高校发展总目标的基础，其作用不容小觑。

高校在制订教学质量方案的时候，应当将高校的发展总目标与教学质量发展协同进行，通过全面考虑高校的发展目标以及发展需要，使高校向着更好的方向发展。教学质量的发展为高校的教学质量改革提供了正确的发展方向，准确地说，它不单单是高校质量工作的基础，同时也是高校质量管理工作对于未来最美好的期望，更重要的是，它为高校教学质量监督管理确立了严格的标准，以供人们对其进行定义。

## 二、教学质量手册

手册既是教学工作和管理工作的行动纲领，又勾勒出高等院校教学质量内部监控体系的结构，展现了高等院校教学质量内部监控体系的运作状态。教学质量手册是高等院校开展教学质量内部监控活动以及制定其他监控体系文件的参考依据，因此具有基础性。按照ISO9000族标准的规定，教学质量手册对学校教学质量内部监控体系的描述应该兼具系统性和整合性，以确保教学质量内部监控活动的顺利开展。高等院校的教学质量手册还应尽量与学校其他标准和规定之间保持一致，与此同时，教学质量手册中的各项规定之间也不能出现矛盾。高等院校的教学质量手册旨在传达学校的教学质量方针，展示学校教学质量内部监控体系的构成，明晰各主要程序和要求之间的关系，提供教学质量内部监控体系审核所需的各种文件依据，并确保教学质量内部监控体系的顺利运转。

### 三、教学程序文件

教学程序文件是指由开展教学活动的各种不同途径所组成的文件。就高等院校教学质量内部监控活动而言，它显示了高等院校教学质量内部监控活动的各个环节和各种程序。教学程序文件主要包括两部分内容：一是"5W1H"，即为何而做（Why）、做什么（What）、由谁来做（Who）、何时做（When）、何地做（Where）以及如何做（How）。二是教学质量内部监控活动中使用的工具和原材料，以及对教学质量内部监控活动的文件记录。在教学质量内部监控体系文件中，程序文件一方面承接教学质量手册，另一方面又为作业文件和质量记录的编制提供了重要参考。

### 四、教学作业文件

教学作业文件是教学质量内部监控体系文件的重要组成部分，它既是教学质量手册和教学程序文件的支持性文件，也是对教学质量手册和教学程序文件的进一步细化和补充。具体而言，教学作业文件是指高等院校针对各部门的不同职责和分工而具体规定的各种工作要求和准则，主要用于阐明教学过程或教学活动的具体要求和方法。教学作业文件应致力于达到各项教学质量活动责任的明确分配和有效落实，尽量避免各部门出现职责上的缺口或重叠。教学作业文件主要包括规则和岗位作业指导书两类。

### 五、教学质量记录

教学质量记录是指高等院校对已经进行过的教学质量活动留下的记录，用以证明教学质量内部监控体系的有效运行。教学质量记录具有可操作性、可检查性和可见证性等特征。与此同时，教学质量记录包含了大量的客观证据，使高等院校的教学质量内部监控活动具有可追溯性，从而可以有针对性地采取各种预防和纠正措施。除此之外，教学质量记录也为判断高等院校的教学质量相关活动是否有效提供了参照标准，现已成为高等院校进行数据决策和制定改进措施的重要依据。

# 第四节　高校教学质量内部监控的运行机制

高校教学质量内部监控运行机制建立在高校教学质量内部监控组织体系的基础之上，即教学质量内部监控组织体系是机制运行的载体。高校教学质量内部监控目标体系和教学质量内部监控制度体系，使教学质量内部监控的运行有章可循、有规可依，确保系统的顺畅运转。

## 一、高校教学质量内部监控运行机制的构建

监控，即是对于人、事进行一定程度的监督、控制，而对于教学质量的监督与控制就逐渐衍生为一个特殊的体系——教学质量监督、教学质量控制体系。当然，在分析讨论的时候，不仅仅只有这两个系统，还有一个重要的系统也要一同进行考虑，即教学质量策划系统。究其原因，主要是教学质量监督以及控制活动当中，若是缺少相应的策划，那么便无法正常进行。以上理论也恰恰与质量管理理论当中的观点不谋而合。当然，教学质量监督、教学质量控制、教需质量策划并非独立存在的，而是彼此之间有着相似之处。

其中，教学质量策划主要由高校的领导人员进行布置，通过高校质量监控以及高校质量监督团队共同商议而出最终结果。在整个监督管理过程当中，教学质量决策与规划团队同教学质量监督团队以及教学管理团队协同工作，通过共同努力完成教学质量的评价、考核工作；教学质量控制系统则通常由高校管理人员以及高校质量监控团队等相关人员组成，这些人员被高校统称为教学质量管理人员，而他们主要负责高校教学质量的控制以及改革工作。

根据全面质量管理理论中的"PDCA"循环模式，教学质量监控活动可以分为四个环节：计划（Plan）、执行（Do）、检查（Check）、反馈（Act）。那么，基于"PDCA"循环模式构建的高校教学质量内部监控的运行机制如下：常规教学质量监控组织以计划和执行环节为主，专门负责教学质量的控制活动；教学质量督导团以检查和反馈环节为主，专门负责教学质量监督活动。"PDCA"循环使整个教学质量内部监控体系形成一个封闭的运行系统，这样既可以使常规教学质量内部监控组织有更多的时间开展工作，又可以提高教学质量内部监控的效率，如图7-3所示。

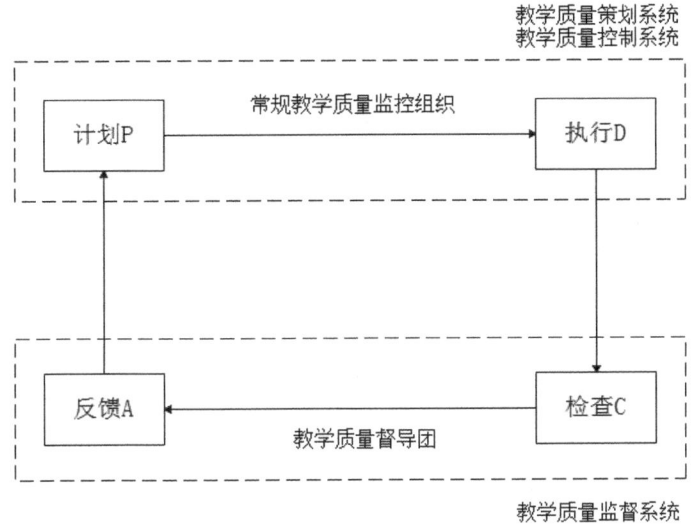

**图7-3 教学质量内部监控"PDCA"的循环**

　　高校的教学活动包括教学输入、教学过程和教学输出三个环节。教学活动并非从教学输入到教学输出的简单移动，该过程同时包含了教学质量的改进与完善。构建教学质量内部监控的运行机制就是为了保证教学过程的增值转换，并保证教学质量的持续改进，从而有效地实现教学质量目标。

## 二、高校教学质量内部监控体系运行过程中应注意的问题

### （一）确定监控面和监控点

　　监控面和监控点的确定使高校教学质量内部监控体系的运行更具针对性，从而有利于提高整个系统的运行效率。依照教学活动的三个特殊环节，基本可以确定以下三个控制层面，分别是教学输入监控、教学过程监控和教学输出监控。教学输入监控则又可以分为七类监控点，其中分别是办学理念、专业学科创建、课程布置、监管制度、教师团队、学生质量以及物质投入；教学过程监控则又可分为以下十种不同的监控点，分别是：培育培养规划、教学总体规划、教学理论、教学课程实践、教学成绩评价、教育模式创新、个人素质教育、毕业实践、教学风气规划以及学习风气规划；教学输出监控可以分为三种不同的监控点，分别是毕业生就业情况反馈、企业评价和社会评价。

### 1. 教学输入监控面

在教学输入监控面涉及的七个监控点中，专业学科创建和教师团队这两个监控点最为重要，故对它们进行重点阐述。

（1）专业学科创建

高校能否组建优秀的教学人才并且培养适用于社会发展的人才，最重要的还是高校专业的选择与创建。第一，在进行专业创建时，高校应当重点根据自身的实力来确立专业的创建能否符合自身发展。除此之外，社会各用人单位对于用人标准都有不同程度的提升，因此高校培养出来的人才能否符合社会各企业的需求，这就取决于高校的专业配置是否有足够的吸引力，并且高校是否有足够的实力创建热门专业，也是高校需要考虑的问题。第二，高校在进行创业选择与创建时还要考虑专业的类型是否符合当地社会的需求，若是专业不适用于当地的经济情况，那么专业的创建就没有实际的价值。这时，高校就需要针对专业的配置进行相应的转型，不论是专业的结构还是专业的发展方向都应当与地区的经济情况进行匹配，而后进行转型。由此可见，高校专业的配置必须要确保其能够符合地区经济发展需求，除此之外，还应当符合地区产业结构的转型标准。对此，高校应当积极调查、收集相关地区的经济发展情况与企业发展情况，保证专业的创建能够与地区经济发展相匹配。第三，高校对于专业的配置应当采用宽严并重的方式进行招生，确保招揽更多优秀的人才。当然，仅凭这一方式还是远远不够的，可以适当地放宽高校专业的招生口径，通过拓展专业涉及的知识层面，吸纳更多人才。而后，在制定专业教学内容时，应当注意将知识全面贯彻到教学当中。为此，高校教学必须保证能够满足社会需求以及市场用人需求，专业的配置必须满足以上要求，才能够培养符合企业用人标准的专业人才。当然，集体还可以将专业的配置灵活化，可以在每个大专业的配置下，分设一些较为热门的专业，使整个专业学科能够具有多元化的特点，从而培养多元化发展的人才。第四，高校应当对于自身实力有充分的了解，只有明确地认知自身的办学实力以及教学资源储备量，才能够有根据地进行专业配置。其中选择重点热门专业进行重点配置，若是有足够的实力，可以同时配置其他学科。另外，事先对地方经济以及地区市场进行分析、预测，从而将专业的配置与市场情况相匹配。

（2）教师团队

通常，为了全面提升高校的教学质量，首先会选择建设优秀的教师团队，从而完善高校办学方面的不足。从某种程度上来说，高校教学为了能够切实符合高校学生的发展，那么就一定要重视技能实践以及技能应用方面的能力；当然，高校教学方面还应当重点培养符合社会发展需求的专业人才，毕竟高校培养人才的最终目的是更好地为社会作出贡献。由此可见，高校教学的两项重要指标都从不同程度影响高校教师的聘用标准，即高校教师应当具备扎实的教学功底以及丰富的教学实践经验，这样的教师才是高校所需要的人才，即是人们所说的"双师型"教师。所以，对于高校教师团队的建设以及管理重点应该集中在以下两方面：首先是高校对于任职教师进行实时跟踪。确保教师能够根据自身的实际情况参与到教学研究工作当中，并且通过外出培训、外出实践等相应措施来提升自身的教育水平，从而达到高校聘用教师的考核标准。其次，高校对于兼职教师同时进行跟踪调查。高校对于兼职教师的招聘制度也应当符合高校任职教师的招聘标准，即拥有充足的知识储备，并且有着一定的教学实践经验，不仅有着优秀的教学能力，同时还有过硬的职业技能，对于教育行业有十足的热情，只有这样的教师才符合高校的招聘标准。

**2．教学过程监控面**

教学过程监控面确定了十个监控点，此处主要对教学课程实践、教学成绩评价和毕业实践这三个监控点进行重点阐述。

（1）教学课程实践

一般来说，开展教学课程实践并不等同于理论教学的完善、补充环节，相反却是教学环节当中至关重要的一环，它决定了能否培养高水平、高学历的实践型人才。为此，高校应当创建教学实践、教学培训以及教学实习方面的专业条件，从而为更多的学生提供优质的实践学习环境，只有理论与教学相互结合，才能够成功完成教育教学任务，并且最终成为优秀的专业实践型人才。另外，高校还应当根据地区特点，创建符合地区不同需求的专业人才，满足各个企业的多项需求，从而改善高校应届生实习困难的情况，这样不仅能够帮助高校增加教学实践培训基地，同时也能够为企业输送优质的专业人才，另一方面也能够提升高校的知名度。在进行实践教学方面的监督时，重点针对实践教学的指标能否符合相应的标准，并且实践教学能否依照相应的要求进行实时监控等方面进行准备工作。另外，还要针对教学标准能否达标以及能否达到高校教学活动的基本标准进行重点跟踪，除此以外，对于学生的学习能力以及掌握能力的情况也要实时跟踪。

（2）教学成绩评价

对于学生的学习成绩进行重点考核是教学过程当中不可或缺的一个环节，它帮助教学质量改革提供了重要的依据，因此，它对于高校学生的学习以及高校教师的教学方面都有着不容忽视的重要性。至于高校学生成绩方面的监控，重点在于对高校师生的思想方面进行考核，是否以正确的观念来面对学业考核。至于教职员的考核监控，则重点在于教职员能否通过自身的行动改善教学成绩以及完善教学规则，从而保证教学成绩能够达标。另外，对于高校能否综合运用考核、评价以及成绩来进行跟踪调查，了解高校是否允许高校学生自由选择成绩考核方式，除此之外，还要针对考核能否展现学生的综合能力以及实际学生水平进行实时跟踪了解。

（3）毕业实践

毕业实践，主要依据毕业生对于企业用人情况，以及企业工作的实际需求而进行的毕业实践活动，从实际情况来看，毕业实践同就业上岗有着相通之处，二者可以相互结合。至于对毕业实践方面的监控，重点在于就业指导教师能否准确地了解高校学生的就业情况，能否同实践现场的相关人员进行实时沟通并且达成一致的意见，从而对于学生进行毕业实践指导。对于学生实践方面的考核工作，重点在于考核能否符合高校与企业的协商，而后通过达成一致意见进行相应的评价。另外，对于学生的毕业实践工作能否提出具有实际意义的指导意见以及相应的发展意见，这也是高校所必须明确的问题。当然，对于学生评价还要观察学生能否在工作当中学习，从而不断完善自身；能否做到实践与理论相互结合，从而达到学以致用；能否真正具备任职的能力以及积累足够的工作经验。以上这些，都是高校需要关注的问题。

**3．教学输出监控面**

（1）毕业生和用人单位的反馈

高校需要通过开展毕业生的跟踪调查对毕业生和用人单位的反馈进行监控，与毕业生和用人单位保持定期沟通，并定期收集他们的反馈信息。具体而言，首先要监控毕业生的就业率和岗位稳定率，并对毕业生的学用结合程度是否达到要求、毕业生是否产生了对用人单位的归属感进行调查。其次要监控用人单位对毕业生的满意程度和认同程度，并通过访谈和发放问卷的方式搜集用人单位的人才需求信息。

（2）社会评价

高校对社会评价的监控需要从两方面入手：一方面，要加强与新闻媒体的联系，通过新闻媒体向社会宣传学校的各种信息，并对信息传递是否及时和准确进行监控；另一方面，要了解社会对学校教学质量的评价，并把它作为学校教学质量改进的动力。需要注意的是，社会对学生的认可度是一个关键指标，高校要时刻关注该指标是否处于一个相对较高的水平。

**（二）建立完善的信息运行机制**

准确地说，有关教学质量的信息来源是极为广泛的，所以相关信息的收集以及反馈也应该从多方面进行分析，对于重点问题也应该从多方面进行了解。一般来说，教学质量信息主要来自高校的教师、高校学生以及高校的管理人员。当然，除了校园内部的相关人员以外，还有学校以外的人员，其中包括学生家长、毕业学生以及诸多企事业单位等。至于信息的收集以及分析反馈环节在信息的运行方面是极为重要的，并且决定了信息能否成为闭环监控的重要依据。能否准确并且实时地改善教学当中出现的问题，不仅需要实时收集信息，同时还要了解信息的反馈情况，通过这样的方式，不仅能够了解教学质量是否有所提升，同时还能够使整个教学组织实现自身的发展目标。

**1. 信息的收集**

在进行信息收集时，高校一定要同时制定相应的保障制度，可以通过进行准确的工作记录来最大可能地保障信息收集不受外界因素的影响。在进行记录工作时，应当准确记录信息收集的内容以及信息收集方式等。当然，准确地记录信息收集时间，将会帮助信息收集更加高效。高校在确定了信息收集保障制度以后，可以通过相应的指标进行下一步信息收集计划。一般来说，信息收集主要是寻找相应的数据，而数据的收集又往往可以分为以下几个部分，分别是：教学输入数据的收集，即教师数据、环境数据、学生数据以及基础数据等；教学过程数据，包括教学内容数据、教学评价数据以及教学实践数据等；教学输出数据，包括毕业、就业以及成绩考核相关的数据。

**2. 信息的反馈**

在信息运行过程当中，除了重要的信息收集以外，还需要注意信息的反馈情况。其中，要想实现信息控制，首先要进行信息反馈。另外，由于信息反馈与信息收集、信息控制是一个整体，因此我们可以将整个信息控制的过程视作信息的流动环节。在进行高校质量监督管理活动当中，要时刻注意信息的反馈情况，通过全面建设完善的信息反馈机制，保证高校教学质量管理监督部门能够正常进行工作。在教学质量监督管理工作当中，应当准备定期开展教学质量监督会议，通过详细的汇报各个阶段的工作重点，方便全体教学质量监督人员一同分析问题，进而找出问题的关键并且提出解决方案，最后根据教学监督的解决方案有针对性进行下一阶段的工作。其中教学质量管理监督团队可以划分多个小团队，通过积极协同教学人员参与教学活动，保证团队成员能够充分了解教学工作的实际情况，而后可以根据教师的不同意见和建议进行工作方面的改进。学生会以及各个学生团队可以通过创建学生信息反馈网络，从而帮助教学质量监督人员了解教学情况，而后通过将信息进一步反馈到各个院系的教师，以方便教师进一步改进教学计划并且全面提升教学质量。另外，高校还应当时刻注意社会对于教学质量的信息反馈情况，通过实时了解各个用人单位对于高校毕业生的评价，从而进行教学质量上的改革，并为社会输送更多符合用人标准的专业型人才。

**3．信息机制运行需注意的若干问题**

为了能够保证高校教学质量监督管理系统能够高效运行，首先要保证建设完善的信息运行机制，并且在此过程当中不论是信息收集还是信息反馈，都需要进行反复确认，重点保证信息的准确性。另外，不论是学校内部的信息反馈还是学校外部的信息反馈都要足够重视，应当一视同仁，对此，笔者列出了需要注意的事项：一是信息的准确性，准确性是指信息的收集、加工和反馈过程必须是对现实状况的真实反映，捏造的虚假信息是无任何意义的。二是信息的及时性，时效性是信息的重要特性之一，拖延耽误会导致信息失去其使用价值。信息的收集、加工和反馈都要尽量避免时间的拖延。三是信息的完整性，信息的完整性是对信息运行过程提出的更高要求，也是构建完善的信息运行机制必须要达到的目标。四是信息具备一定的针对性，这一点由于高校内部信息过于复杂，其中由于各团体、各组织的信息种类丰富，信息所辖范围也是有所不同的，因此，在进行信息收集、反馈的时候，应当注意将信息尽量与组织、需求等因素相匹配。

### （三）定期评价

所谓的定期评价，就是依照相应的评价标准和评价目标对于某一主体进行周期性的评价。而这样的过程往往有固定的周期，因此被人们称为定期评价。这里所说的定期评价重点包括以下两方面：首先是对于高校教学质量的周期性评价，其次是对于教学质量监督以及运行方面的周期性评价。

#### 1．高等院校教学质量的定期评价

教学质量涉及较多变量，难以准确计量。在实践中，通常采用"化整为零"的方法，把教学活动划分为多个教学环节，通过对每个教学环节的定期评价来衡量各个环节的教学质量，最后汇总得出总体教学质量的评定结果。针对教学质量的周期评价能够为教学质量监督管理方面进行相应的辅助工作，并且能够帮助教学监督管理行为顺利地开展，一般来说，教学质量监督管理的周期性评价重点关注高校各个组织之间的活动能否切实符合监督管理的整体要求，除此之外，教学质量能否达到相应的标准也是教学质量周期性评价所需要关注的问题。教学质量定期评价的具体内容包括三个方面：

一是对教学活动质量的定期评价，主要涉及影响教学活动质量的因素以及对这些影响因素的分析与控制。

二是针对"顾客"的教学质量意见和建议，高等院校应采取应对措施并对此进行定期评价。

三是在高等院校教学活动中，质量标准会发生变动，有必要对质量变更的实际效果进行定期评价。

#### 2．教学质量内部监控运行机制的定期评价

教学质量监督管理的运行模式当中，周期性评价是至关重要的，其具体指的是高校内容的监督管理团队根据教学管理监督的目标进行一系列工作。其中，现实通过全面收集信息并且对于信息进行分析，了解信息反馈的情况，从而调整教学质量监督管理的相应内容使其符合高校发展需求。与此同时，全面改善监督管理的操作流程，从而整体提升监督管理效率。高校教学质量监督管理运行的机制改革与完善必须要借以周期性评价机制来辅助进行，而周期性评价机制也是完善高校教学质量管理监督体系，并且使该体系能够正常运行的重要条件。根据质量监督管理方面的理论依据，高校的教学质量监督管理运行方面的周期性评价大致包括以下环节：运行→评价→改进→再运行→再评价→再

改进……

教学质量监督管理运行机制方面的周期性评价从实际应用的角度完美地实现了监督管理的重要作用。至于教育质量监督管理机制的正常运行以及周期性评价则是在教学质量周期性评价的基础上进行的，简而言之，前者属于后者的子系统。其中，检测监督管理体系的现状并且核实该体系能否在高校成功运行，需要依靠周期性评价机制。至于评价机制的周期主要依靠高校的教学质量监督管理部门的实际运作情况进行准确布置。

具体评价的内容应该包括三部分，分别为：教学质量内部监控体系符合实际需求的程度和预期监控目标的实现程度，教学质量的定期评价结果，教学质量内部监控运行机制的定期评价结果。

### （四）持续改进

完善高校的教学质量监督管理的运行机制，是持续改进的重要目标，并且持续改进还能够全面提升高校监督管理运行机制的适应能力。持续改进的机制大致可以分为以下两点：

#### 1. 经常性改进

经常性改进可以利用上文提及的"PDCA"循环模式来实现。"PDCA"循环模式是改进教学质量内部监控运行机制的基本模式，它适用于监控运行机制的各个组成部分以及运行机制各个环节的改进。"PDCA"循环模式不仅在教学质量内部监控运行机制的改进过程中得到重用，甚至还被应用于运行机制的构建过程。然而，"PDCA"循环模式较少考虑持续改进的阻碍因素，这在一定程度上限制了其效用的发挥。当教学质量内部监控运行机制的改进遇到较大的阻力，或者需要大幅度改进时，"PDCA"循环模式将不再适用，此时应采用科特·勒温①（Kurt Lewin）的系统变革模式。

#### 2. 大程度改进

大程度的改进可以运用科特·勒温提出的系统变革方式进行相应的工作。科特·勒温表示，系统变革若想成功，那么必须要进行以下三个步骤的工作。

首先是"解冻"状态。勒温表示，任何一个系统的内部以及外部往往都存

---

① 科特·勒温（Kurt Lewin，生于 1890 年 9 月 9 日，逝于 1947 年 2 月 12 日）德裔美国心理学家，拓扑心理学的创始人，实验社会心理学的先驱，格式塔心理学的后期代表人，传播学的奠基人之一。

在着两种不同属性的力量，而其中的一股力量是带动系统变革的重要力量，至于另一股力量则是维持系统不变的力量。若是两种力量保持平衡，那么这时就达到了系统平衡的状态。这时如果想要进行系统改革，那么就必须要进行一定的改变，打破平衡的状态，这就是勒温所说的"解冻"状态。不过需要注意的是，"解冻"状态是在变革力量大于维持系统不变的力量时，才能够实现的。

其次是"移动"状态。这是系统在进行"解冻"以后所衍生而出的另一种新型状态，在整体"移动"的过程当中，系统的变革力依旧保持大于系统维持力的情况。

最后是"冻结"状态。进行"移动"后的系统在其初期阶段是较为脆弱的，这时如果不及时维持当前状态，那么在此之后将有一定的机会变回原来的状态。由此可见，这时就需要进行"冻结"工作，从而帮助系统进行变革。另外，系统在进行工作时，如有必要，还需进行"二次解冻""二次移动""二次冻结"，通过再次循环的方式，使系统能够维持运行状态。系统的变革最主要的特点就是系统的改变很大，并且这样的模式非常适合大型系统的改革工作。

当高等院校的教学质量改进涉及诸如利益分配等重大改进举措时，势必会遇到较大的改革阻力。依照勒温提出的相应理论以及相应改革方式，高校可以对于自身运行系统进行全面改造。首先根据高校教学当中存在的诸多问题进行分析，从中找出教学重点问题，通过大力宣传的方式使更多的教职员工理解改革并支持改革，通过详细的描述，使更多的教职员工认同改革计划。其次，高校根据具体情况制订全面改革计划，通过统筹全局，将对于高校的影响控制到最低。最后，高等院校应采取以新代旧的试点方式确定学校改革的力度，之后采取相应的改革措施，并通过制度建设来巩固学校的改革成果。

# 第八章 高校教育质量标准体系的
# 创新思路探究

通过前文对高等教育质量相关概念与内容的辨析，并结合对高等教育质量标准体系评价与对高校教育教学质量监控体系的深入分析，为进一步开展针对新时期下高等教育质量标准体系的科学构建与有效执行实施等管理工作奠定了坚实的理论基础，同时也为高等教育质量标准体系的构建、执行实施和信息反馈等提供了相应的创新思路。若以高等教育质量标准体系执行实施为临界点，可将对构建出的高等教育质量标准体系质量好坏进行评判的过程划分为高等教育质量标准体系执行实施之前的适用性评价和其执行实施之后的效果评价。

其中的高等教育质量标准体系的适用性评价及其执行实施效果评价两方面的结果信息，均可直接用于指导高等教育质量标准体系的科学构建完善及其执行实施等管理环节的创新。总之，高等教育质量标准体系及其评价基本理论与应用评价模型的研究，为新时期下构建与完善具有科学适用性和高效性的国家层面高等教育质量标准体系提供了创新管理的基础。

## 第一节 高等院校教育质量标准体系创新构建的价值分析

高等教育质量标准体系创新构建就是指以获得具有较好科学适用性和有效性的国家层面高等教育质量标准体系为目的而进行的创制和完善相应标准体系的管理创新活动。高等教育质量标准体系构建的本质内涵，是高等教育质量标准体系管理主体对相应高等教育质量标准体系所进行的创制与修正完善性构建活动。高等教育质量标准和高等教育质量标准体系，分别是高等教育质量标准化的初级阶段产物和中级阶段表现形式。可以说高等教育质量标准体系是高等教育质量标准在高等教育质量管理实现科学系统化层面的进一步完善与深化机制，其对全面保障与提升高等教育质量目标的实现具有十分重要的科学指导作用。具体来说，创新构建国家层面的高等教育质量标准体系具有三方面的重要价值：全过程科学化管理高等教育质量的有效途径、科学系统化管理高等教育质量标准的重要工具、科学开展和推进高等教育质量标准化工作的中间桥梁。

## 一、全过程科学化管理高等教育质量的有效途径

创新构建国家层面的高等教育质量标准体系是满足高等教育质量全过程科学化管理要求的有效途径。伴随着高等教育的不断发展及其大众化水平的不断提高，人们对高等教育质量保障及其管理服务方面提出了更高的要求。为满足高等教育质量全过程科学化有效管理及其服务全过程系统化高效管理的相关要求，必须从国家层面制定出一系列在内容上具备完整适用性且具有相互协调配套性的标准，而这些同属于高等教育领域的质量标准只有通过其内在关联性与依赖性，并通过科学有机体的整体实现才能发挥各自最大的效用。单个高等教育质量标准之间系统效应的良好发挥，更有利于达到提高高等教育质量管理服务的质量与效率的双重目的，从而使得高等教育质量管理与服务过程中的相关质量保障工作有规可循，并进一步全面保障和提升高等教育质量水平。而高等教育质量标准体系就是将不同层次和维度的各个高等教育质量标准通过其相互间的内外在作用进行关联系统化，从而形成内容上具备依赖关联且在形式上具备层次结构的科学体系。因此，将具有不同层次维度的高等教育质量标准通过其相互间的内在与外在系统关联性，形成国家层面相应的高等教育质量标准体系是满足高等教育质量全过程科学化管理的有效途径。

## 二、科学系统化管理高等教育质量标准的重要工具

创新构建国家层面的高等教育质量标准体系是满足对高等教育质量标准

进行科学系统化管理要求的重要工具。通常情况下，两个具有互相促进与依赖关联并协调一致的高等教育质量标准所共同发挥的系统总效力是高于其中任何一方单独实施所发挥出的单个效力的。因而高等教育质量标准要在更大程度上发挥其所具有的效力，就需要对其进行系统化的科学管理。基于对象内容及其过程的体系化可以视为对其进行系统化管理的表现方式，高等教育质量标准体系通过将特定领域范围内的相关质量标准进行内容和效应层面的关联体系化，从而形成具有系统特性的科学有机体。结合对高等教育质量标准体系本质内涵的理解，高等教育质量标准体系的基本构成元素就是单个的高等教育领域的相关质量标准，因而可认为这类科学有机体的形成与运行过程正好对应着高等教育质量标准体系的构建与执行实施环节。

可以说，构建具有较好科学适用性和合理完备性的高等教育质量标准体系能有效地指导高等教育领域相关质量标准的科学制定和修订工作，也就是说，高等教育质量标准体系是对单个高等教育质量标准本身进行系统化科学管理的有效工具和表现形态。因此，高等教育质量标准体系很大程度上直接充当着高等教育领域单个质量标准的组织管理者角色，其也是从整体效应层面发挥高等教育领域各个质量标准时具备的最大效应的有力工具。总而言之，高等教育质量标准体系创新构建在一定程度上有效地满足了对高等教育质量标准进行科学系统化管理的相关要求。

## 三、科学开展和推进高等教育质量标准化工作的中间桥梁

创新构建国家层面的高等教育质量标准体系是满足对高等教育质量标准化工作进行科学开展和推进的中间桥梁。我们可大体将高等教育质量标准化的活动过程表现形式分为初级、中级和高级阶段。其中，高等教育质量标准作为单项高等教育领域的质量标准制定结果形态，对应着高等教育质量标准化工作的初级阶段；高等教育质量标准体系作为实现高等教育质量标准化工作基本任务的标志，对应着高等教育质量标准化工作的中级阶段；高等教育质量标准化体系作为实现高等教育质量标准化工作高级任务的标志，对应着高等教育质量标准化工作的高级阶段。从高等教育质量标准化三个阶段的关系来看，三者是紧密联系且不可分割的内容，其中，高等教育质量标准体系充当着整个高等教育质量标准化过程中承上启下的中间过渡桥梁的角色。通过构建国家层面的高

等教育质量标准体系，能发现并修正高等教育质量标准化工作中相对滞后或不合理之处。此外，通过高等教育质量标准体系的内容与层次划分，还能及时补充现实所需要的质量标准，并通过不断补充、修正来完善国家层面高等教育质量标准体系的科学全面构建。可以说，高等教育质量标准体系既是高等教育质量标准在高等教育质量管理实现科学系统化层面的进一步完善与深化机制，同时也是高等教育质量标准化体系建设的重要组成内容。国家层面高等教育质量标准体系的科学合理构建还能通过不断提高高等教育领域的质量标准化工作水平和不断优化该领域的质量标准化工作协调性，从而在效率和效力两方面共同推进高等教育质量标准化工作的有效开展，并进一步为高等教育质量标准化体系的实现奠定坚实基础。总之，高等教育质量标准体系构建对高等教育质量标准化工作的有效推进与开展发挥着不可或缺的中间桥梁作用。

## 第二节　高等院校教育质量标准体系创新构建的指导思想与原则

国家层面的高等教育质量标准体系构建作为高等教育质量标准化活动过程的核心内容之一，是高等教育发展和社会经济发展的客观需要。高等教育质量标准体系构建过程就是指为获得高等教育质量管理与服务过程中的最优秩序和最佳绩效，由制定主体在遵循高等教育质量标准体系构建的基本原则和指导思想的基础上，将具有关联结构性的高等教育领域有关质量的各个标准组合成一个科学有机体的过程。因此，在高等教育质量标准体系的构建过程中，需要遵循一些基本原则和指导思想用以科学指导。总之，只有在遵循相应指导思想和基本原则的科学指引下，才能构建出具有目标实用性、结构合理性、动态更新性和科学高效性的国家层面高等教育质量标准体系。

### 一、高等教育质量标准体系创新构建的指导思想

高等教育质量标准体系构建是高等教育质量标准化的基本任务和核心内容，其对整个高等教育质量标准化工作的开展和绩效具有十分重要的作用，因

而明确相应的高等教育质量标准体系构建指导思想，是确保高等教育质量标准化工作方向正确的重要保障。总的来说，高等教育质量标准体系构建的指导思想就是为完成高等教育质量标准体系总目标而提出的针对相应标准体系进行合理构建管理的总体方向指南。具体来说，国家层面的高等教育质量标准体系创新构建的指导思想主要包括以下四个方面内容。

**（一）高等教育质量标准体系创新构建的全过程必须以相关法律法规为基石**

构建高等教育质量标准体系的各个环节和内容必须是遵守所有法律法规的合法性活动过程。高等教育质量标准体系构建作为高等教育领域标准化工作的环节之一，其必须要遵循标准化工作的有关法律法规，主要包括《中华人民共和国标准化法》《中华人民共和国标准化法实施条例》及各类有关的标准化行政规章等。《中华人民共和国标准化法》是我国标准化工作的基本法，也是我国标准化管理的根本法和标准化活动的最高准则。同时，高等教育质量标准体系又是针对高等教育领域有关质量管理的研究，因此，高等教育质量标准体系的创新构建必然要遵守高等教育领域的相关法律、法规和政策性文件，如《中华人民共和国高等教育法》等。

**（二）创新构建高等教育质量标准体系的全过程应以标准化基本原理、标准系统管理原理为理论指导**

标准化的原理就是揭示标准化工作实现的方法和规律，高等教育质量标准体系隶属于高等教育质量标准化的工作范畴，因而要保证高等教育质量标准及其体系构建的科学有效性就必须以标准化学科的基本原理作为其科学指导。标准系统和标准体系的木质内涵相同，同时高等教育质量标准体系又属于高等教育领域有关质量问题的标准体系因此关于标准系统的管理原理如系统效应原理、结构优化原理、有序原理和反馈控制原理，都能用于高等教育质量标准体系的构建与管理完善。可以说，标准化基本原理和标准系统管理原理两者是保证高等教育质量标准体系具有科学适用性和正面积极功用的重要指导性基础原理。

**（三）高等教育质量标准体系构建的全过程要充分应用知识管理理论与方法**

标准体系既是一种标准的管理工具，又是一项标准管理工作过程，而标准又是显性化了的知识，故可将标准体系视为一种知识管理工具和一个知识管理过程。此外，充分利用知识管理的相关理念、技术与方法来进行标准化工作中标准体系规划方面的创新管理是标准化工作的核心程序之一，如标准体系的管理系统开发等内容。对于标准体系与知识管理，两者研究对象所具有的共同之处，使其相互之间具有天然的联系。因此，在高等教育质量标准体系构建的全过程中当然离不开对各种先进的知识管理理论、技术和方法的运用。

**（四）高等教育质量标准体系构建的全过程要贯穿系统控制论、公共政策分析理论和可持续发展的思想理念，并以综合评价作为创新构建和执行实施管理的新工具**

国家层面的高等教育质量标准体系是对高等教育领域的所有质量标准进行科学系统化的过程，因此高等教育质量标准体系作为一个人造系统，自然要以系统控制科学的基本思想作为其创新构建的指导准则。同时，从高等教育质量标准及其体系的本质内涵来看，可在一定程度上将高等教育质量标准视为高等教育领域的公共政策，并将高等教育质量标准体系视为高等教育领域的公共政策体系。另外，高等教育质量标准体系构建属于公共教育领域的质量标准体系构建问题，而公共教育又是公共服务的类型之一，所以可在一定程度上将高等教育质量标准体系视为公共服务标准体系的子体系，因此，公共政策与公共服务的相关分析理论也将有效地指导高等教育质量标准体系的构建与完善。最后，高等教育质量标准体系创新构建还应以科学的可持续发展观为指导思想，即通过高等教育质量标准体系相对稳定性和动态更新性相统一的实现，确保其创新构建工作的与时俱进。此外，高等教育质量标准体系创新构建与管理完善的有效工具之一就是充分利用评价学进行综合评价从而实现相应的情报决策功能，而针对高等教育质量标准体系所处的不同阶段对其进行相应评价，并以评价结论作为高等教育质量标准体系创新构建与完善管理的决策情报源，其实也是落实系统控制科学基本思想、公共政策与服务分析理论和科学可持续发展观的重要体现。

## 二、高等教育质量标准体系创新构建的基本原则

要想构建出具有合理适用性和科学高效性的高等教育质量标准体系，制定主体需在遵循标准化工作基本原理和系统论基本思想的基础上，紧密结合高等教育质量标准体系评价指标体系及其评价结果来开展相应的创新构建与完善。

具体来说，高等教育质量标准体系创新构建的基本原则主要包括以下四个方面内容。

### （一）总目标及其分解原则

高等教育质量标准体系构建的总体目标是指通过构建出具有合理适用性和动态高效性的协调科学有机体——国家层面的高等教育质量标准体系，并从高等教育质量管理与服务过程中，有效控制影响高等教育质量水平的各类因素进而实现全面保障与提升高等教育质量的目的。而总目标原则就是指在高等教育质量标准体系的内容与结构构建过程中，需要紧紧围绕这一总目标来开展相关工作。当然在确定总目标之后，还需要按一定的内容逻辑与结构关联进行基于总目标的分解任务，即将总目标分解成用于指导各个层次和维度上的高等教育质量标准制定与完善的各个分目标，从而逐层明确高等教育质量标准体系各个组成要素的功能和目标。总之，总目标分解有利于各级分目标过程的实现，并避免了相关高等教育质量标准的随意制修订和无序叠加，进而使得所有高等教育领域的质量标准都能共同服务并作用于高等教育质量标准体系的总目标，并最终有利于其总体目标的科学实现。

### （二）整体配套与结构协调原则

整体配套与结构协调原则是指构建的高等教育质量标准体系要满足整体配套性和结构协调性两方面的要求。一方面，对于整体配套性来说，由于高等教育质量标准体系作为一个科学有机整体，其由各级相互依存与补充的标准按逻辑关联而组成，因而只有在整体上进行系统优化并通过内容和结构层面的逻辑关联配套，才能将高等教育质量标准体系各组成要素单个功效的发挥有效地融合成高等教育质量标准体系总功效的发挥，进而实现总功效远大于各组成要素孤立发挥单个功效的总和的系统效应。整体配套特性的缺失将不利于标准及其体系功效的发挥，甚至有可能出现标准及其体系的无功用或负功用现象。另一方面，对于结构协调性来说，主要是考虑高等教育质量标准体系在结构划分上的不同子体系的内部标准之间的相互协调一致性。由于高等教育质量标准体系是按特定结构形式组合而成的有机整体，因此在构建高等教育质量标准体系的过程中，要将高等教育质量标准体系与组成要素之间、同级组成要素之间，都围绕总目标和各级分目标的要求构建出具有特定依存与制衡关系的协调结构，应尽量避免不同层次结构之间及其内部关系的相互矛盾和冲突。这些特定关系包括同级并列协调关系、同级并列制约关系、同级主从配套关系、分级集成与扩展关系、分级因果关系等。需要说明的是，在高等教育质量标准体系构建过程中，落实整体配套与结构协调原则的有效工具就是建立高等教育质量标准体系表。总之，构建高等教育质量标准体系过程中要注重对整体协调原则的遵循，使得整个高等教育质量标准体系具有整体配套、协调有序、关系划分明确和高效的特征，从而获得最佳的综合效益。

### （三）相对稳定与动态发展原则

相对稳定与动态发展原则是指高等教育质量标准体系作为相对稳定系统的同时，还应注重其吐故纳新的新陈代谢功能发挥。这里的稳定是指标准体系的相对稳定，发展是指标准体系的动态更新，两者协调一致共同为保障高等教育质量标准体系的适用性和高效性提供相应支持。对于前者而言，高等教育质量标准体系的相对稳定是指高等教育质量标准体系执行实施之后，应保持其在有效使用期内的相对稳定状态，即在高等教育质量标准体系使用期内原则上不进行内容和结构层次方面的大调整。而要保持其相对稳定性就需要让构建出的高等教育质量标准体系具有一定的前瞻处理功能，这也变相要求了在构建高等教育质量标准体系的过程中，要立足现实国情并具有长远目光和凸显一定的问题解决前瞻性。对于后者而言，则是把高等教育质量标准体系看成一个动态更新的信息系统，并且构建和完善高等教育质量标准体系的过程类似于信息交换的过程。一个开放的系统总是不断地进行着内外部之间的各种信息传递、交流和利用，这也是高等教育质量标准体系进行开放性建设的体现。

通常情况下，标准体系的开放性构建包括两层内容：一方面要积极采用最新研究成果以不断提高标准的前瞻性和技术含量；另一方面是要密切跟踪国内外相关领域的标准规范发展情况以有效保障标准及其体系建设的国际性。其实，标准体系构建中保持开放性就是要加大对标准情报工作的重视和应用力度，通过标准情报工作对有关领域内标准的最新进展进行情报跟踪，并及时加以引进和吸收利用。高等教育质量标准体系作为人造系统，同样也避免不了与外界的各种信息交流，即作为一个相对稳定和动态更新的信息系统需要不断进行内外界的信息流传递、转换、重组等信息过程。

### （四）评价及其决策指导原则

该原则是指创新构建和完善国家层面的高等教育质量标准体系过程中，需要根据高等教育质量标准体系、评价指标体系及其相应的综合评价结果作为相应的情报决策依据。可以说，没有科学的高等教育质量标准体系评价，就无法进行科学合理的高等教育质量标准体系构建与完善管理。因此，高等教育质量标准体系构建与完善过程中必须遵循评价指导的基本原则。一方面，根据高等教育质量标准体系评价的相关理论与方法，在高等教育质量标准体系构建过程中重点考虑高等教育质量标准体系的适用性问题，并且创制出的高等教育质量标准体系一定要经过相应的适用性评价才能考虑让其进入正式执行实施阶段。另一方面，根据高等教育质量标准体系评价的相关理论与方法，对高等教育质量标准体系进行修正完善性构建，即根据新时期下各种环境、形势等方面的变化需要，及时对高等教育质量标准体系进行动态的调整、更新和进一步完善。而对执行实施之后的高等教育质量标准体系进行修正完善性构建时，必须以高等教育质量标准体系执行实施效果的综合评价结果信息作为该体系进一步完善和调整的情报决策依据，如注重对高等教育质量标准体系表现优良的方面进行继承性创新，同时对其表现较差的方面进行修正完善与调整。只有这样才能保证高等教育质量标准体系进行修正完善性构建的科学性和针对性。

## 第三节　高等院校教育质量标准体系创新构建的工具与模型

### 一、高等教育质量标准体系表

以图表化的形势将标准体系内的标准，按其内在联系进行排列的模型称为标准体系表。标准体系表是对相应标准体系中相关标准进行制定、修订工作的指导性文件，其对于标准化工作具有重要的意义和作用。可以说，标准体系表是进行领域标准体系设计规划与构建的重要工具。因此，建立标准体系表对于标准化工作具有重要价值，其作为一项系统化工程需要根据标准化对象的内容和特征并采用科学的方法来进行。获得内容全面的标准体系表，需要避免使用单一方法所导致的缺陷和不足，故而应结合使用分类法、层次法、系统法和过程法等多种标准体系研究方法来进行相互补充。根据高等教育质量标准及其体系的内涵和特征，作者组合使用分类法、层次法、系统法、过程法等方法，来初步探讨国家层面高等教育质量标准体系表的内容框架。标准体系表以图表化的形式揭示相应领域范围内标准体系的整体构成全貌，以及标准体系中构成的各个标准元素相互间的关联，其主要内容包括标准体系结构图和标准明细表，此外其还包含相应的编制文字说明和标准统计汇总表两部分内容。为更好地发挥标准体系表的功能，还可制作相应的标准制定阶段表来反映相关标准目前所处的阶段。因此，可将高等教育质量标准体系表的主要内容分成高等教育质量标准体系结构图、高等教育质量标准统计表、高等教育质量标准明细表、高等教育质量标准制定阶段表和编制报告。

**（一）高等教育质量标准体系结构图**

高等教育质量标准体系结构图是以图模型来表征高等教育质量标准体系的内在结构关联情况的形式化图形。标准体系表具有纵向的层次关系、横向的门类关系和时间上的序列关系。因此，相应的高等教育质量标准体系结构图也可根据相应的层次关系、门类关系和序列关系来绘制。实质上，根据这三种关系来绘制高等教育质量标准体系结构图是对分类法、层次法和过程法等标准体系表框架分析方法综合应用的体现。首先来分析如何利用层次关系和门类关系来绘制高等教育质量标准体系结构图。需要说明的是，标准体系可看作标准的树状层次结构分类体系，而标准的分类可基于不同的角度进行划分。

也就是说，根据不同的层次分类基准可得到相应不同的标准体系层次和门类结构。因此，高等教育质量标准体系根据相应不同的分类维度，可得到不同的高等教育质量标准体系框架结构。综上所述，从标准体系的多维度、多层次划分与对应映射分析来看，高等教育质量标准体系结构框架是不具有绝对唯一性的。例如《中华人民共和国高等教育法》中对我国高等教育的分类情况进行了相应说明，因此，若是根据《中华人民共和国高等教育法》第二章第十五条和第十六条中对我国高等教育类型的相关分类规定，可初步绘制我国高等教育质量标准体系结构图的简略框架示例，如图8-1所示。

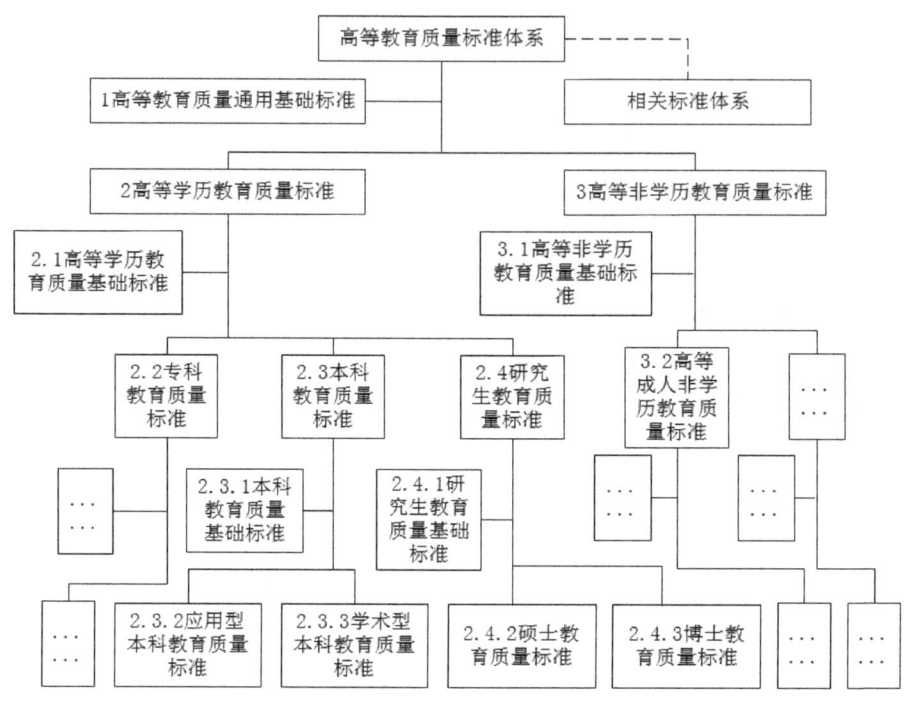

**图8-1 我国高等教育质量标准体系结构图的简略框架示例**

图8-1中实线代表所连接的内容之间存在的层次关系，虚线连接表示与其他相关标准体系的协调配套与关联关系。将图8-1中第一层的高等教育质量通用基础标准视为由多个高等教育质量基础标准所构成的标准体系，即高等教育质量通用基础标准体系。因此，结合分类法和过程法等方法对高等教育质量通用基础标准体系进行其体系结构方面的划分，高等教育质量通用基础标准主要包括高等教育质量标准通用准则（指南）、高等教育质量术语与缩略语标准、高等教育质量信息数据代码与符号标准、高等教育质量标准体系的文件编写与管理标准、高等教育质量标准实施与监督检查基础标准、高等教育质量控制标准、高等教育质量分类与分级基础标准等。同理，还可将高等学历教育质量基础标准视为相应的标准体系并对其进行进一步划分，其主要包括针对不同层次、不同类型的高等教育机构所进行的高等学历教育质量管理方面的基础性共性标准。总之，基于层次关系的标准体系结构图，从上至下，逐渐减少标准间的共性而加大标准间的个性。

根据以上层次关系和分类关系，绘制高等教育质量标准体系结构图适合进行高等教育质量标准体系的全局性构建管理，而若要对具体的高等教育质量标准所涉及的局部管理服务或过程进行构建管理，则需要按照序列关系来绘制相应标准体系结构图。同样，某项具体服务过程不同环节的序列结构也可对应不同的标准体系序列结构。例如，按《高等学校信息公开办法》中对高等学校开展信息公开工作的规定可知，开展高等学校信息公开服务属于高等学校管理服务的范畴，并且高等学校信息公开服务质量属于高等学校管理服务质量的一部分。

高等学校开展信息公开服务工作的主要环节依次如下：编制信息公开指南、制定信息公开目录、制定信息公开内容审查和保密办法、开通高等教育信息公开平台、开展主动信息内容公开、受理依申请信息公开、发布信息公开年度报告标准。因此，按照标准体系的序列结构关系应用方法，围绕此管理服务的工作环节可初步编制高等教育机构信息公开服务标准体系序列结构框架示例，如图8-2所示。当然，对于高等教育机构信息公开中涉及的其他信息公开工作内容如高等教育机构财务信息公开，也可根据该方法并围绕高等教育机构财务信息公开服务的工作环节，来绘制相应的高等教育机构财务信息公开服务标准体系序列结构图。

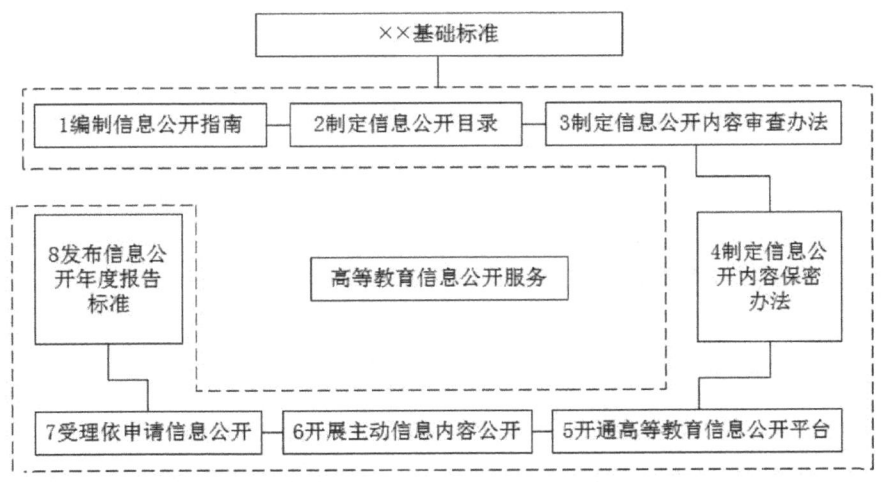

图8-2 高等教育机构信息公开服务标准体系序列结构框架示例

### （二）高等教育质量标准统计表

高等教育质量标准统计表通常是为了从宏观上整体把握当前标准体系构建的现状和未来的规划情况，并结合高等教育质量标准体系适用性评价或执行实施效果评价的综合评价结果信息，来进一步对高等教育质量标准体系或其子体系进行相应的创制与调整工作，从而更加科学合理地指导高等教育质量标准体系的构建与完善。标准统计表可根据统计的要求和目的来设置不同的统计项。如果要掌握高等教育质量标准体系中已有的标准数量现状、未来规划的预计情况及目前哪些子体系建设较为薄弱，可设计如表8-1所示的高等教育质量标准统计表示例格式。通过表8-1中的针对高等教育质量标准体系和各个子标准体系所统计的$N$数值、$F$数值及$N/F$的比例，就可大体掌握当前高等教育质量标准体系构建中的薄弱环节和下一步标准化工作的重心。要想同时掌握高等教育质量标准体系中现有标准的数量和相应级别（国家标准、教育行业标准等），则只需要在表8-1的基础上根据需求对统计项目进行相应修改。

表8-1 高等教育质量标准统计表示例格式

| 统计项目 | 已有数$N$/个 | 应有数$F$/个 | $N/F$比例（%） |
|---|---|---|---|
| 1高等教育质量通用基础标准体系 | ××× | ××× | ××× |
| 2高等学历教育质量标准子体系 | ××× | ××× | ××× |
| 　2.1高等学历教育质量基础标准 | ××× | ××× | ××× |
| 　2.2专科教育质量标准 | ××× | ××× | ××× |
| 　2.3本科教育质量标准 | ××× | ××× | ××× |
| 　2.4研究生教育质量标准 | ××× | ××× | ××× |
| 　……… | ……… | ……… | ……… |
| 3高等非学历教育质量标准子体系 | ××× | ××× | ××× |
| ……… | ……… | ……… | ……… |

## 二、高等教育质量标准体系综合评价

高等教育质量标准体系是由不同高等教育质量标准子体系所构成的，为了保障所构建的高等教育质量标准体系或子体系的质量水平和效用需要对其进行相应的评价。可以说，高等教育质量标准体系综合评价是高等教育质量标准体系构建过程中不可或缺的工具。以高等教育质量标准体系执行实施为临界点可将高等教育质量标准体系综合评价划分为高等教育质量标准体系创制过程中的适用性评价和相应高等教育质量标准体系执行实施后针对其执行实施效果所展开的评价工作。前者主要是在高等教育质量标准体系的创制过程中，针对其适用性进行综合评价并将评价结果信息反馈到高等教育质量标准体系创制性构建过程中，此外，高等教育质量标准体系创制过程中，还可根据高等教育质量标准体系适用性评价指标体系来指导其构建过程；后者主要是针对高等教育质量标准体系执行实施效果综合评价结果信息，来进行高等教育质量标准体系的修正完善性构建。高等教育质量标准体系综合评价，无论是对高等教育质量标准体系执行实施之前的高等教育质量标准体系创制性构建来说，还是对高等教育质量标准体系执行实施之后的高等教育质量标准体系修正完善性构建来说，其都能发挥高等教育质量标准体系表所不具有的独特性工具角色和创新功用。因此，高等教育质量标准体系综合评价是进行高等教育质量标准体系创新构建的有效科学工具。

从高等教育质量标准体系适用性评价作为高等教育质量标准体系创制性构建工具来看，此工具角色的发挥主要体现在高等教育质量标准体系适用性评价的指标体系内容及其综合评价结果信息反馈方面。通过前文对高等教育质量标准体系适用性评价的相关研究可知，高等教育质量标准体系适用性的影响因素主要包括程序过程研制、内容结构编排、预期目标制订和可行预测调控四个层面。其中，程序过程研制层面侧重于其合理性、合法性、正义性、科学性和权威性；内容结构编排层面侧重于其全面性、适宜性、关联性、扩展性、规范性、认知性和创新性；预期目标制订层面侧重于其针对性、一致性、恰当性和度量性；可行预测调控层面则主要侧重于其预测性和可行性的表现。这些反映高等教育质量标准体系适用性水平的各项指标内容是高等教育质量标准体系创新构建过程中需要注意的重要事项。因此，高等教育质量标准体系适用性评价指标体系可直接指导相应高等教育质量标准体系及其各个子标准体系的设计、规划和构建过程。此外，通过高等教育质量标准体系适用性评价还可根据其评价结果信息来掌握其整体情况以便更加有利于科学指导高等教育质量标准体系的构建与完善工作。

具体来说，一方面，可通过对高等教育质量标准体系进行适用性水平的评价用以辅助决策，如相应高等教育质量标准体系是否可以进入执行实施阶段、如何从多个高等教育质量标准体系中进行择优选择等工作，以便更好地完成高等教育质量标准体系的创新构建。另一方面，可通过对高等教育质量标准体系的单项适用性指标进行评价，获得其相应的单项评价结果信息用以掌握其在程序过程研制、内容结构编排、预期目标制订和可行预测调控四个准则层面的适用性表现，以及在各二级评价指标层面的具体表现。基于相应的单项评价信息可对通过整体适用性水平评价的高等教育质量标准体系进行在各个准则层和二级指标层方面的进一步相应完善，这样更有利于高等教育质量标准体系适用性水平的整体全面提升，从而更好地完成高等教育质量标准体系创新构建。

从高等教育质量标准体系执行实施效果评价作为整个高等教育质量标准体系修正完善性构建工具来看，此工具角色的发挥也主要体现在高等教育质量标准体系相应执行实施评价结果信息反馈方面。通过高等教育质量标准体系执行实施效果评价的结果信息来进行相应高等教育质量标准体系的进一步修正完善与调整。一方面，通过对高等教育质量标准体系执行实施效果的整体评价绩效结果信息来掌握其通过执行实施是否产生了积极的效果，以及这些绩效整体上处于何种等级，以有利于宏观上进行高等教育质量标准体系的管理决策；另一方面，通过对高等教育质量标准体系的单项执行实施效果指标进行评价，并获得其相应的单项评价结果信息，进而用以掌握其在执行实施效力程度、事实性绩效、价值性判断、感知回应程度四个准则层面上的绩效表现，以及其在效度、力度、准确度、机制健全度、目标达成度、教学质量、认证通过率管理效率、就业质量、教师水平、科研成果、事业提升、公平程度、社会发展核心竞争力、参与回应度、满意度、引用率和社会认知度等二级评价指标上的具体绩效情况。

基于高等教育质量标准体系执行实施效果的单项评价结果信息，可对高等教育质量标准体系中与各相应准则层和二级指标层有关的子标准体系或具体标准加强有关构建或调整完善。例如，通过高等教育质量标准体系执行实施效果评价后，得到相应的单指标评价结果，若显示高等教育质量标准体系执行实施后在教学质量这项二级指标方面的效应情况得分或等级不好，那么就要进一步组织有关专家并结合高等教育质量标准体系表的有关内容来综合判断分析导致此结果的原因，是否是相关标准在研制数量或质量上存在问题所引起，如果是就需要在高等教育质量标准化工作中，及时加强对高等教育质量标准体系中有关高等教育教学质量的相关标准研制或修正完善工作。

### 三、高等教育质量标准体系构建的创新工具

高等教育质量标准体系构建，主要包括两个内容：一是进行高等教育质量标准体系的创制性构建活动；二是对执行实施后的相应高等教育质量标准体系进行修正完善性构建活动。

对于前者，目前标准化科学领域主要通过标准体系表来进行相关标准体系的整体规划和建设。高等教育质量标准体系作为一类领域标准体系，同样离不开标准体系理论与方法的指导。编制高等教育质量标准体系表，同样是为了编制用于对高等教育质量标准体系进行设计和改造辅助的管理工具。需要说明的是，编制高等教育质量标准体系表是进行高等教育质量标准体系创制的有效工具之一，但是若要在最大程度上保障高等教育质量标准体系的科学适用性，还须对其进行相应的适用性评价，也就是说，在进行高等教育质量标准体系的创制性构建时，除了编制相应的标准体系表之外，还需结合使用高等教育质量标准体系适用性评价的评价结果信息。而对于后者，即针对执行实施后的高等教育质量标准体系进行修正完善性构建活动，仅仅通过编制高等教育质量标准体系表已不能很好地进行高等教育质量标准体系的修正完善性构建活动，而需要通过针对相应高等教育质量标准体系执行实施效果的评价指标及其综合评价结果信息，并在相应高等教育质量标准体系表的基础上进行科学有效的修正完善性构建活动。

综上所述，编制高等教育质量标准体系表，以及进行相应的高等教育质量标准体系评价来获取综合评价结果信息，两者都是高等教育质量标准体系构建过程中较为有效的途径和工具。但要想在最大程度上保障高等教育质量标准体系的科学适用性和合理有效性，就必须在进行高等教育质量标准体系构建这项具有复杂性和系统性的工程中，综合使用各种工具从而进行高等教育质量标准体系的创制和修正完善性构建。因此，结合以上对高等教育质量标准体系构建工具的综合分析，作者提出进行高等教育质量标准体系构建的新工具，如图8-3所示。

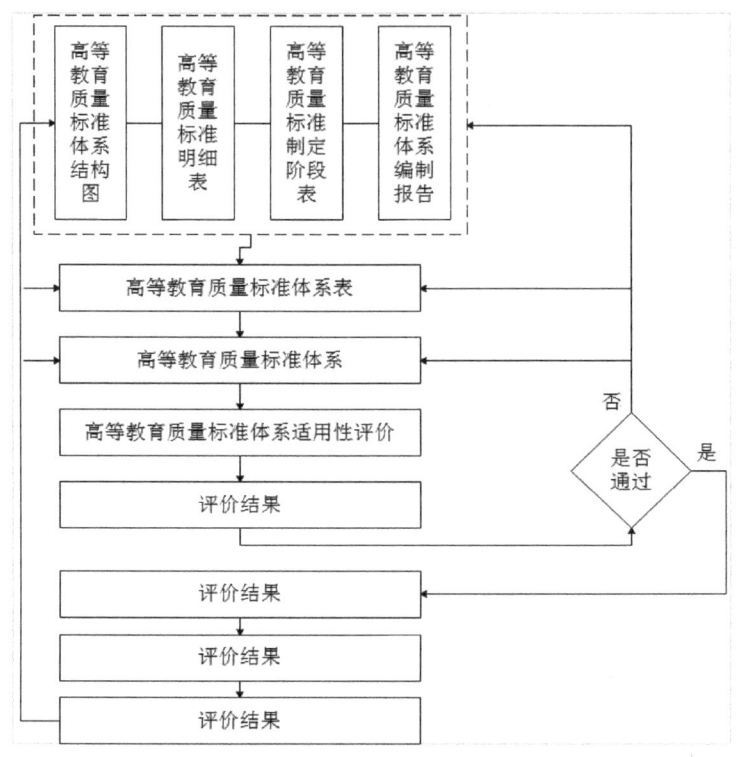

**图8-3 高等教育质量标准体系构建的新工具**

图中显示，从内容组成上看，高等教育质量标准体系构建的新工具主要包括：高等教育质量标准体系表、高等教育质量标准体系适用性评价信息和高等教育质量标准体系执行实施效果评价信息，其中，高等教育质量标准体系表又主要包括高等教育质量标准体系结构图及其编制报告，以及高等教育质量标准的明细表、统计表和制定阶段表。为方便描述，作者将高等教育质量标准体系构建新工具简称为"T＋E"工具，其是一个用于高等教育质量标准体系构建的综合集成工具，其中的"T"是英文Table的缩写并代指高等教育质量标准体系表，而"E"则是英文 Evaluation的缩写并代指高等教育质量标准体系评价信息。高等教育质量标准体系构建新工具的实质内涵就是：要想科学地实现高等教育质量标准体系的创制和修正完善性构建任务，从而在最大程度上保障其科学适用性和合理有效性，就必须将高等教育质量标准体系表和高等教育质量标准体系评价信息进行结合。

# 第四节　高等院校教育质量标准体系执行实施与信息反馈创新机制

通过高等教育质量标准体系适用性评价与择优选出的高等教育质量标准体系在一定程度上具有相对较好的科学适用性，但要想确保高等教育质量标准体系产生较好的积极效用与实现科学可持续发展，就不能仅停留在确保高等教育质量标准体系适用性方面，因为高等教育质量标准体系的综合绩效还主要受到其执行实施与监督管理等方面的重要影响。可以说，在确保了高等教育质量标准体系的适用性水平之后，还应积极确保高等教育质量标准体系在执行实施等环节得到有效开展与监督管理。否则，就是具备非常好的适用性水平的高等教育质量标准体系也会因为没有得到有效的执行实施，而失去其本应能发挥的积极综合效用。此外，只有加强针对高等教育质量标准体系全过程等信息反馈才能有效实现高等教育质量标准体系管理的可持续发展，从而形成科学高效的高等教育质量标准体系循序管理机制。因此，需建立相应的高等教育质量标准体系执行实施与信息反馈机制，一方面来保证其全面保障和提升高等教育质量总体效用的最大限度发挥；另一方面来促进其实现自身循环科学管理的可持续发展机制。

## 一、高等教育质量标准体系执行实施创新机制分析

高等教育质量标准体系执行实施机制就是对此过程中涉及的各个内容环节、功能及其相互关系进行科学合理管理与调控的制度和方法。作者基于相应的"信息流"流向，初步建立了高等教育质量标准体系执行实施创新机制框架。

高等教育质量标准体系执行实施创新机制是一个复杂的制度和方法系统。从高等教育质量标准体系执行实施过程中"信息流"①的传输环节来看，高等教育质量标准体系执行实施创新机制框架主要涉及高等教育质量标准体系执行实施的主体、客体、渠道、基础支撑和动力制度五个内容。高等教育质量标

---

① 信息流有广义和狭义两种。广义指在空间和时间上向同一方向运动过程中的一组信息，它们有共同的信息源和信息的接收者，即由一个信息源向另一个单位传递的全部信息的集合。狭义指信息的传递运动，这种传递运动是在现代信息技术研究、发展、应用的条件中，信息按照一定要求通过一定渠道进行的。

准体系执行实施创新机制的"信息流"传递过程如下。

首先，高等教育质量标准体系执行实施创新机制的"信息流"起点是高等教育质量标准执行实施基础支撑。其主要包括相关法律法规与制度体系，多重监管与监督机制，全过程创新管理与信息反馈机制，宣传、培训、激励机制，以及人才、资金、信息机制，这些基础支撑内容有助于高等教育质量标准体系执行实施总体目标和功能的较好实现。具体来说，相关法律法规与制度体系能有效地触发对相关标准及其体系的需求从而有力促进高等教育质量标准体系构建和执行实施。多重监管与监督机制是指高等教育质量标准体系执行实施全过程在教育部高等教育主管部门和社会媒体等多方的监管与监督下进行。

全过程创新管理与信息反馈机制，是指高等教育质量标准体系执行实施过程的创新管理机制，其可通过建立专门的高等教育质量标准体系管理与协调委员会来进行相关工作，并通过执行实施全过程的信息反馈来不断进行高等教育质量标准体系执行实施的纠偏工作，从而更有效地保障其执行实施效果和最终目标的实现。人才、资金、信息机制是确保高等教育质量标准体系执行实施有效性的重要手段，而宣传、培训、激励机制是确保高等教育质量标准体系执行实施高效性的重要手段。

可以说，高等教育质量标准体系执行实施机制必须以高等教育质量标准执行实施基础支撑内容为基石，这样才能有效保障高等教育质量标准体系的有效执行实施及其目标功能的实现。

其次，有了以上高等教育质量标准体系执行实施基础支撑，由教育部、协会联盟、高等教育机构三个层面共同作为高等教育质量标准体系执行实施主体才能保障整个"信息流"顺畅地运行。不过，要提高高等教育质量标准体系执行实施的效力，还需充分发挥和利用高等教育质量标准体系执行的积极效用，从而保障整个"信息流"能高效地运转起来。高等教育质量标准体系执行实施相关动力制度主要包括：质量认证认可制度、执行实施监督反馈制度、各级信息公开披露制度、教育质量评估报告制度和高等教育质量标准体系综合评价制度，这些相关制度是高等教育质量标准体系执行实施的动力因素，能从多个方面分别保障高等教育质量标准体系执行实施的高效性。具体来说，质量认证认可制度和教育质量评估报告制度均能积极地对高等教育机构和相关行业协会的相应标准需求进行激发并对其标准化行为提供积极有力的激励效用，这两者是推动高等教育质量标准体系执行实施的重要方式。执行实施监督反馈制度通过有效监督纠偏和信息反馈机制的实现进而来有效地保障高等教育质量标准体系执行实施的效度、力度、准确度、机制健全度和目标达成度。

　　各级信息公开披露制度实质上是一种监督机制，此制度可在高校信息公开制度体系框架基础上进一步完善，高校信息公开制度体系框架是基于相关原则和基本制度的制度集合群。各级信息公开披露制度通过各级高等教育层面的质量信息公开，将高等教育质量信息传递到教育部主管部门、地方各级教育主管部门学生、家长、企业、教师乃至社会公众，从而通过信息公开披露的现实来最大程度上减少高等教育质量标准体系执行实施过程及其综合效用的信息不对称问题。

　　同时，其还能与质量认证认可制度和教育质量评估报告制度一起发挥强大的高等教育质量标准体系执行实施动力效应，以便有效激发各级高等教育管理机构形成对高等教育质量标准及其体系实施的强烈需求。此外，质量认证认可制度还有利于确保各级高等教育质量信息公开的信息真实性和准确性，从而强化各级高等教育管理机构的自律性和能动性。高等教育质量标准体系综合评价制度是涉及高等教育质量标准体系全过程的综合评价制度，其通过涉及高等教育质量标准体系的"研制→适用性评价→根据评价结果信息进一步完善相应标准体系→通过适用性评价的相应标准体系进行执行实施阶段→执行实施效果评价并根据评价结果信息进一步调整与完善相应标准体系"全过程的综合评价信息反馈来不断调整和完善高等教育质量标准体系，从而更有利于其执行实施和综合效应的发挥。总之，这五个动力制度的结合是有利于高等教育质量标准体系执行实施有效性和高效性的最重要途径。

　　最后，高等教育质量标准执行实施主体有了相应的基础支撑并充分利用动力制度的情况下，接下来就需要让"信息流"通过高等教育质量标准体系执行实施渠道对高等教育质量标准体系执行实施客体进行高效的管理，从而达成整个"信息流"传递的目的。这里的高等教育质量标准体系执行实施渠道其实就是高等教育质量标准体系执行实施的路径、方式方法，其需要根据高等教育质量标准体系的本质内涵和高等教育本身所固有的属性特征来进行综合选择。高等教育属于公共教育领域的非基本公共服务，而根据公共服务标准的范围界定及其原则，高等教育质量标准体系中所有标准不需要都采取强制性认证。

由于本书是从广义上来界定高等教育质量标准内涵，故高等教育质量标准体系所包含的相关标准除标准管理机构正式颁布的标准外，还包含事实上的非正式高等教育质量标准。结合高等教育质量标准体系的功能目标，作者认为对于高等教育质量标准体系执行实施中涉及的具体相关标准采取两种执行实施模式，即对高等教育领域大部分的质量标准采取自愿认证的推荐性标准，而仅将高等教育领域涉及的部分通用基础性质量标准采取强制认证的强制性标准。这里的高等教育质量标准体系执行实施客体就是整个"信息流"传递要作用的对象，即由高等教育领域所有质量标准通过相互关联形成的科学有机体——高等教育质量标准体系，对客体实现科学高效的创新管理就是整个"信息流"传递的重要目的。

## 二、高等教育质量标准体系信息反馈创新机制分析

高等教育质量标准体系的研制构建到执行实施是个复杂的整体系统过程，为保证整个过程的有效性和高效性，需建立针对涵盖其全过程各个环节的信息反馈机制。高等教育质量标准体系信息反馈机制是指针对高等教育质量标准体系管理的各个环节进行相应的综合评价，并基于相关评价结果信息进行反馈的制度和方法。高等教育质量标准体系信息反馈机制的目的是有利于更好地实现高等教育质量标准体系的科学循环管理和可持续发展。作者将高等教育质量标准体系综合评价作为工具方法，来构建高等教育质量标准体系信息反馈创新机制。

高等教育质量标准体系信息反馈创新机制主要是为高等教育质量标准体系的科学创新管理服务而设计的流程方法，其框架主要涉及管理主体、研制主体、评价主体、执行实施主体。其中，管理主体是指对高等教育质量标准体系进行全面管理的部门，主要是教育部高等教育主管部门和国家标准化管理委员会等部门。研制主体是指负责高等教育质量标准体系设计和构建的部门，主要是受教育部及其相关部门委托的相关协会或科研机构等部门。

评价主体是指直接或间接参与进行高等教育质量标准体系评价活动的多元化价值利益方组成的负责相应高等教育质量标准体系评价工作的组织机构，并且该组织机构的中心通常是通过官方教育组织机构以科研立项的形式授权且由多方利益主体共同参与的第三方独立评价机构。

　　需要说明的是，这里的评价主体包括针对高等教育质量标准体系适用性评价的评价主体——"前客体"评价主体、针对其执行实施效果评价的评价主体——"后客体"评价主体，为保持评价的连贯性和有效性，通常针对"前客体"和"后客体"两者具有相同的评价主体。执行实施主体是指全面负责整个高等教育质量标准体系执行实施的部门，其主要负责高等教育质量标准体系执行实施机制的有效运转。此外，高等教育质量标准体系信息反馈机制涉及的管理主体、研制主体、评价主体和执行实施主体四者是具有紧密关联性的主体，在实际高等教育质量标准体系信息反馈过程中要将四者实现协同运转并共同服务于整个高等教育质量标准体系科学管理工作。

　　基于对高等教育质量标准体系信息反馈创新机制框架的进一步分析，可总结出高等教育质量标准体系信息反馈机制的路径大致有三条：

　　一是"前客体"评价主体通过高等教育质量标准体系综合评价将相应的适用性评价结果信息反馈给管理主体和研制主体，并为管理主体和研制主体的择优、设计、规划和构建工作提供相应情报支持，这里的综合评价结果信息既包括高等教育质量标准体系适用性水平整体评价结果信息，又包括高等教育质量标准体系适用性评价指标体系中4个准则层和18个指标层各自的单项评价指标的评价结果信息。

　　二是"后客体"评价主体将相应的单项评价结果信息反馈给高等教育质量标准体系执行实施主体，并为执行实施主体的监督机制及提高高等教育质量标准体系的执行实施效力和效应的程度服务，这里的单项评价结果信息主要是指高等教育质量标准体系执行实施效果评价指标体系中各个准则层和指标层各自对应的单项评价指标的评价结果信息。

　　三是"后客体"评价主体将高等教育质量标准体系执行实施之后进行综合评价的结果信息反馈给高等教育质量标准体系的管理主体和言之主体，并为其针对高等教育质量标准体系的更新、调整与完善等科学原理过程提供相应情报决策服务支持。

# 参 考 文 献

[1] 郭浩然. 高等院校教学质量监控与评价[M]. 延吉：延边大学出版社，2019.

[2] 吕红. 高等教育质量标准体系评价与创新研究[M]. 北京：科学出版社，2018.

[3] 赵伟. 地方本科高校教学质量监控体系[M]. 沈阳：沈阳出版社，2018.

[4] 王姿琰. 高校教学质量管理与监控体系研究[M]. 芒：德宏民族出版社，2018.

[5] 魏可媛，赵勇. 普通高校教学质量评价体系建设[M]. 南昌：江西人民出版社，2018.

[6] 高建明. 高校实验教学质量评价体系的建设与实践探索[M]. 长春：吉林人民出版社，2017.

[7] 孙新铭，谢波，樊宏伟，等. 高职院校课程教学质量评价体系的研究与实践[M]. 北京：石油工业出版社，2017.

[8] 张振. 高职高专院校教学质量内部监控体系研究[M]. 徐州：中国矿业大学出版社，2017.

[9] 梁迎春，赵爱杰. 高等教育管理与质量评价研究[M]. 西安：西安交通大学出版社，2017.

[10] 马廷奇. 高等教育教学改革与质量保障[M]. 武汉：武汉大学出版社，2017.

[11] 梁育科，苟灵生，王兴亮. 高等院校内部教学质量保障体系[M]. 西安：西安交通大学出版社，2017.

[12] 田智辉，甘罗嘉. 高校教学督导与教学质量建设[M]. 北京：中国传媒大学出版社，2016.

[13] 周湘林. 高校教学质量问责机制研究：基于"制度利益人"的视角[M]. 北京：经济科学出版社，2016.

[14] 涂阳军. 高等教育质量评价方法与案例[M]. 长沙：湖南大学出版社，2016.

[15] 王勇，乔长蛟，李牧，等. 高校教学质量监控体系研究[M]. 长春：吉林人民出版社，2016.

[16] 李进才. 高等教育教学评估词语释义[M]. 武汉：武汉大学出版社，2016.

[17] 董玲. 教学评价与教学质量管理[M]. 北京：光明日报出版社，2016.

[18] 林杰. 问责与改进高等教育评估与质量保障[M]. 济南：山东教育出版社，2015.

[19] 陈玉琨. 教育评价学[M]. 北京：人民教育出版社，2014.

[20] 姚利民. 高校学生评教研究[M]. 长沙：湖南大学出版社，2013.

[21] 顾伟勤，王雪梅，杨静宽，等. 高等院校教学质量监控体系研究与实践[M]. 上海：上海教育出版社，2011.

[22] 王运来，李国志. 高校教学质量评价与保障[M]. 南京：南京大学出版社，2010.

[23] 杨丽. 新加坡大学教育问责制研究[D]. 大庆：东北石油大学，2019.

[24] 徐冰冰. 我国普通高校学生评教体系研究[D]. 青岛：青岛大学，2018.

[25] 刘莹. 高校学生评教体系研究[D]. 西宁：青海师范大学，2014.

[26] 赵娟. 高等教育质量评价方法比较与创新研究[D]. 太原：山西财经大学，2014.

[27] 张学燚，温永仙. 教学质量评价的模型设计[J]. 高教学刊，2020（7）：6-10.

[28] 赵杨银涛. 我国高校教师教学质量评价反思[J]. 无锡职业技术学院学报，2019（2）：16-19.

[29] 胡昌送. 我国高校教师教学质量评价的问题与对策[J]. 国内高等教育教学研究动态，2019（3）：10.

[30] 赵作斌，黄红霞. 高校课堂教学质量及评价标准新论[J]. 中国高等教育，2019（8）：45-47.

[31] 秦璇璇. 浅议高校课堂教学质量的提升[J]. 教育现代化，2019（97）：178-180.

[32] 马雷蕾. 高校课堂教学质量评价体系构建[J]. 国内高等教育教学研究动态，2019（5）：9.

[33] 陈浩，王晓芹，周克复. 高校教学质量评价体系中的同行评教探析[J]. 黑

龙江教育（高教研究与评估），2019（5）：67-69.

[34] 胡梦诗. 提升高校课堂教学质量的策略研究[J]. 锋绘，2019（12）：218.

[35] 欧玉芳. 高等教育质量评价与提升——评《高等教育质量标准体系评价与创新研究》[J]. 评价与管理，2019（3）：30，44.

[36] 姚焕新，胡文君. 以同行评教为主体的高校评教优势[J]. 黑龙江交通科技，2019（12）：175-177，181.

[37] 温海燕，龚曼曼，刘小燕. 高校教学质量评价体系的构建与完善[J]. 课程教育研究，2019（18）：2-3.

[38] 王宝仁，姜海燕. 高等院校教学质量监控体系现状的调研报告[J]. 辽宁高职学报，2018（1）：35-36.

[39] 刘华忠，何文轩. 高校课堂教学质量评价的现状与措施[J]. 时代教育，2018（13）：96-97.

[40] 金洪国. 高校课堂教学质量的现状分析[J]. 祖国，2018（12）：128-129.

[41] 郭冬梅. 论我国高校问责的逻辑[J]. 教育界，2018（1）：66，108.

[42] 吴秋凤，原雪. 高校教师课堂教学质量评价现状研究[J]. 创新创业理论研究与实践，2018（7）：17-19.

[43] 宋君君. 高校教师教学质量评价体系研究述评[J]. 四川文理学院学报，2018（5）：84-89.

[44] 程铁军，程雅坤，陆谦益. 基于学生学习成果的高校教学质量评价体系研究[J]. 科教文汇（中旬刊），2018（3）：21-22.

[45] 唐亚娟. 对教学质量评价主体的思考[J]. 各界，2017（22）：55-56.

[46] 蒋雪琴，乔永霞. 浅谈高校评教体系的现况与问题[J]. 科教导刊，2017（12）：11-12.

[47] 左春波. 地方高校课堂教学质量监控存在的问题及对策[J]. 吉林工程技术师范学院学报，2016，228（1）：46-47，72.

[48] 于泽，李燕. 高校课堂教学质量评价的思考与建议[J]. 教育评论，2016（3）：86-88.

[49] 徐艳，张军. 高校内部教学质量监控体系存在的问题及对策[J]. 教育与职业，2015（25）：30-32.

[50] 方华明. 高等教育问责与质量保障[J]. 教育与教学研究，2011（5）：74-76.

[51] 王雪梅. 高校教学质量外部监控手段的类型与应用研究[J]. 贵州师范大学学报（社会科学版），2011（1）：123-128.

# 后　记

　　本人自1992年始从事高校教育教学管理工作。本人有幸参加了全国高校教学督导、质量评价与质量保障体系建设学术年会，并作了题为《高校教学督导工作创新机制研究与实践》的经验交流会报告，得到了参会同人们的一致认可。同人们的认可给了我极大鼓舞，于是决定把自己多年的工作经验进行系统化和理论化的总结整理，加之本校同事王媛媛和李聪文两位老师的补充和完善（该著共计28万字，其中，刘欣完成第四章至第八章内容计15万余字，王媛媛完成第二章和第三章内容约10万字，李聪文完成第一章内容约3万字），完成此书。

　　本书稿的完成过程中，刘思延、姜鑫、赵敏华等同事参与了修改和校对工作，另外，本书的完成更应该感谢曾悉心指导、大力支持我工作的各位领导们，特别是我校主管教学的校领导（教授、博士）李佩国，教务处原处长武士勋，处长马爱林，副处长（教授）王树元、戴维、张传生以及教师发展中心主任王建猛、副主任赵华恩，同时也要感谢和我并肩作战的各位同事们。

　　由于成书较为仓促，加之作者水平有限，有些内容考虑得还不够完善，此书出版之后，我们将虚心听取同行们的意见和建议，进一步修改完善，争取再版时能达到一个新的高度。

刘　欣

2020年8月22日